Diese Publikation erscheint
anlässlich der Ausstellung
Isa Rosenberger
Schatten, Lücken, Leerstellen
im Kunsthaus Graz,
kuratiert von Barbara Steiner und Alexandra Trost

This catalogue was published
for the exhibition
Isa Rosenberger
Shadows, Gaps, Voids
in Kunsthaus Graz,
curated by Barbara Steiner and Alexandra Trost

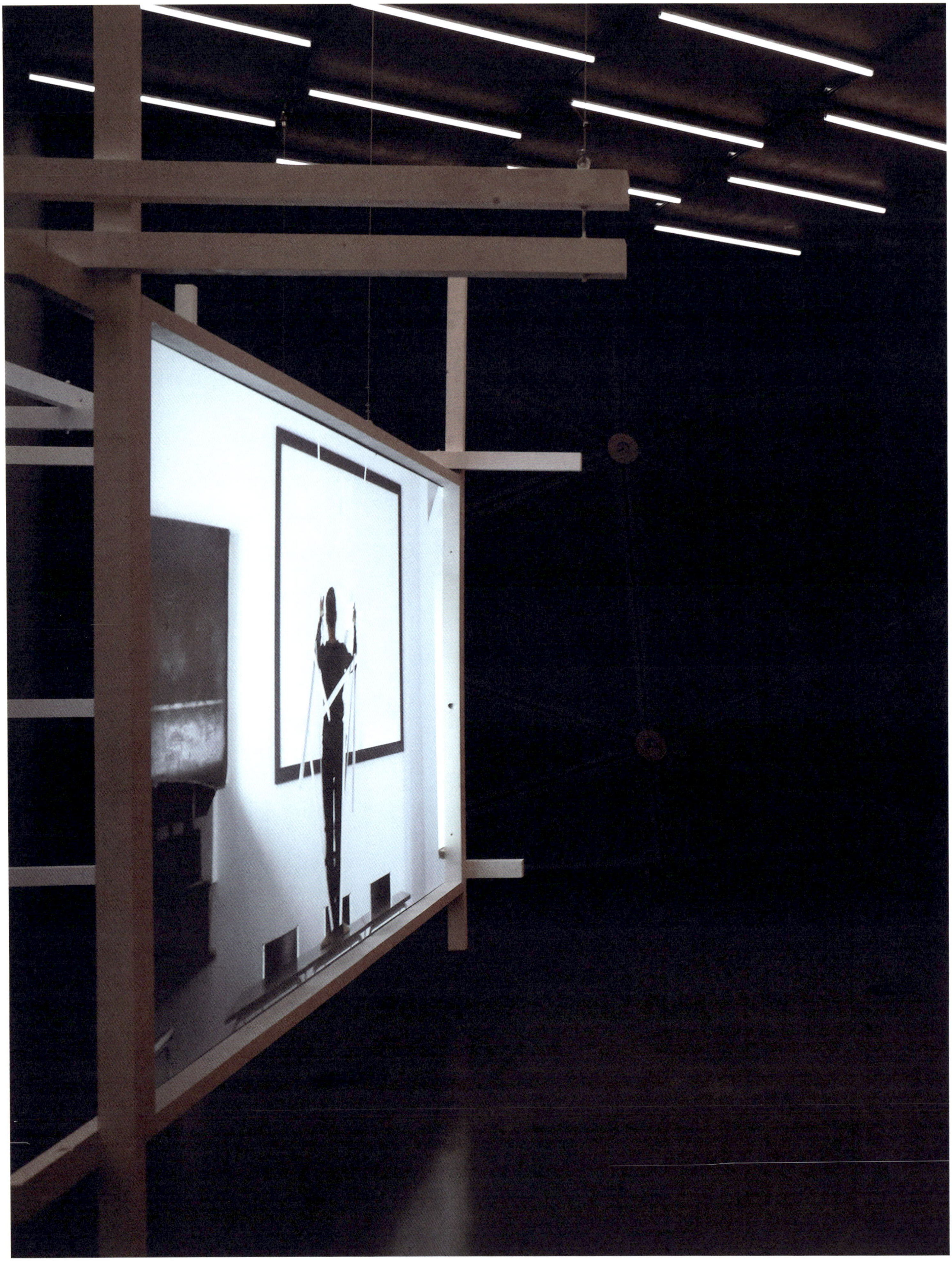

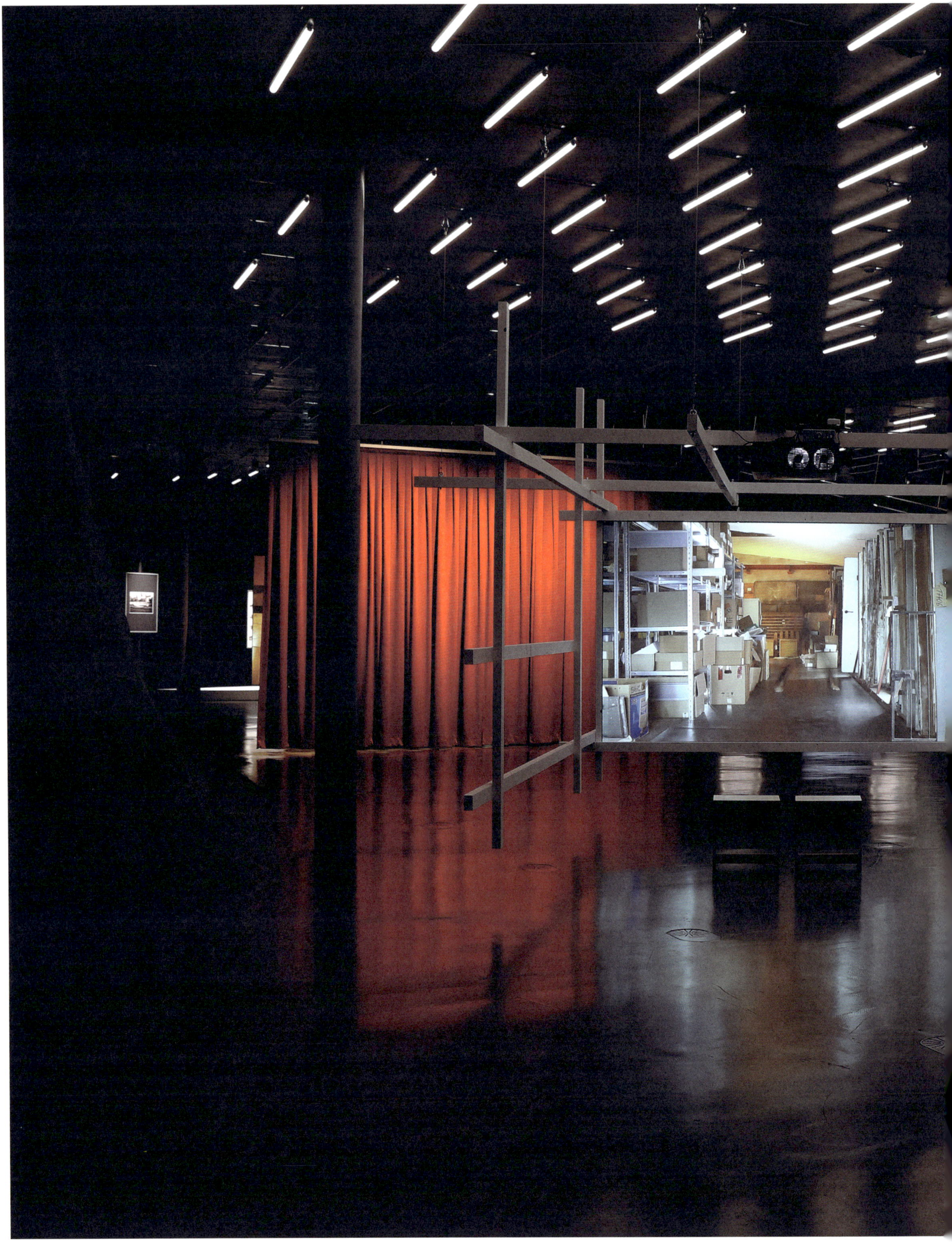

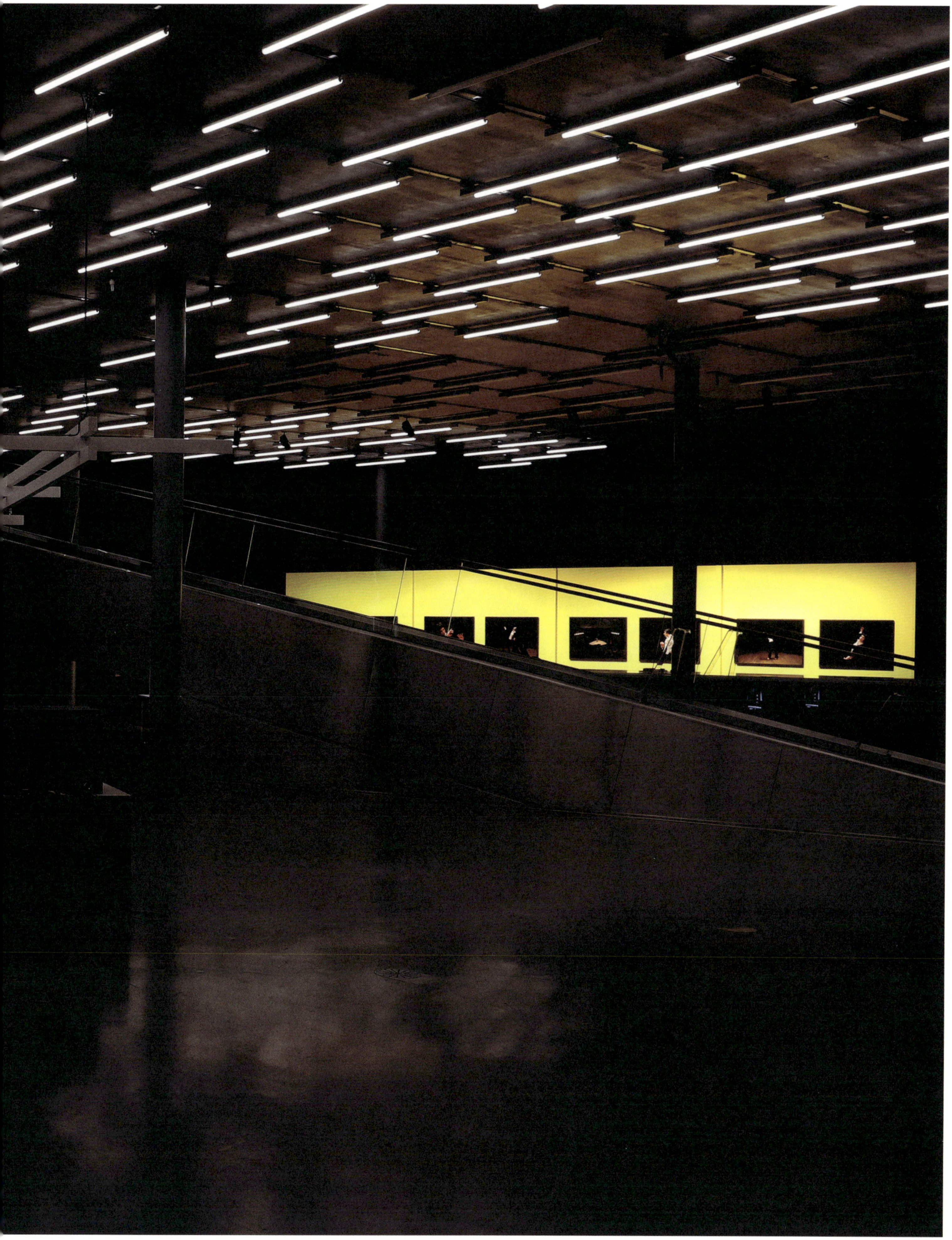

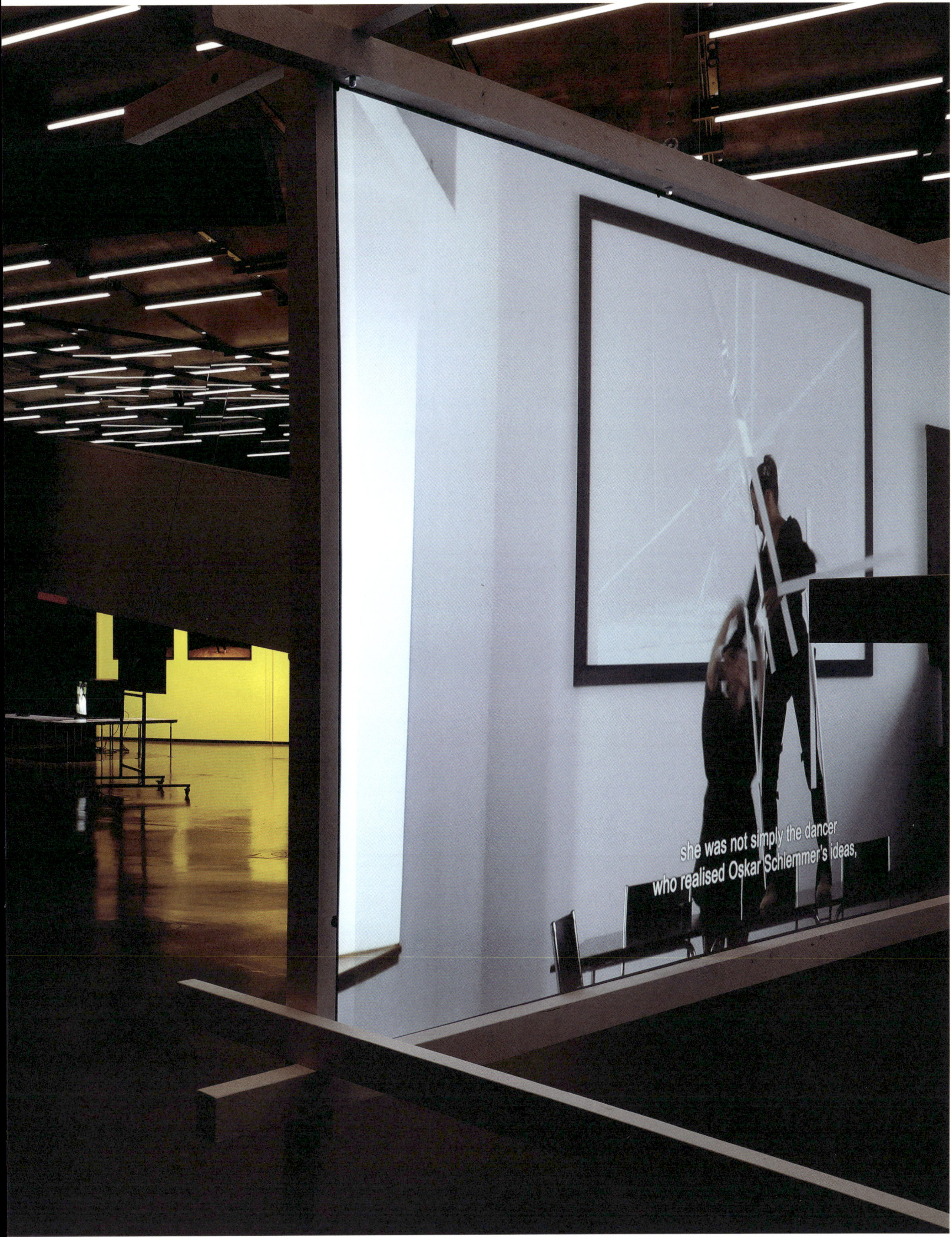
she was not simply the dancer
who realised Oskar Schlemmer's ideas,

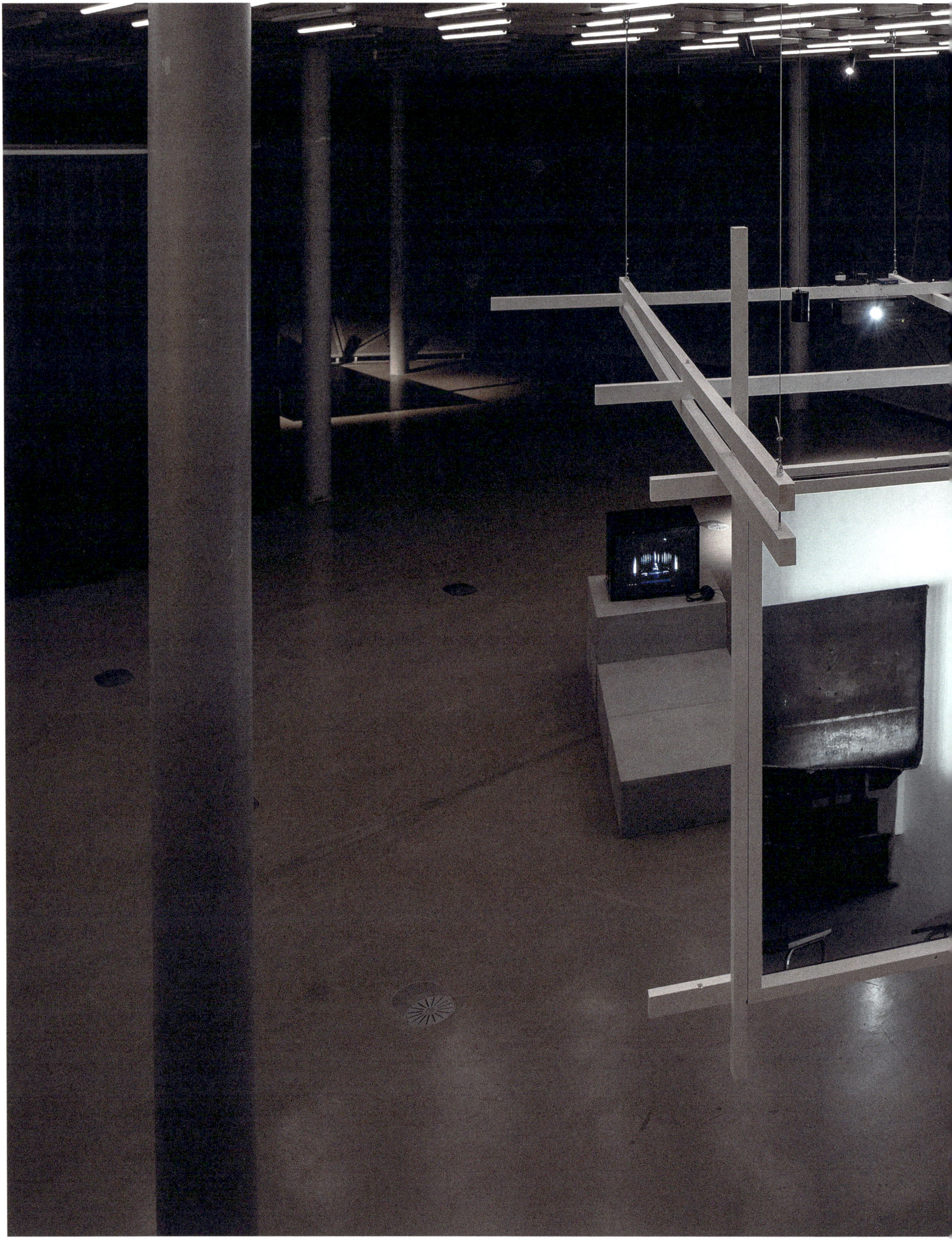

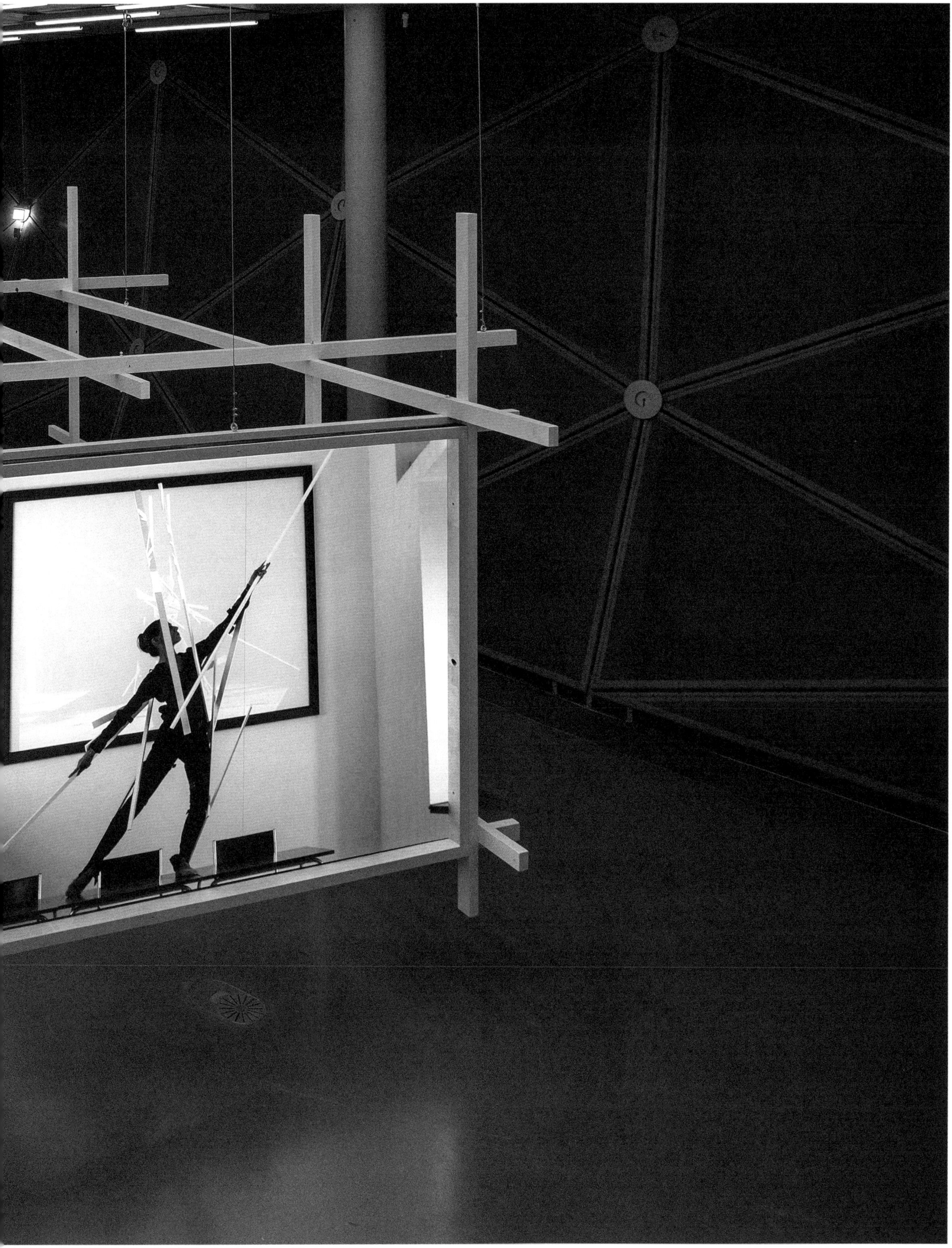

Vorwort

Schatten, Lücken, Leerstellen im Kunsthaus Graz ist Isa Rosenbergers bisher umfassendste Einzelausstellung und zeigt neben sechs älteren Arbeiten eine Neuproduktion, die in Koproduktion mit der Stiftung Bauhaus Dessau entstanden ist.

In ihren filmisch-installativen Arbeiten verwebt Isa Rosenberger Geschichtsspuren vergessener oder marginalisierter, oft feministischer und jüdischer Frauengeschichte zu multiperspektivischen Historiografien, in denen Lücken und Leerstellen konstitutiv sind. In der filmischen Umsetzung bedient sie sich der Montage unterschiedlicher Erzählmodi und verbindet diese mit aktuellen soziopolitischen Fragestellungen und Diskursen, um bisher latente Geschichtsfragmente vor den Vorhang zu holen. Die Ausstellung im Kunsthaus Graz orientiert sich – dies aufnehmend – an der Idee der „Bühne" als performativer Raum. In der hiesigen Ausstellungsszenografie verbinden sich also Werk, Display und begleitendes Rahmenprogramm, wodurch der Space02 zum aktivierbaren und aktivierten Erinnerungs- und Erfahrungsraum wird.

Isa Rosenberger hat bereits mehrfach in Grazer Institutionen ausgestellt, etwa bei < rotor > (u. a. 2001, 2011, 2016 und 2021), im Grazer Kunstverein (2011), in der Galerie Zimmermann Kratochwill (2012) und in der Camera Austria (2020). Und auch schon im Kunsthaus Graz (2017). Warum also eine weitere Ausstellung in Graz?

Die Antwort lautet: *weil* die Künstlerin so häufig hier ausgestellt hat, es jedoch an einer Zusammenschau ihrer Werkgruppen fehlt, *weil* Rosenbergers Arbeiten sich im Laufe der Zeit verändern – inhaltlich, formal und in Bezug auf ihre Präsentation – und nicht zuletzt, *weil* sich das Kunsthaus Graz mit seinem offenen, nicht gerichteten Raumkonzept für ihre Praxis geradezu idealtypisch anbietet. Entscheidungen, wie ihre installativen Arbeiten gezeigt werden, trifft Rosenberger je nach inhaltlicher Schwerpunktsetzung und räumlichen Gegebenheiten, manche Elemente werden weggelassen, andere hinzugefügt. Dabei bildet ein Grundrepertoire an Elementen den Ausgangspunkt. Auf dieser Basis entstehen fortwährend neue Konfigurationen, Anpassungen und Erweiterungen. Dies trifft nicht nur auf ihre Installationen, sondern auch auf ihre Filme zu, die immer wieder umgeschnitten beziehungsweise ergänzt werden. Damit unterwirft Rosenberger das Schreiben von Geschichte selbst einem performativen Prozess, in dem ihre und andere Erzählungen über die Lebensumstände von Stella Kadmon, Manda von Kreibig, Gina Kaus oder Gertrud Kraus, um ein paar Beispiele zu nennen, aus verschiedenen Blickwinkeln neu erzählt werden. In diesem Zusammenhang spielt auch Erinnerung eine wichtige Rolle, die stets – wie es der Ausstellungstitel transportiert – Schatten, Lücken und Leerstellen aufweist. Diese werden von Rosenberger ebenfalls in Bewegung gebracht – also immer wieder an andere Stelle verschoben – und uns gleichermaßen vergegenwärtigt.

Was man erinnert, ist nicht nur eine Frage, die in den Arbeiten von Rosenberger gestellt wird, sie kann auch auf die Ausstellungen der Künstlerin in Graz übertragen werden. Woran erinnern sich die Grazer*innen, die vor Jahren die eine oder andere Ausstellung gesehen haben? Wie blicken jene auf diese Zeit zurück, mit denen Rosenberger diese Schauen umgesetzt hat? Der Beitrag in diesem Buch von Alexandra Trost, mit Barbara Steiner Kuratorin der Ausstellung im Kunsthaus Graz, ist ebendiesen Erinnerungen gewidmet – jenen der Künstlerin selbst und der Personen, die mit Rosenberger an den Grazer Ausstellungen gearbeitet haben. Das Buch verfolgt insgesamt einen multiperspektivischen Ansatz. Die Autor*innen werfen einen kaleidoskopartigen Blick auf die künstlerische Praxis von Rosenberger. Sie alle haben eine enge Verbindung zu Künstlerin und Werk. Dies spiegelt sich entsprechend in den Schwerpunktsetzungen ihrer Texte.

Doris Berger hat mit Rosenberger eine Ausstellung im Skirball Cultural Center in Los Angeles realisiert, ihr Beitrag geht vom damals für diesen Ort entstandenen *Café Vienne* aus. Darauf aufbauend dehnt Berger damit in Zusammenhang stehende Fragestellungen auf die gezwungene Emigration jüdisch-österreichischer Künstlerinnen und die Herausforderungen, sich ein neues Leben aufzubauen und sich neu erfinden zu müssen, aus. Sabeth Buchmann war Co-Kuratorin der Ausstellung *Putting Rehearsals to the Test* (VOX, centre de l'image contemporaine, Montreal), 2016, und zeigte dort *Espiral*. Unter dem Titel „Üben in kreisenden Bewegungen" widmet sie sich Rosenbergers Verschalten von Kapitalismus und moderner Tanzgeschichte, das von der Gleichzeitigkeit antidemokratischer Wirtschaftspolitik und politischer Ästhetik spricht. Elke Krasny ist Leiterin des Fachbereichs Kunst und Bildung an der Akademie der bildenden Künste Wien. Sie setzt bei Rosenbergers *Got it rough 'cause I am a She* an. In ihrem Beitrag widmet sie sich – ausgehend von der Armut von Frauen – feministischen Fragestellungen und stellt Überlegungen zu epistemischer Ethik und visueller Solidarität an. Kurt Kladler hatte die Künstlerin 2018 eingeladen, *Café Vienne* bei Charim Events auszustellen. Ihn interessiert vor allem Rosenbergers Praxis als eine Form der Erinnerungs- und Erfahrungsarbeit. Torsten Blume, Experte für die Bühnenwerkstatt am Bauhaus Dessau, hat wesentliche Impulse für das Projekt MANDA gegeben und widmet sich in seinem Text der „Bauhausbühne der Frauen" – so der Titel seines Beitrags.

Die Pläne für diese Ausstellung wurden bereits 2020 gefasst. Damals leitete Barbara Steiner das Kunsthaus Graz. Nun ist Andreja Hribernik Direktorin des Kunsthauses. Sie hatte Isa Rosenberger und Barbara Steiner 2016 in die Koroška Galerija nach Slovenj Gradec eingeladen, zu einem groß angelegten europäischen Kooperationsprojekt mit dem Titel *Performing the Museum*. Isa Rosenberger hatte bereits zuvor, im Jahr 2011, die Basis dafür gelegt und sich mit der Geschichte des Museums in Slovenj Gradec und dessen heutiger Position auseinandergesetzt. Ihre performative Methodologie und ihr Umgang mit Geschichte führten dazu, über den performativen Charakter der Institution nachzudenken, diese in Bewegung zu bringen sowie Leerstellen, verschiedene Interpretationen, Vorstellungen und auch Erwartungen zuzulassen. Orte und Räume sind bei Rosenberger Träger von Erinnerungen und Bedeutungszuschreibungen, die sich aber auch durch verschiedene Kontexte ändern. Deswegen ist es umso passender, dass ihre Ausstellung im Jubiläumsjähr des Kunsthauses Graz stattfindet, wo man eigentlich mit dem Wahrnehmen der Vergangenheit in die Zukunft blicken will.

Barbara Steiner ist heute Direktorin der Stiftung Bauhaus Dessau. Die in Graz begonnene Zusammenarbeit mit der Künstlerin setzt sich also in Dessau fort, so wie jene von Andreja Hribernik und Isa Rosenberger in Graz eine Fortsetzung findet. Auch ist auf diese Weise ein Kooperationsprojekt zwischen zwei Institutionen entstanden, die nicht zuletzt in der Entwicklung einer neuen Arbeit Rosenbergers mündete. Der Text von Barbara Steiner in diesem Buch widmet sich – ausgehend von den Künstlerinnen am Bauhaus – Rosenbergers historiografischem Interesse, das Machtverhältnisse, strukturelle Benachteiligungen und asymmetrische Ökonomien in den Blick nimmt.

Unser herzlicher Dank geht an alle, die zu diesem Buch beigetragen haben: an die Autor*innen Doris Berger, Torsten Blume, Sabeth Buchmann, Kurt Kladler und Elke Krasny sowie die Übersetzerinnen Kate Howlett-Jones und Thomas Raab wie auch an die Lektor*innen Jörg Eipper-Kaiser und Kate Howlett-Jones. Besonderer Dank geht an die Gestalterin Martha Stutteregger, die Rosenbergers Themen und Fragestellungen überzeugend in das Medium Buch übersetzt hat.

Andreja Hribernik, Barbara Steiner, Alexandra Trost

Foreword

Shadows, Gaps, Voids at the Kunsthaus Graz is Isa Rosenberger's most comprehensive solo show to date and features six older works and a new piece, a coproduction with the Bauhaus Dessau Foundation.

In her film installation works, Isa Rosenberger weaves the traces of forgotten or marginalised, often feminist and Jewish women's history into multi-perspectival historiographies in which gaps and voids are constitutive. In the film realisation, she uses the montage of different narrative modes and combines these with current socio-political issues and discourses in order to bring previously latent fragments of history into the limelight. The exhibition at the Kunsthaus Graz takes this further and follows the concept of the 'stage' as a performative space. In the exhibition scenography here, the artwork, display and accompanying programme are combined, so turning Space02 into a space of memory and experience that is activated and ready to activate.

Isa Rosenberger's work has already been shown many times at Graz institutions, for example at < rotor > (including in 2001, 2011, 2016 and 2021), at the Grazer Kunstverein (2011), at Galerie Zimmermann Kratochwill (2012) and at Camera Austria (2020). And also before at the Kunsthaus Graz (2017). So why another exhibition in Graz?

The answer is: *because* the artist has exhibited here so often but there has not yet been an overview of her body of work, *because* Rosenberger's works change over time – in terms of content, form and presentation – and not least *because* Kunsthaus Graz, with its open, non-directional spatial concept, offers the ideal setting for her practice. Rosenberger decides how her installation works will be presented according to the focus of the content and the spatial conditions – some elements are omitted, others added. A basic repertoire of elements forms the starting point. On this foundation, new configurations, adaptations and extensions are constantly being created. This applies both to her installations and her films, which are repeatedly re-edited or expanded. In this way, Rosenberger subjects the writing of history itself to a performative process in which her and other narratives about the lives of Stella Kadmon, Manda von Kreibig, Gina Kaus and Gertrud Kraus, to name just a few examples, are retold from different perspectives. In this context, memory also plays an important role, always – as the exhibition title suggests – including shadows, gaps and voids. These are also set in motion by Rosenberger – in other words, continually shifted to a different place – and at the same time are made clear to us.

What is remembered is not only a question asked in Rosenberger's works – it can also be applied to the artist's exhibitions in Graz. What do the people of Graz, who perhaps saw one or other of her exhibitions in recent years, remember of them? And the people who realised these shows with Rosenberger – how do they look back on this time? The text in this book by Alexandra Trost, who curated the exhibition at the Kunsthaus Graz with Barbara Steiner, is dedicated to these very memories – of the artist herself and of the people who worked with Rosenberger on the Graz exhibitions. As a whole, the book follows a multi-perspective approach. The authors take a kaleidoscopic look at Rosenberger's artistic practice. They all have a close connection to the artist and her work, and this is reflected in the focus of their texts.

Doris Berger staged an exhibition with Rosenberger at the Skirball Cultural Center in Los Angeles; her text takes as its starting point *Café Vienne*, which was created for this location at the time. Building on this, Berger expands on questions around the forced emigration of Jewish-Austrian women artists and the challenges of making a new life and having to reinvent oneself. Sabeth Buchmann co-curated the exhibition *Putting Rehearsals to the Test*, (VOX, centre de l'image contemporaine, Montreal), 2016, where she showed *Espiral*. Titled 'Practice in Circular Movements', her text explores Rosenberger's interconnecting of capitalism and modern dance history, which speaks of the simultaneity of anti-democratic economic politics and political aesthetics. Elke Krasny is Head of the Department of Education in the Arts at the Academy of Fine Arts Vienna. She starts with Rosenberger's *Got it rough 'cause I'm a She*. Her text examines feminist issues – based on women's poverty – and reveals her thoughts on epistemic ethics and visual solidarity. Kurt Kladler invited the artist to exhibit *Café Vienne* at Charim Events in 2018. He is particularly interested in Rosenberger's practice as a form of memory and experience work. Torsten Blume, an expert on the stage workshop at the Bauhaus Dessau, provided essential input for the MANDA. He explores and explores the 'Bauhaus Stage of Women' – the title of his text.

The plans for this exhibition were made back in 2020. At that time, Barbara Steiner was heading the Kunsthaus Graz. Andreja Hribernik is now director of the Kunsthaus. In 2016 she invited Isa Rosenberger and Barbara Steiner to the Koroška Galerija in Slovenj Gradec for a large-scale European cooperation project called *Performing the Museum*. Isa Rosenberger had already laid the groundwork for this in 2011 by looking at the history of the museum in Slovenj Gradec and its position today. Her performative methodology and her approach to history led her to reflect on the performative character of the institution, to set it in motion as well as allowing voids, different interpretations, ideas and also expectations. For Rosenberger, places and spaces are carriers of memories and attributions of meaning, but these also change through different contexts. It is therefore all the more fitting that her exhibition takes place during the anniversary year of the Kunsthaus Graz, when we in fact hope to look into the future by perceiving the past.

Barbara Steiner is now the director of the Bauhaus Dessau Foundation. The collaboration with the artist that began in Graz continues in Dessau, just as the collaboration between Andreja Hribernik and Isa Rosenberger continues in Graz. In this way, a cooperation project between two institutions has also come into being, resulting not least in the development of a new work by Rosenberger. Barbara Steiner's text in this book is devoted to Rosenberger's historiographical interest – starting with the women artists at the Bauhaus – which takes a look at power relations, structural disadvantages and asymmetrical economies.

Our sincere thanks go to all those who contributed to this book: to the authors Doris Berger, Torsten Blume, Sabeth Buchmann, Kurt Kladler and Elke Krasny as well as the translators Kate Howlett-Jones and Thomas Raab and the proofreaders Jörg Eipper-Kaiser and Kate Howlett-Jones. Special thanks go to the designer Martha Stutteregger, who has so effectively translated the themes and questions of Rosenberger's work into the medium of the book.

Andreja Hribernik, Barbara Steiner, Alexandra Trost

Erinnerungs-moment(e)

Alexandra Trost

Eines der wohl prägnantesten Begriffspaare, das mir aus den vielen Gesprächen mit Isa Rosenberger in Erinnerung bleiben wird, ist – neben ihrem historiografischen Interesse für *widerständige Momente* in der Geschichtsschreibung selbst – das der *temporären Allianz*. Um verborgene Fragmente etwa von feministischer und jüdischer (Frauen-)Geschichte sicht- und erfahrbar zu machen, ist ihr neben der eigenen Recherche die performativ-diskursive Zusammenarbeit mit anderen Akteurinnen wichtig.

In diese temporären Allianzen würde ich auch Barbara Steiner und mich, als Kuratorinnen von *Schatten, Lücken, Leerstellen*, einreihen. Vor etwa eineinhalb Jahren hat mich Barbara Steiner, damals noch Direktorin des Kunsthauses, eingeladen, mit ihr gemeinsam Rosenbergers Ausstellung zu kuratieren.

Isa Rosenberger wurde in Salzburg geboren und studierte in Wien, wo sie auch lebt und arbeitet. Zu Graz hat sie eine ganz besondere Beziehung. Hierher kam Rosenberger 1999, um drei Jahre lang als Assistentin bei Hans Kupelwieser am Institut für Kunst und Gestaltung an der TU Graz zu arbeiten. Im Zuge dessen lernte sie auch Margarethe Makovec und Anton Lederer von < rotor > Zentrum für zeitgenössische Kunst kennen – ein Zusammentreffen, dem viele gemeinsame Kooperationen und Projekte folgten.

Die Selbstermächtigung von Frauen sowie der sensible Umgang mit Projektbeteiligten – so gestaltet, dass diese immer einen Benefit aus den gemeinsamen Projekten mitnehmen – zeichne unter anderem Isa Rosenbergers Arbeit aus, so Margarethe Makovec in unserem Gespräch im < rotor >. Die erste Ausstellungsbeteiligung entstand schon im Jahr 2000: ein Science-Fiction-Film für **....., lebt oder arbeitet in Graz*. Bis dato sind es 11 gemeinsame Projekte, wie Anton Lederer anhand der Liste illustriert, die er extra für mich vorbereitet hat.

Wie so oft bei Isa Rosenbergers Kollaborationen gibt es auch bei mir wirksame *Zufälle*. Ich selbst habe kurz nach meinem Studium mein erstes Praktikum im < rotor > in Graz gemacht. Margarethe Makovec hat mich damals ins Universalmuseum Joanneum weiterempfohlen, was – über Umwege – dazu geführt hat, dass ich heute im Kunsthaus arbeite.

Für Isa Rosenberger im wahrsten Sinne des Wortes wegweisend war ihr Aufenthalt als Artist-in-Residence in Sarajevo 2001, vermittelt über < rotor >. In Kooperation mit dem Sarajevo Center for Contemporary Art (SCCA) und Kuratorin Lejla Hodžić entstand *Sarajevo Guided Tours. A Journey to a Real and Imagined Place* (2002) rund um die Fragen: Wie eignen sich junge Menschen die Stadt, in der sie leben, nach einem Krieg wieder an? Welche Rollen spielen dabei mediale Bilder als identitätsstiftende Einflüsse? Und wie lassen sich mentale Bilder in Bewegung setzen?

Mit dieser Arbeit differenzierte sich nicht nur Rosenbergers künstlerisches Interesse für Zeitgeschichte sowie gesellschaftliche und ökonomische Transformationsprozesse aus, hier entwickelte sie auch ihre Methodik der Verknüpfung von Vergangenheit mit Gegenwart hin zu Zukunftsperspektiven.

Vorgeprägt ist dieses Interesse der Künstlerin – retrospektiv betrachtet – auch durch die eigene Biografie: die Übersiedelung 1988 nach Wien, das Miterleben des Falles des Eisernen Vorhangs 1989 und des Ausbruchs des Jugoslawienkrieges 1991.

Sarajevo Guided Tours wurde 2002 am Sarajevo International Airport gezeigt, von und in Communities in Sarajevo selbst weitergetragen, danach mehrmals ausgestellt (wie auch im < rotor > 2009) und auf Filmfestivals gezeigt. Was sich damals entwickelte, bildet heute eine weitere Ebene von Isa Rosenbergers künstlerischer Praxis: das adaptive Hineingehen in unterschiedliche Räume. Rosenberger (re-)kontextualisiert ihre Arbeiten für jede Ausstellung und aktualisiert sie damit auch durch die jeweilige Präsentation. Darüber hinaus lässt sie es sich offen, ihre Filme – wie sie sagt – *weiterzudrehen*, also Aspekte gegebenenfalls zu überarbeiten.

Eine der gemeinsamen Arbeiten aus der zuvor erwähnten Liste von Anton Lederer zeigen wir auch in *Schatten, Lücken, Leerstellen* im Kunsthaus. *Courage* entstand 2015 für das Ausstellungsprojekt *Hotel Metropole. Der Erinnerung eine Zukunft geben* im Rahmen des Into the City-Programms der Wiener Festwochen, das von Margarethe Makovec, Anton Lederer, Birgit Lurz und Wolfgang Schlag kuratiert wurde.

Von Søren Grammel kuratiert wurde Isa Rosenbergers Einzelausstellung im Grazer Kunstverein 2011, die *Espiral* – mehrteilig inszeniert und auf die Räume des Kunstvereines übertragen – zeigte. Als Videoarbeit war *Espiral* bis dahin mehrfach ausgestellt worden. Das spiralförmig konstruierte Display aber, das sich in Versatzstücken auch im Kunsthaus zeigt, wurde erstmals für den Grazer Kunstverein entwickelt. So wurden die Videos in kreisförmig angeordneten Vorhangséparées ausgestellt, die – von Isa Rosenberger entworfen – gemeinsam mit Søren Grammel und dem Team des Kunstvereines ausgetüftelt wurden. Auch die Rekonstruktion des grünen Tisches, eines Bühnenrequisits des von Kurt Jooss 1932 choreografierten Balletts *Der grüne Tisch*, wurde erstmalig für die Installation im Kunstverein produziert.

Im Jahr darauf folgte eine Ausstellung in der Galerie Zimmermann Kratochwill, in der die Künstlerin die Videoinstallation *Nový Most*, die Fotoserie *Die Warschauer Nike* (2010) sowie die Arbeit *Farblos werden, Verlieren, Verblassen* präsentierte.

2017 lud Barbara Steiner Isa Rosenberger für die Ausstellung *Auf ins Ungewisse* im Kunsthaus Graz ein, zusammen mit weiteren Künstler*innen aus aktueller Perspektive auf das Kunsthaus und seine Geschichte zu schauen. In *The Sky is Glass* verband Rosenberger selbst geführte Interviews mit Bildeinschüben (kritischer) Kommentare zum Kunsthaus sowie einer musikalischen Improvisationsperformance von Rainer Binder-Krieglstein, der das Haus selbst zu seinem Instrument machte.

Eine weitere Einzelausstellung in Graz fand 2020 in der Camera Austria statt: Sie zeigte *... das weite Land, woher sie kommt* als raumgreifende Installation. Das Ausstellungsprogramm der Camera Austria, schreibt mir Reinhard Braun, der Rosenbergers Ausstellung kuratierte, interessiere sich für österreichische Positionen, die – obwohl sie als wichtig erachtet würden – erstaunlicherweise kaum oder keine Spuren in der Camera Austria hinterlassen hätten. So hatte Isa Rosenberger beispielsweise keinen Hauptbeitrag in der Zeitschrift und bis 2020 auch keinen Ausstellungsbeitrag – eine Lücke, die man füllen wollte. Darüber hinaus stand die Ausstellung im Zusammenhang mit einem Interesse der Camera Austria am (erweiterten) Begriff des Archivs, das seit 2017 im Fokus steht und in das sich Isa Rosenbergers Projekt einklinkte. So gingen *... das weite Land, woher sie kommt* umfangreiche

Recherchen der Künstlerin in verschiedenen Wiener Archiven, besonders zur sozio-politisch relevanten Geschichte von Volkshochschulen (früher Volksheimen), zur Biografie von Gertrud Kraus und zu vergessener jüdischer Geschichte Wiens voraus. Die silbrig spiegelnden Bühnenelemente und das Monitorgestell aus Rosenbergers Ausstellung in der Camera Austria, Idee und Entwurf von Nicole Six (Six & Petritsch), sind nun wiederholt werkkonstitutive Elemente der Filminstallation im Kunsthaus.

Über die gezeigten Arbeiten und das szenografische Display kumulieren im Kunsthaus Graz also Erinnerungen, Erfahrungen und Referenzen. Relationen tun sich auf. Die gezeigten Arbeiten geben zudem nicht nur feministischen Geschichtsfragmenten Raum und Sichtbarkeit, sie schreiben auch die biografische Geschichte von Isa Rosenberger selbst fort.

Eine Anekdote zum Schluss: Ganz froh bin ich, dass diesmal kein unheilvolles Ereignis eingetreten ist. Denn Rosenbergers bisherige Eröffnungen in Graz waren von geopolitischen Katastrophen begleitet. Nach den Terroranschlägen von 9/11 2001, dem Tōhoku-Erdbeben und dem davon ausgelösten Tsunami in Fukushima 2011 und dem ersten Corona-Lockdown 2020, der just auf den geplanten Eröffnungstag in der Camera Austria fiel, wird die Eröffnung von *Schatten, Lücken, Leerstellen* katastrophenfrei in Erinnerung bleiben.

Reminiscent Moment(s)

Alexandra Trost

Alongside Isa Rosenberger's historiographical interest in *moments of resistance* in the writing of history itself, another incisive term that will remain in my memory from our many conversations is *temporary alliance*. In order to make visible and tangible the hidden fragments of, for example, feminist and Jewish (women's) history, Rosenberger's artistic focus goes beyond her own research and extends into performative-discursive collaborations with others.

As the curators of *Shadows, Gaps, Voids* I would also include Barbara Steiner and myself as one of these *temporary alliances*. About a year and a half ago, Barbara Steiner, then director of the Kunsthaus, invited me to curate Rosenberger's exhibition with her.

Isa Rosenberger was born in Salzburg and studied in Vienna, where she now lives and works. She has a special relationship with Graz. Rosenberger came here in 1999 to work for three years as assistant to Hans Kupelwieser at the Institute for Art and Design at Graz University of Technology. During this time, she also met Margarethe Makovec and Anton Lederer of < rotor > Centre for Contemporary Art – an encounter that was followed by many joint collaborations and projects.

Self-empowerment of women together with a sensitive interaction with project participants – so that they also always benefit from the joint projects – are characteristic of Isa Rosenberger's work, as Margarethe Makovec told me during our conversation at < rotor >. Rosenberger first participated in an exhibition back in 2000: a science fiction film for **…, lebt oder arbeitet in Graz*. To date there have been 11 joint projects, as illustrated in the list Anton Lederer prepared for me.

In the spaces of < rotor > there are effective *coincidences* – as is often the case with Isa Rosenberger's collaborations, and was also the case with me. I did my first internship at < rotor > in Graz shortly after graduating. Back then Margarethe Makovec recommended me to the Universalmuseum Joanneum, which – via a few detours – took me to the Kunsthaus today.

For Isa Rosenberger, a Sarajevo residency arranged through < rotor > in 2001 literally led the way. In cooperation with the Sarajevo Center for Contemporary Art (SCCA) and curator Lejla Hodžić, she created *Sarajevo Guided Tours. A Journey to a Real and Imagined Place* (2002). This centred on a number of questions: After a war, how can young people re-appropriate the city where they live? What roles do media images play in influencing the formation of identity? And how can mental images be set in motion?

This work established Rosenberger's artistic interest in contemporary history as well as social and economic transformation processes, while also developing her methodology of linking the past with the present to create perspectives for the future.

Retrospectively considered, this interest was also shaped by the artist's own biography: the move to Vienna in 1988, witnessing the fall of the Iron Curtain in 1989, and the outbreak of the Yugoslavian war in 1991.

Sarajevo Guided Tours was shown at Sarajevo International Airport in 2002. It was then continued by and in communities themselves in Sarajevo, exhibited several times after that (including at < rotor > in 2009) and appeared at film festivals. What evolved back then now forms a further level of Isa Rosenberger's artistic practice today: a process of adaptively entering into different spaces. For each exhibition Rosenberger (re-)contextualises her works, and in doing so updates them with each presentation. She also keeps open the option to – as she says – *continue shooting* her films, i.e. to revise aspects if necessary.

One of the collaborative works from Anton Lederer's list is also shown in *Shadows, Gaps, Voids* at the Kunsthaus. *Courage* was produced in 2015 for the exhibition project *Hotel Metropole. Giving Memory a Future* as part of the Into the City programme of the Wiener Festwochen, which was curated by Margarethe Makovec, Anton Lederer, Birgit Lurz and Wolfgang Schlag.

Isa Rosenberger's solo show at the Grazer Kunstverein in 2011 was curated by Søren Grammel. It featured *Espiral* staged in several parts and transposed to the exhibition space of the Kunstverein. *Espiral* had already appeared several times before as a video work. The spiral structure of the display, however, was first developed for the Grazer Kunstverein, and can now also be seen as set pieces installed at the Kunsthaus. The videos were shown inside circular curtain dividers, which – designed by Isa Rosenberger – were devised in collaboration with Søren Grammel and the Kunstverein team. The reconstruction of the green table, a stage prop in Kurt Jooss's 1932 ballet *The Green Table*, was first produced for the installation at the Kunstverein.

The next year an exhibition followed at Galerie Zimmermann Kratochwill, where the artist presented her video installation *Nový Most*, the photo series *The Warsaw Nike* (2010), and the work *Farblos werden, Verlieren, Verblassen*.

Then, in 2017, Barbara Steiner invited Isa Rosenberger to take part in the exhibition *Up into the Unknown* at the Kunsthaus Graz, where she and other artists explored the Kunsthaus and its history from a current perspective. In *The Sky is Glass*, Rosenberger combined her own interviews with image inserts of (critical) commentaries on the Kunsthaus as well as a musical improvisation performed by Rainer Binder-Krieglstein, who used the building itself as a musical instrument.

Another Graz solo exhibition took place in 2020 at Camera Austria. This showed *… the vast land from which she comes* in the form of a large-scale installation. Reinhard Braun, who curated Rosenberger's show, told me that the Camera Austria programme has a focus on Austrian positions which – although considered important – have left surprisingly little or no trace in Camera Austria. For example, until 2020 Isa Rosenberger had not been presented in a major article in the magazine nor been featured in an exhibition – a gap they wanted to fill. Moreover, the exhibition linked in with Camera Austria's interest in the (broader) notion of the archive, which has been a focus since 2017 and interlocked with Isa Rosenberger's project. In preparing for *… the vast land from which she comes* the artist carried out extensive research at various Vienna archives, especially on the socio-politically relevant history of adult education centres (formerly the *Volksheim*), the biography of Gertrud Kraus, and the forgotten

Jewish history of Vienna. The silvery mirrored stage elements from Rosenberger's exhibition at Camera Austria, a concept devised by Nicole Six (Six & Petritsch), are now shown again as integral parts of the film installation at the Kunsthaus.

So it is that memories, experiences and references gather around the works and the scenographic display at the Kunsthaus Graz. Connections open up. The works here give space and visibility to feminist fragments of history, while continuing to write the biographical history of Isa Rosenberger herself.

And finally:

I am very relieved that this time we did not coincide with any catastrophic event – previously, Rosenberger's openings in Graz have been accompanied by geopolitical disasters. After the terrorist attacks of 9/11 in 2001, the Tōhoku earthquake and Fukushima tsunami in 2011, and the first Corona lockdown of 2020, which fell on the very day when her show should have started at Camera Austria, the opening of *Shadows, Gaps, Voids* will be remembered as disaster-free.

Strukturelle Asymmetrien

Barbara Steiner

2021 wurde Isa Rosenberger von der Stiftung Bauhaus Dessau zu einer Residency eingeladen. Im Rahmen ihres Aufenthalts und ihrer Recherchen am Bauhaus Dessau ist Rosenberger auf die Choreografin und Tänzerin Manda von Kreibig sowie auf die Künstlerin und Marxistin Lu Märten gestoßen. Märten hielt 1928 einen Vortrag am Bauhaus – in dem Jahr, in dem auch von Kreibig mehrere Monate in der Bühnenwerkstatt arbeitete. Ob sich die beiden kennengelernt haben, wissen wir nicht. Im Zuge ihres Interesses am historischen Bauhaus begann sich Rosenberger näher mit beiden zu befassen.

Über das Leben und Wirken von Manda von Kreibig ist wenig bekannt.[1] Sie hatte mit Oskar Schlemmer, dem damaligen Leiter der Bühnenwerkstatt, den Stäbetanz sowie die Reifentänze entwickelt und auch selbst aufgeführt.[2] Märten hatte 1914 ein Buch geschrieben, in dem sie sich mit den gesellschaftlichen Rahmenbedingungen künstlerischer Arbeit von Frauen befasste und dabei das Augenmerk von der Einzelperson hin zu strukturellen Fragestellungen verschob. Für Märten galt es zu untersuchen, was Künstlerinnen an der „geistigen und sozialen Expansion – des genialen Seins" hindere.[3]

Genderbezogene Benachteiligungen fanden sich auch am Bauhaus, selbst wenn dies auf den ersten Blick wenig sichtbar ist. Denn die in Ausbildung und Gestaltung Neuland betretende Schule mutete insgesamt progressiv an. Unterstützt wurde diese Sicht durch das von Walter Gropius 1919 verfasste Grundsatzprogramm. Dieses öffnete das Bauhaus für alle Menschen mit künstlerischer Begabung – unabhängig von Herkunft, Religion und Geschlecht.[4] Gropius nahm damit auch Forderungen der Weimarer Verfassung von 1919 auf, die Frauen und Männern dieselben Rechte und Pflichten in der Gesellschaft zusprach. Doch weil sich zunächst überraschend mehr Frauen als Männer vom Bauhaus angezogen fühlten, nahm man diese alsbald nur dann auf, wenn ihnen „außerordentliche" Begabung attestiert wurde.[5]

Man warnte vor Dilettantismus, der mit weiblicher Kreativität verbunden wurde, und fürchtete eine zu starke „kunstgewerbliche" Gewichtung, die vom Endziel des Baus wegführen würde.[6] Der Zugang zu bestimmten Werkstätten wurde dementsprechend erschwert. Den Frauen stand für viele Jahre in erster Linie die Weberei zur Verfügung, die zu 90,8 % von denselben besucht wurde. Zur Architektur wurden sie überhaupt nicht zugelassen.[7] Von den 45 Lehrkräften in Weimar und den 35 Lehrkräften in Dessau waren jeweils sechs weiblich. In Berlin befand sich unter den 13 Lehrkräften eine Frau.[8] Auch wurden Frauen schlechter bezahlt als die männlichen Kollegen. So bekam etwa Gunta Stölzl als Leiterin der Weberei einen geringeren Lohn als ihre Kollegen in den anderen Werkstätten, obwohl sich gerade diese Werkstatt im Laufe der Zeit wirtschaftlich mit am erfolgreichsten entwickelte.[9] Mitunter wurden Frauen überhaupt nur als Hilfslehrkraft auf Honorarbasis beschäftigt, wie etwa Gertrud Grunow, die in Weimar Praktische Harmonielehre unterrichtete.[10] Erst ab 1928, unter dem zweiten Bauhaus-Direktor Hannes Meyer, durften sich Frauen ihre Werkstätten selber aussuchen.[11] Meyer versprach Gleichberechtigung, äußerte sich jedoch ebenfalls geringschätzig über die künstlerisch-handwerklichen Produkte der Weberinnen. Er erwartete in erster Linie technisch innovative Gebrauchsstoffe.[12] Genderpolitisch veränderte sich am so wagemutigen Bauhaus wenig: Die beruflichen Entwicklungsmöglichkeiten von Frauen waren nach wie vor begrenzt und tradierte sozioökonomische Strukturen stark wirksam. Das Gropius'sche Grundsatzprogramm – und vermutlich auch viele der berühmten Fotos von Bauhäusler*innen, die zusammenleben, arbeiten und feiern, die Lebenslust zeigen und Freiheit suggerieren – führte dazu, „dass die Geschlechterverhältnisse am Bauhaus lange Zeit unkritisch und wenig differenziert rezipiert wurden"[13] – und damit genau die von Märten ins Feld geführten Hindernisse der „geistigen und sozialen Expansion" ausgeblendet wurden.

Rosenberger selbst weiß um strukturelle Benachteiligungen, die nicht immer sichtbar werden. Dementsprechend setzt sie bei den Lebens- und Arbeitsbedingungen ihrer Protagonistinnen an und bettet diese gleichermaßen in historische und gegenwärtige gesellschaftliche Kontexte ein. Mit ihren filmisch-installativen Setzungen begibt sich die Künstlerin auf Spurensuche, um Verborgenem, Verdrängtem und Vergessenem Raum sowie Sichtbarkeit zu geben, aber ohne einen Lückenschluss zu propagieren. Dabei erweitert Rosenberger die Auseinandersetzung mit Vergangenem um jeweils aktuelle Fragestellungen und Diskurse: In *Espiral* findet die Weltwirtschaftskrise von 1928 einen Widerhall in der Bankenkrise von 2008.[14] Die erzwungene Migration von Menschen in der Zeit des Nationalsozialismus, die sich andernorts wieder eine Existenz aufbauen mussten, spiegelt in *... das weite Land, woher sie kommt* migrantische Realitäten der Gegenwart. Der selbstermächtigende Umgang mit sozioökonomischen und politischen Widrigkeiten – wie er sich etwa bei den Protagonistinnen in *Courage* und *Café Vienne* zeigt – betrifft letztlich auch Rosenbergers eigene (prekäre) Situation als Künstlerin und jene anderer Künstlerinnen. Damit schreibt sich Gegenwärtiges in Vergangenes ein und wird Vergangenes im Gegenwärtigen lebendig. Deutlich tritt zutage, wie sehr sich strukturelle Benachteiligungen fortschreiben und sogar ausweiten. Vor diesem Hintergrund betrachtet geht es nicht nur um die vergessenen Biografien von (jüdischen) Frauen, sondern ganz wesentlich um politische sowie sozioökonomische Schieflagen, denen gesellschaftliche Gruppen ausgesetzt sind. In der Verknüpfung vergangener und gegenwärtiger Ereignisse wird Vergangenes darüber hinaus zum Vermächtnis, Legat und damit zur Verpflichtung, auf Spanisch MANDA – so der von Rosenberger gewählte Titel ihrer neuesten Arbeit. Dieser bezieht sich also nicht nur auf Manda von Kreibig, sondern beinhaltet gleichzeitig einen gesellschaftlichen Auftrag der Verstorbenen an die Lebenden, im übertragenen Sinn an Rosenberger, aber auch – im Sinne struktureller Fragen – an Institutionen und deren erzählerische bzw. definitorische Macht. Letztlich geht es darum, sich der *Schatten, Lücken, Leerstellen* – so auch der Titel der Grazer Ausstellung – bewusst zu werden. Nicht etwa um diese zu schließen, sondern um sie fortwährend zu verschieben, in Bewegung zu bringen.

In diesem Sinne hat sich Rosenberger für ihre Dessauer Arbeit nicht nur den Positionen von Kreibigs und Märtens, sondern auch Fragen des institutionellen Gedächtnisses zugewandt. Mit der zeitgenössischen Tänzerin Celia Millan begab sie sich auf Spurensuche in das Museumsarchiv und Depot der Stiftung Bauhaus Dessau, das nun selbst ins Zentrum der Aufmerksamkeit rückt: als Repräsentation dessen, was als wert erachtet wird, aufbewahrt und gesammelt zu werden. Es ist ein Aufbewahrungsort, an dem Gesammeltes temporär aus dem Blick genommen wird – mitunter sogar über viele Jahrzehnte.[15] Demzufolge handelt es sich um einen Ort für potenzielle Entdeckungen, für eine Aktivierung des Vergessenen, der Neubewertung und (Neu-)Erzählung von Aus-der-Sicht-Geratenem. Für Archiv und Depot sind Lücken und Leerstellen grundsätzlich konstitutiv, denn das Anwesende, Gesammelte spricht immer auch vom Abwesenden, Nicht-Gesammelten – dem, was nicht da ist. Und hierzu gehören oft Werke von Künstlerinnen. Neben den Artefakten fehlen jene künstlerischen Artikulationen, die sich nicht im klassischen, objektzentrierten Sinne sammeln lassen. Dazu gehören Tanz, Bühnenstücke, performative Aufführungen aller Art. Fehlen filmische oder fotografische Träger, sind diese Arbeiten verloren beziehungsweise nur mehr in Fragmenten zugänglich.[16] Da in den performativen Künsten besonders viele Künstlerinnen tätig waren und sind, verbinden sich nicht nur für Rosenberger Lücken und Leerstellen aufs Engste mit Genderfragen. Millan bewegt sich nun in Rosenbergers Film tänzerisch zwischen Hängewänden, Kisten und Verpackungen, sie verweist gestisch auf Ilse Fehlings Figurinen, agiert mit einer weißen, offensichtlich aus einem Bühnenfundus stammenden Maske und nähert sich den Stäbetanz Manda von Kreibigs im Nachvollzug an. Dabei weitet sich der Radius von der Einzelfigur von Kreibigs hin zu einer weiteren Künstlerin der Bühnenwerkstatt und vom Objekt zur Performance.

Ich will nun untersuchen, inwieweit sich Rosenbergers künstlerische Arbeit von anderen (kritischen) historiografischen Erzählungen unterscheidet. Hier lohnt sich ein Blick auf die Mittel der Kunst und die Art und Weise, wie diese eingesetzt werden. In den Filmen erzeugt die Künstlerin mit Archivmaterialien, Zitaten, Wortbeiträgen, performativ angelegten Annäherungen und (Wieder-)Aufführungen ein Geflecht aus Zusammenhängen, Kontinuitäten, Unterbrechungen und Synchronizitäten. Dabei korrespondiert die Fragmentiertheit der Erzählung mit den fragmentierten Biografien der Protagonistinnen. Sprach-, Sprech- und visuelle Erzählebenen wechseln, lösen sich voneinander, um sich an anderer Stelle erneut zu verknüpfen. Filmschnitte erzeugen sowohl Perspektiven- als auch Zeitenwechsel. Dieses Prinzip der Montage wird dann – verräumlicht – auf die Ausstellung selbst übertragen, die Mittel der Erzählung werden exponiert und dabei selbst zum Gegenstand der Betrachtung. Die jeweiligen Erzählungen splitten sich szenografisch weiter auf und erzeugen eine multiperspektivische Historiografie, bei der Lücken und Leerstellen sichtbar bleiben.

Die Entscheidungen, *wie* die Filme gezeigt, *womit* sie jeweils im Raum ergänzt werden, also welche zusätzlichen Materialien, Objekte und Displaysysteme infrage kommen, fallen abhängig von inhaltlichen Schwerpunktsetzungen und Raum unterschiedlich aus. Da dieser Text vor der Fertigstellung von MANDA und vor der Einrichtung der Ausstellungen in Graz und Dessau geschrieben wird, weiche ich in meinen Ausführungen nun auf entsprechende ältere Arbeiten der Künstlerin aus: Bei *Espiral* gibt Rosenberger Einblick in den künstlerischen Prozess, sie zeigt dessen Entstehung sowie grafisch aufbereitet die Notationen, die dem Film zugrunde liegen, und sie lässt an den „Nebengesprächen" teilhaben. Man kann die Annäherungen, das Proben, Einüben, Verwerfen und damit die Genese des Films mitverfolgen. Der grüne Tisch aus dem gleichnamigen Stück von Kurt Jooss (*Der grüne Tisch*, 1932), der als Zitat in

Rosenbergers Film auftaucht, ist – optisch verkürzt – als Versatzstück in die räumliche Choreografie eingebaut, die einer Spirale folgt.[17] Theatralisch anmutende Vorhänge strukturieren und fragmentieren – wie die Klaviermusik von Franz Cohen – die Wahrnehmung und unterbrechen den Bewegungslauf der Besucher*innen. Das heißt, auch die Spirale, Leitmotiv von Film und Ausstellung, ist an bestimmten Stellen perforiert.

… das weite Land, woher sie kommt kreist um Gertrud Kraus, Tänzerin und Choreografin im Wien der 1920er- und 1930er-Jahre und Mitbegründerin einer modernen israelischen Tanzkultur. Konkret nimmt Rosenbergers Arbeit beim Tanzstück *Die Stadt wartet* ihren Ausgangspunkt. Von dessen Aufführung im Volksheim Ottakring am 29. April 1934 hat sich nur eine Zeitungsnotiz erhalten. Rosenberger übersetzt ihre eigenen suchenden Bewegungen und Rekonstruktionsversuche, die sich in der Zusammenarbeit mit der zeitgenössischen Tänzerin Loulou Omer spiegeln, in den Film und choreografisch in den Raum: Bühnenplattformen dienen als Träger für Archiv- und Recherchematerialien sowie für Monitore, auf denen Videointerviews mit der Tanzforscherin Ruth Eshel und der Tanzhistorikerin Andrea Amort zu sehen und zu hören sind. Loulou Omers tänzerisch-tastende Annäherungen an die Posen von Gertrud Kraus werden hingegen als Fotoreihe auf gelben Wänden präsentiert. Mit Zeichnungen von migrantischen Jugendlichen, die im Rahmen eines Workshops von Rosenberger an ebendieser Volkshochschule in Ottakring entstanden sind, schlägt die Künstlerin einen Bogen von der Avantgarde-Bühne des 20. Jahrhunderts in die Gegenwart, von der Emigration zur Immigration. Die Bühne der Volkshochschule wird damit sowohl historisch als auch zeitgenössisch zum Ort für soziopolitische Artikulationen ausgerufen. Rosenberger hatte dort selbst mehrere Wochen in Anlehnung an die Methoden von Kraus unterrichtet. Die räumliche Auffaltung der Elemente und Ebenen erlaubt Fokussierungen: auf eine wechselvolle Tanzhistorie, die bedeutende Rolle der Vermittlung von Körperwissen, gesellschaftspolitische Kontexte usw. Die Protagonistinnen Loulou Omer und Gertrud Kraus werden beide gleichermaßen in ein Geflecht aus mäandernden vergangenen und gegenwärtigen Zusammenhängen gesetzt, die mitunter synchron laufen, aber an anderen Stellen unterbrochen werden, sich verzweigen und neue Verbindungen aufmachen.

Vielleicht sollte ich an dieser Stelle darauf hinweisen, dass bei den hier erwähnten Arbeiten eine Art Grundrepertoire an Elementen den Ausgangspunkt für jede neue Präsentation bildet. In Auseinandersetzung mit dem jeweiligen Ausstellungsort entstehen neue Konfigurationen, Anpassungen, Umschreibungen und Erweiterungen. Das trifft im Übrigen auch auf die Filme selbst zu, die häufig umgeschnitten, gekürzt oder ergänzt werden. Mit anderen Worten: Rosenbergers Arbeiten sind selbst performativ in dem Sinne, dass sie einen Prozess des Immer-wieder-von-Neuem-Herstellens, -Verschiebens und -Umschreibens durchlaufen und auf diese Weise Erzählungen, Sichtweisen und damit verbundene Bedeutungszuschreibungen immer wieder von Neuem in Bewegung setzen.

Zurück zu den Ausstellungen: Was auch immer Verwendung findet – Wände, Vorhänge, Sockel, Wandpaneele, Mobiliar –, ist gleichermaßen Werkbestandteil und strukturierendes Element der Ausstellung. Die Trennung zwischen Kunstwerken und Ausstellungsdisplay löst sich auf: Architektur, Werk und Aufführung verzahnen sich. Die Grenzen zwischen Bühne, Zuschauer*innenraum und Ausstellung verschwimmen.

Die Besucher*innen bewegen sich durch das jeweilige Setting, das keine feste Richtung vorgibt, sie schauen, hören, werden in ihrer eigenen Körperlichkeit synästhetisch adressiert und auch gefordert. Je nachdem, wohin einen die Schritte lenken, was aus welchem Blickwinkel wie lange angeschaut wird, bauen sich Narrationen auf, die sich – in Entsprechung zu Rosenbergers Praxis – mit jeder neuen Reihenfolge der Betrachtung und Verweildauer verändern. Die Ausstellungsräume des Kunsthauses Graz bieten mit ihrem offenen, nicht gerichteten Raumkonzept geradezu ideale Voraussetzungen dafür.

Eingangs schrieb ich, dass Rosenbergers Interesse wesentlich strukturell-systemischer Art ist. Die Künstlerin verschränkt politische, ökonomische und soziale Aspekte, Vergangenes und Gegenwärtiges – auch wenn die Gewichtungen von Arbeit zu Arbeit unterschiedlich ausfallen. Dabei richtet sich Rosenbergers historiografisches Interesse auf Machtverhältnisse, auf strukturelle Benachteiligungen, asymmetrische Ökonomien, auf Ausschluss und auch Vertreibung, kurzum: auf die Imbalance gesellschaftlicher Verhältnisse selbst. In ihrer Dessauer Arbeit verwebt Rosenberger die lückenhafte Biografie von Kreibigs mit den strukturellen Überlegungen Lu Märtens. Im Grunde genommen beschreibt Rosenberger damit auch das Verhältnis von Einzelnen zu ihrem gesellschaftlichen Rahmen, wie diese auf Einzelne einwirken, wie aber auch Einzelne die Möglichkeiten haben, diese zu durchbrechen oder zu überschreiten. Rosenberger zeigt, wie soziopolitische Ideen in den künstlerischen Arbeiten weiterleben, wie sie sich etwa in Kurt Jooss' Tanztheater, Gertrud Kraus' Tanzchoreografien oder Stella Kadmons Theater der Courage eingeschrieben haben und von dort aus erneut gesellschaftlich wirksam werden. Sie zeichnet nach, wie diese Ideen und Praxen an anderen Orten angeeignet, übersetzt und weitergeführt wurden, weitere Wirkung entfaltet und damit auch überlebt haben. Individuelle Schicksale und persönliche Entscheidungen erweisen sich aufs Engste mit systemischen Herausforderungen verbunden und im persönlichen Aufbruch, in der Selbstermächtigung ihrer Protagonist*innen eröffnen sich immer auch gesellschaftliche Perspektiven. In dieser Wechselbezogenheit sind die Arbeiten von Rosenberger angesiedelt.

1
Vgl. Torsten Blume, „die bühnenwerkstatt am bauhaus, ein raumlabor für gestalterische leibesübungen", in: Hubertus Adam, Sally Schöne (Hg.), *Ausdruckstanz und Bauhausbühne*, Petersberg 2019, S. 96.

2
Später entwickelte von Kreibig aus Stäbetanz und Reifentänzen die Material-Funktionstänze mit den Papierkonstruktionen von Margarete Naumann. Diese wurden am Braunschweiger Landestheater erstmals aufgeführt. Vgl. Sally Schöne, „materialfunktionstänze: manda von kreibig und margarete naumann", in: Adam, Schöne, *Ausdruckstanz und Bauhausbühne*, 2019, S. 141.

3
Das folgende Zitat daraus findet sich in Rosenbergers jüngster Arbeit MANDA: „Ich betone, daß ich mich absichtlich hier nicht mehr auf die Frage oder Behauptung einlasse, ob die Frauen jemals zu Kunsttaten – Genialität, usw. fähig seien, oder nicht. Ich setze vielmehr voraus, daß sie es sind, und untersuche die Hemmungen dieser geistigen und sozialen Expansion – des genialen Seins." Lu Märten, „Die Künstlerin", in: Adele Schreiber (Hg.), *Kleine Monografien zur Frauenfrage*, München 1914, S. 10. Dieses Buch sowie die Reflexionen von Verena Kuni und Regina Bittner wurden für Rosenberger zum wichtigen Ausgangspunkt ihrer Arbeit. Vgl. Regina Bittner, „Lu Märten im Streit um eine neue Ästhetik Materialismus und/oder Klassenkampf", präsentiert im Rahmen der Tagung „Zwischen ästhetischer und politischer Avantgarde: Die Zeitschrift der Kommunistischen Studentenfraktion (Kostufra) am Bauhaus Dessau und Berlin 1930–1932", Stiftung Bauhaus Dessau, 2022, sowie Verena Kuni, „Die Künstlerin als Arbeiterin (an) der Gesellschaft. Lu Märtens zeitgemässe Betrachtungen zur Ökonomie der namenlosen Genialität", querelles-net.de/index.php/qn/article/view/114/116 (02.01.2023).

4
Vgl. Ulrike Müller, *Bauhaus Frauen: Meisterinnen in Kunst, Handwerk und Design*, München 2019, S. 15 f.

5
„Das Zahlenverhältnis der Studierenden männlichen und weiblichen Geschlechts ist ein derartiges, das ohne Zweifel mit der Aufnahme von Damen zurückgehalten werden muss. […] Ich schlage daher vor, bei den Aufnahmen für absehbare Zeit Damen nur mit ausserordentlicher [sic!] Begabung aufnehmen zu wollen." Zit. n. Anja Baumhoff, *The gendered world of the Bauhaus: the politics of power at the Weimar Republic's Premier Art Institute 1919–1932*, Frankfurt am Main 2001, S. 58.

6
Vgl. Magdalena Droste, *Bauhaus: 1919–1933*, überarbeitete und aktualisierte Neuauflage, Köln 2019, S. 87.

7
Ebda.

8
Vgl. Müller, *Bauhaus Frauen*, 2019, S. 9, S. 24.

9
Vgl. Cornelia Jeske, „Frauenklasse? Klasse Frauen!", Stiftung Bauhaus Dessau, artsandculture.google.com/story/swXxDJ_rSG37KQ?hl=de (26.12.2022), o. S.

10
Vgl. Müller, *Bauhaus Frauen*, 2019, S. 27.

11
Vgl. Jeske, „Frauenklasse?", o. S.

12
Vgl. ebda.

13
Patrick Rössler, *Bauhausmädels. A Tribute to Pioneering Women Artists*, Köln 2019, S. 37 f.

14
Rosenbergers Kapitalismuskritik wird bei *Espiral* besonders deutlich, diese findet sich darüber hinaus in *Café Vienne*, in *Courage*, wenn Gina Kaus und Stella Kadmon sich als Geflüchtete unter prekären Umständen ein neues Leben aufbauen müssen.

15
Mitunter bieten Museen Führungen durch das Depot an, aber in der Regel nur zu besonderen Anlässen wie am „Tag des offenen Denkmals". Exponatsicherheit, Klimatisierung, Besucher*innensicherheit und restauratorische Verantwortung stehen dem entgegen. Eine Ausnahme bilden eigens angelegte Schaudepots für Besucher*innen.

16
… das weite Land, woher sie kommt ist bestes Beispiel: Von Gertrud Kraus' *Die Stadt wartet* gibt es keine Aufzeichnungen, Partituren, keine Choreografie für ihr Tanzstück. Vgl. hierzu in diesem Buch: Kurt Kladler, S. 135.

17
Vgl. dazu die Ausführungen von Sabeth Buchmann in diesem Buch, S. 123.

Structural Asymmetries

Barbara Steiner

In 2021, the Bauhaus Dessau Foundation invited Isa Rosenberger for a residency. During her stay and research at the Bauhaus Dessau, Rosenberger discovered the choreographer and dancer Manda von Kreibig and the artist and Marxist Lu Märten. Märten gave a lecture at the Bauhaus in 1928, the same year that von Kreibig spent several months working in the stage workshop. We do not actually know whether the two ever met. In the context of her interest in the historical Bauhaus, Rosenberger began to take a closer look at both of them.

Little is known about the life and work of Manda von Kreibig.[1] She developed the Stick Dance and the Hoop Dances with Oskar Schlemmer, the director of the stage workshop at the time, and also performed them herself.[2] In 1914, Märten wrote a book that explored the social framework conditions of women's artistic work, so shifting the focus from the individual to structural issues. Märten's aim was to examine what prevented women artists from the '*intellectual and social expansion – of being genius*'.[3]

Although perhaps not obvious at first glance, gender-related discrimination could also be found at the Bauhaus. The school was breaking new ground in education and design, and appeared generally progressive. This vision was supported by the manifesto written by Walter Gropius in 1919. This asserted that the Bauhaus was open to everyone with artistic talent – regardless of origin, religion or gender.[4] Gropius thus took up the demands of the Weimar Constitution of 1919, which stated that women and men had the same civil rights and duties. However, because the Bauhaus at first attracted surprisingly more women than men, they were soon only accepted if they were attested as having 'very exceptional' talent.[5] There were warnings against the dilettantism associated with female creativity, and fears of an overemphasis on the 'arts and crafts' that would detract from the ultimate goal of the institution that is building.[6] Access to certain workshops was therefore made more difficult. For many years, women were mainly admitted to the weaving workshop, and as a result this was attended by 90.8% women. They were not allowed onto the architecture course at all.[7] Of the 45 teachers in Weimar and the 35 teachers in Dessau, six were women respectively. In Berlin, there was one woman among the 13 teachers.[8] Women were also paid less than their male colleagues. For example, as head of the weaving workshop, Gunta Stölzl was paid less than her colleagues in the other workshops, despite the fact that her workshop over time became one of the most successful in economic terms.[9] In some instances women were only employed as assistant teachers on a freelance basis, such as Gertrud Grunow, who taught practical theory of harmony in Weimar.[10] It was not until 1928, under the second Bauhaus director, Hannes Meyer, that women were allowed to choose their workshops themselves.[11] Meyer promised equal rights, yet was also dismissive of the artistic craftsmanship of the female weavers' work, and chiefly expected the production of technically innovative utility fabrics.[12] In terms of gender politics, there were few changes at the daring Bauhaus: women's professional development opportunities were still limited and traditional socio-economic structures remained powerful. Gropius's programme – and presumably also many of the famous photos of Bauhaus students living, working and celebrating together, which show joie de vivre and imply freedom – meant that 'for a long time gender relations at the Bauhaus were received uncritically and with little differentiation'[13] – and so it was that precisely the inhibitions to 'intellectual and social expansion', as put forward by Märten, were ignored.

Rosenberger is herself aware of structural discriminations that are not always visible. Accordingly, she starts with the living and working conditions of her protagonists and embeds them in both historical and contemporary social contexts. In her film installation settings, the artist goes in search of traces in order to give space and visibility to the hidden, repressed and forgotten, but without propagating a closing of the gaps. In doing so, Rosenberger expands the exploration of the past to include current questions and discourses. In *Espiral*, the World Economic Crisis of 1928 is echoed in the Global Financial Crisis of 2008.[14] The forced migration of people during the National Socialist era, who had to rebuild an existence in other places, mirrors migrant realities of the present day in ... *the vast land from which she comes*. The self-empowering approach to dealing with socio-economic and political adversity – as shown, for example, by the protagonists in *Courage* and *Café Vienne* – ultimately also concerns Rosenberger's own (precarious) situation as an artist and that of other women artists. In this way, the present inscribes itself in the past, and the past becomes alive in the present. The extent to which structural discrimination is being perpetuated, and even extended, becomes clear. Seen against this background, this is not only about the forgotten biographies of (Jewish) women, but very much about the political and socio-economic imbalances to which social groups are exposed.
In the linking of past and present events, the past also becomes a legacy, a testament and therefore a commitment, in Spanish: MANDA – the title chosen by Rosenberger for her latest work. This not only refers to Manda von Kreibig but also includes a social mandate from the deceased to the living, in a figurative sense to Rosenberger but also – in the sense of structural questions – to institutions and their narrative or definitional power. Ultimately, it is about becoming aware of the *Shadows, Gaps, Voids* – which is also the title of the Graz exhibition. Not in order to close them, but rather to shift them constantly, to set them in motion.

Therefore for her Dessau work, Rosenberger addressed not only the positions of Kreibig and Märten but also questions of institutional memory. Together with the contemporary dancer Celia Millan she went in search of traces in the museum archive and depot of the Bauhaus Dessau Foundation, itself now the focus of attention: as a representation of what is considered worth preserving and collecting. It is a repository, where collected items are temporarily removed from view – sometimes even over many decades.[15] In this way it is a location for potential discoveries, for an activation of the forgotten, the reassessment and (re)narration of what has fallen out of sight. Gaps and voids are fundamentally constitutive for archives and depots, because what is present, what is collected, always speaks of what is absent too, what has not been collected – what is not there. And this often means works by women artists. Besides artefacts, what is missing here are artistic articulations that cannot be collected in the classical, object-centred sense. These include dance, stage works, performative productions of all kinds. If there are no film or photographic records, these works are lost or only available in fragments.[16] Since especially many female artists were and are active in the performing arts, this means that gaps and voids are closely linked with gender issues, and not just for Rosenberger. In Rosenberger's film, Millan moves in a dance between suspended walls, boxes and packages. She gestures towards Ilse Fehling's figurines, acts with a white mask that evidently comes from a stock of theatre props and engages with Manda von Kreibig's Stick Dance in reenactment. In the process, the radius expands from von Kreibig as an individual figure to another artist of the stage workshop and from object to performance.

I would now like to examine how Rosenberger's artistic work differs from other (critical) historiographical narratives. Here it is worth taking a look at the means of art and how these are used. In her films the artist creates a web of connections, continuities, interruptions and synchronicities through archive materials, quotations, word contributions, performative approaches and (re)stagings. Here the fragmented nature of the narrative corresponds with the fragmented biographies of the protagonists. The levels of speech, language and visual narration change, becoming detached from one another only to be interlinked again at other points. Film cuts create both changes in perspective and time. This principle of montage is then transferred – in spatialised form – to the exhibition itself, the means of narration are exposed and themselves become the object of observation. The respective narratives are divided further in terms of scenography and produce a multi-perspectival historiography in which gaps and voids remain visible.

Decisions on *how* the films are shown and *what* is added to them in the space, i.e. what other materials, objects and display systems will play a role, vary depending on the focus of the content and on the space. Since this text is being written before MANDA is completed and before the set-up of the exhibitions in Graz and Dessau, I will now draw on older works by the artist for my comments here. In *Espiral* Rosenberger offers an insight into the artistic process – she shows its genesis, a graphic interpretation of the notations on which the film is based, and she involves us in the 'side conversations'. We can follow the approaches, rehearsals, practice, rejections and so the genesis of the film. The green table from the work of the same name by Kurt Jooss (*The Green Table*, 1932), which appears as a quotation in Rosenberger's film, is – visually shortened – incorporated as a set piece in the spatial choreography, which follows a spiral.[17] Together with Franz Cohen's piano music, the theatrical curtains give structure and fragment perception, interrupting the visitors' course of movement. This means that the spiral, the leitmotif of the film and the exhibition, is at certain points also perforated.

… the vast land from which she comes revolves around Gertrud Kraus, dancer and choreographer in Vienna in the 1920s and 30s and co-founder of modern Israeli dance culture. Rosenberger's work specifically draws its starting point from her dance piece *Die Stadt wartet (the city awaits)*. A newspaper announcement is essentially all that has survived of its performance at the Volksheim Ottakring on 29 April 1934. Rosenberger translates her own searching movements and attempts at reconstruction, as reflected in her collaboration with the contemporary dancer Loulou Omer, into film and as choreography in the space: stage platforms serve as bases for archive and research materials as well as for monitors that play video interviews with dance

researcher Ruth Eshel and dance historian Andrea Amort. Loulou Omer's tentative dance interpretations of Gertrud Kraus's poses, on the other hand, are presented as a series of photographs on yellow walls. Through drawings made by young migrants during Rosenberger's workshop at the very same adult education centre in the Ottakring district of Vienna, she traces an arc from 20th-century avant-garde theatre to the present day, from emigration to immigration. In this way, the stage of the adult education centre is invoked as a site for socio-political articulations both in a historical and contemporary context. Rosenberger herself taught there for several weeks, following Kraus's methods. The spatial unfolding of the elements and levels allows a focus on various aspects: a changing dance history, the important role of teaching body knowledge, socio-political contexts, etc. The protagonists, Loulou Omer and Gertrud Kraus, are both equally placed within a network of meandering past and present contexts that sometimes run synchronously, but at other points are interrupted, branch out and open up new connections.

Perhaps I should point out here that in these works a kind of basic repertoire of elements forms the starting point for each new presentation. New configurations, adaptations, rewritings and expansions emerge in response to the specific exhibition space. In fact, this also applies to the films themselves, which are often recut, shortened or extended. In other words, Rosenberger's works are themselves performative in the sense that they go through a process of constant re-creating, shifting and rewriting, thus setting narratives, perspectives and the associated attributions of meaning in motion again and again.

Back to the exhibitions: whatever is used – walls, curtains, plinths, wall panels, furniture – equally represents work components and structuring elements of the exhibition. The separation between artworks and exhibition display dissolves: architecture, work and performance are interlinked. The boundaries between stage, audience space and exhibition are blurred. Visitors move through each setting, where no fixed direction is specified – they look and listen, they are synaesthetically addressed in their own physicality and also challenged. Depending on where their steps take them, what is viewed from which angle and for how long, narratives are built up that shift – in accordance with Rosenberger's practice – with each new sequence of viewing and length of stay. With their open, non-directional spatial concept, the exhibition spaces of the Kunsthaus Graz offer the ideal conditions for this approach.

At the beginning I wrote that Rosenberger's interest is essentially structural-systemic. She interweaves political, economic and social aspects, the past and present – even if the weighting varies from work to work. Here Rosenberger's historiographical interest focuses on power relations, structural disadvantages, asymmetrical economies, exclusion and expulsion, in short: the imbalance of social relations themselves. In her Dessau work, Rosenberger intertwines Kreibig's sketch-like biography with Lu Märten's structural reflections. Essentially, Rosenberger also describes the relationship of the individual to their social frameworks, how these affect the individual, but how the individual also has opportunities to break through or transcend them. Rosenberger shows how socio-political ideas live on in artistic works, have inscribed themselves in Kurt Jooss's dance theatre, Gertrud Kraus's dance choreographies or Stella Kadmon's Theater der Courage, for example, and from there become socially effective again. It traces how these ideas and practices were appropriated, translated and continued in other places, developed further impact and so also survived. Individual fates and personal decisions prove to be closely bound up with systemic challenges, and in the personal awakening, in the self-empowerment of their protagonists, social perspectives always open up as well. Rosenberger's works are situated in this state of interrelatedness.

1
Torsten Blume, 'die bühnenwerkstatt am bauhaus, ein raumlabor für gestalterische leibesübungen', in: Hubertus Adam, Sally Schöne (eds.), *Ausdruckstanz und Bauhausbühne*, p. 96

2
Von Kreibig later developed the Material Function Dances with Margarete Naumann's paper constructions from Stick Dances and Hoop Dances. These were first performed at the Braunschweig Landestheater. Sally Schöne, 'material-funktionstänze: manda von kreibig und magarete naumann', in: Hubertus Adam, Sally Schöne (eds.), op.cit., p. 141

3
The following quote from Märten's book can be found in Rosenberger's most recent work, MANDA: 'I emphasise that I am deliberately not getting into the question or assertion here of whether or not women are ever capable of acts of art – genius, etc. I am rather presupposing that they are, and examining inhibitions to this spiritual and social expansion – of being genius.' Lu Märten, 'Die Künstlerin', in: *Kleine Monografien zur Frauenfrage*, ed. Adele Schreiber, Munich 1914, p.10. This book and the reflections of Verena Kuni and Regina Bittner became an important starting point for Rosenberger in her work. Bittner, Regina: 'Lu Märten im Streit um eine neue Ästhetik Materialismus und/oder Klassenkampf', presented at the conference 'Zwischen ästhetischer und politischer Avantgarde: Die Zeitschrift der Kommunistischen Studentenfraktion (Kostufra) am Bauhaus Dessau und Berlin 1930–1932', Stiftung Bauhaus Dessau, 2022
Kuni, Verena: 'Die Künstlerin als Arbeiterin (an) der Gesellschaft. Lu Märtens zeitgemässe Betrachtungen zur Ökonomie der namenlosen Genialität', www.querelles-net.de/index.php/qn/article/view/114/116 (2.1.2023)

4
Ulrike Müller, *Bauhaus Frauen: Meisterinnen in Kunst, Handwerk und Design*, Munich, 2019, p. 15 f.

5
'The numerical proportion of male and female students is such that, without question, the admission of ladies must be restrained… I therefore propose that for the foreseeable future only women of very exceptional talent be accepted.' Quoted from Anja Baumhoff, *The gendered world of the Bauhaus: the politics of power at the Weimar Republic's Premier Art Institute; 1919–1932*, Frankfurt am Main, 2001, p. 58

6
Magdalena Droste, *Bauhaus: 1919–1933*. Revised and updated new edition, 2019, p. 87

7
Ibid.

8
Ulrike Müller, op.cit., p. 9 and p. 24

9
Cornelia Jeske, 'Frauenklasse? Klasse Frauen!', Stiftung Bauhaus Dessau, https://artsandculture.google.com/story/swXxDJ_rSG-37KQ?hl=de, Stand: 26.12.2022, n.p.

10
Ulrike Müller, op.cit., p. 27

11
Cornelia Jeske, op.cit., n.p.

12
Ibid.

13
Patrick Rössler, *Bauhausmädels. A Tribute to Pioneering Women Artists*, Cologne 2019, p. 37 f.

14
Rosenberger's critique of capitalism is especially evident in *Espiral*, and can also be found in *Café Vienne*, in *Courage*, when Gina Kaus and Stella Kadmon have to build a new life for themselves as refugees in precarious conditions.

15
Sometimes museums offer guided tours of the depot, but usually only on special occasions such as the 'Day of the Open Monument'. Exhibit safety, climate control, visitor safety and responsibility for restoration are reasons that preclude this. An exception is the specially created display depots for visitors.

16
… the vast land from which she comes is a very good example of this: There are no records of Gertrud Kraus's *Die Stadt wartet*, no scores, no choreography for her dance piece. See also in this book, Kurt Kladler, p. 144.

17
See also Sabeth Buchmann's related commentary in this book, p. 129.

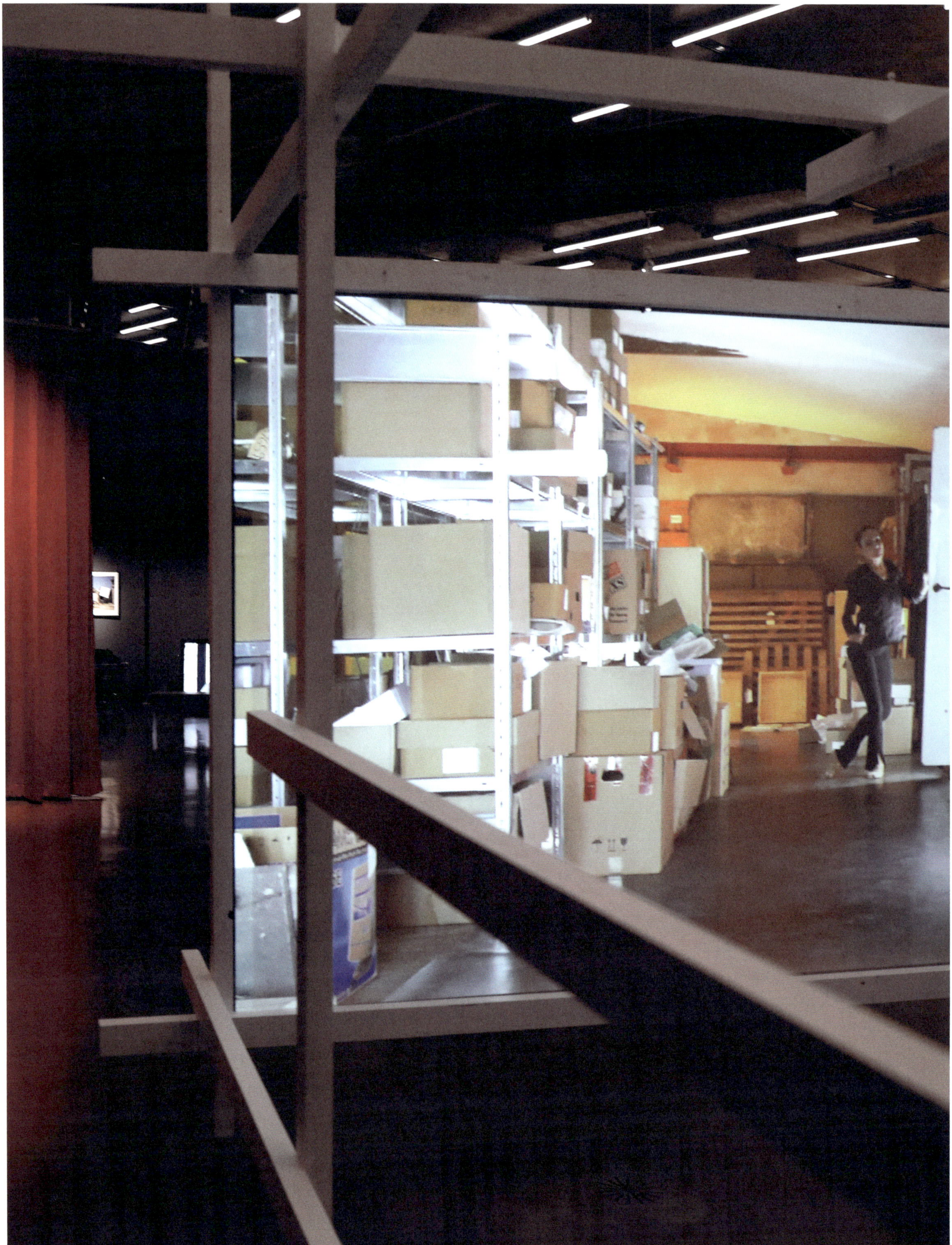

MANDA

2023

Video 1
MANDA
In Zusammenarbeit
mit Celia Millan
Full-HD-Video
15 min
Deutsch mit englischen
Untertiteln
Tänzerin: Celia Millan
Kamera und Ton:
Reinhard Mayr
Licht: Tino Ahlmann
Cello: Elisabet Iserte López
Projektassistenz: Anna Holtz
Idee, Drehbuch und Schnitt:
Isa Rosenberger
Beratung: Torsten Blume,
Rüdiger Messerschmidt,
Sylvia Ziegner
Organisation: Tuan Do Duc,
Christin Irrgang

Video 2
Interviews mit Regina Bittner
und Barbara Steiner
Full-HD-Video
19 min
Deutsch mit englischen
Untertiteln
Kamera und Ton: Ute König,
Domenik Pasemann,
Marcus Wozny
Schnitt: Isa Rosenberger

Video 1
MANDA
In collaboration
with Celia Millan
Full-HD-Video
15 min
German with English subtitles
Dancer: Celia Millan
Camera and sound:
Reinhard Mayr
Lighting: Tino Ahlmann
Cello: Elisabet Iserte López
Project assistant: Anna Holtz
Concept, script and editing:
Isa Rosenberger
Advisors: Torsten Blume,
Rüdiger Messerschmidt,
Sylvia Ziegner
Organisation: Tuan Do Duc,
Christin Irrgang

Video 2
Interviews with Regina Bittner
and Barbara Steiner
Full-HD-Video
19 min
German with English subtitles
Camera and sound:
Ute König, Domenik Pasemann,
Marcus Wozny
Editing: Isa Rosenberger

2022 wurde Isa Rosenberger als Residenzkünstlerin ans Bauhaus Dessau eingeladen, mit dem Auftrag, eine neue Arbeit für die Ausstellung im Kunsthaus Graz und später im Bauhaus selbst zu produzieren. Anknüpfungspunkt für MANDA waren die Auftritte zweier Frauen am Bauhaus im Jahr 1928: der Tänzerin und Choreografin Manda von Kreibig, die mit Oskar Schlemmer den Stäbetanz am Bauhaus entwickelte, und der Schriftstellerin und Frauenrechtlerin Lu Märten (*Die Künstlerin*, 1919). Märten ermutigte schon ab 1914 Frauen, sich den gesellschaftlichen Hemmnissen ihres künstlerischen Tuns bewusst zu sein und selbstbestimmt zu agieren. In MANDA beschäftigt sich Rosenberger mit Geschichte, die abbricht, nicht weitererzählt wird, und mit Lebenslinien, die abbrechen und woanders wieder aufgenommen werden. Dafür recherchierte sie intensiv in Museumsarchiven und Publikationen, vor allem im Museumsdepot der Stiftung Bauhaus Dessau. Zusammen mit der Tänzerin Celia Millan aktualisiert sie in MANDA nicht nur Biografisches, sondern auch die experimentelle Atmosphäre des historischen Bauhauses. Das Depot selbst wird zur Bühne der filmisch-tänzerischen Annäherung an zwei vergessene Kulturschaffende und an eine lückenhafte Geschichtsschreibung. Dabei verwebt Rosenberger ihre historische Recherche mit generellen und aktuellen Fragen nach dem Gedächtnis von Museen und ihrer Verantwortung in ebendiesem Prozess der Geschichtsschreibung.

Auf der historischen Bauhausbühne in Dessau gedrehte Statements von Regina Bittner, Kulturwissenschaftlerin, Kuratorin und Leiterin der Akademie der Stiftung Bauhaus Dessau, und Barbara Steiner, Kunsthistorikerin, Kuratorin und Direktorin der Stiftung Bauhaus Dessau, ergänzen die Installation.

Der Titel MANDA bezieht sich nicht nur auf Manda von Kreibig, sondern bedeutet im Spanischen auch Vermächtnis, Legat oder Versprechen. Damit wird deutlich, dass die Auseinandersetzung mit Vergangenem für Rosenberger immer auch ein gesellschaftlicher Auftrag der Verstorbenen an die Lebenden ist.

In Koproduktion mit der
Stiftung Bauhaus Dessau
In coproduction with the
Bauhaus Dessau Foundation

In 2022, Isa Rosenberger was invited to the Bauhaus Dessau as an artist-in-residence with the assignment to produce a new work for the exhibition at the Kunsthaus Graz, and later at the Bauhaus itself. The starting point for MANDA was the presence of two women at the Bauhaus in 1928: the dancer and choreographer Manda von Kreibig, who developed the Stick Dance at the Bauhaus with Oskar Schlemmer; and the writer and women's rights activist Lu Märten (*Die Künstlerin*, 1919). As early as 1914, Märten encouraged women to be aware of the social obstacles to their artistic activities and to act in a self-determined way. In MANDA, Rosenberger explores history as it is broken off, not passed on, and also considers life lines that are cut off and taken up again somewhere else. She carried out in-depth research in museum archives and publications and primarily at the museum depot of the Bauhaus Dessau Foundation. Working with the dancer Celia Millan, in MANDA she both reviews biographical information and revives the experimental atmosphere of the historical Bauhaus. The depot itself becomes the stage for an exploration through film and dance of two forgotten cultural workers and of an incomplete historiography. Rosenberger interweaves her historical research with general and current questions about the memory of museums and their responsibility in this very process of writing history.

Statements filmed on the historical Bauhaus stage in Dessau by Regina Bittner, cultural theorist, curator and director of the Academy of the Bauhaus Dessau Foundation, and Barbara Steiner, art historian, curator and director of the Bauhaus Dessau Foundation, accompany the installation.

The title MANDA not only refers to Manda von Kreibig but also means legacy, bequest or promise in Spanish. This is an indication that for Rosenberger, dealing with the past is always also a social mission from the deceased to the living.

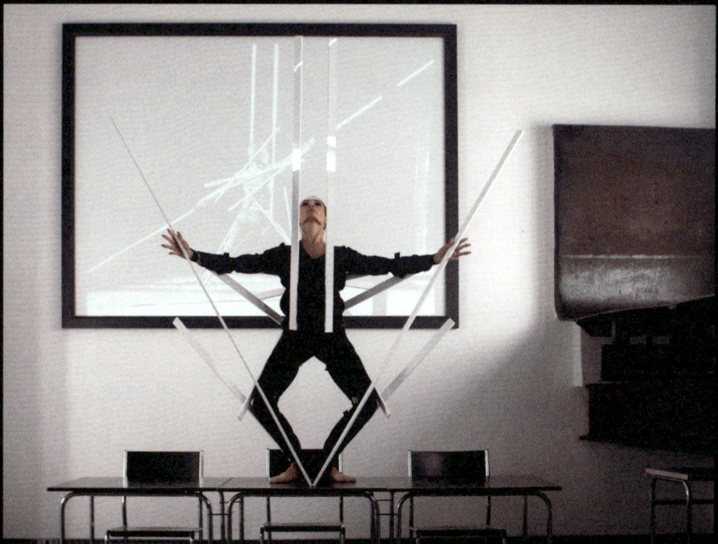

Setfoto
Set photo

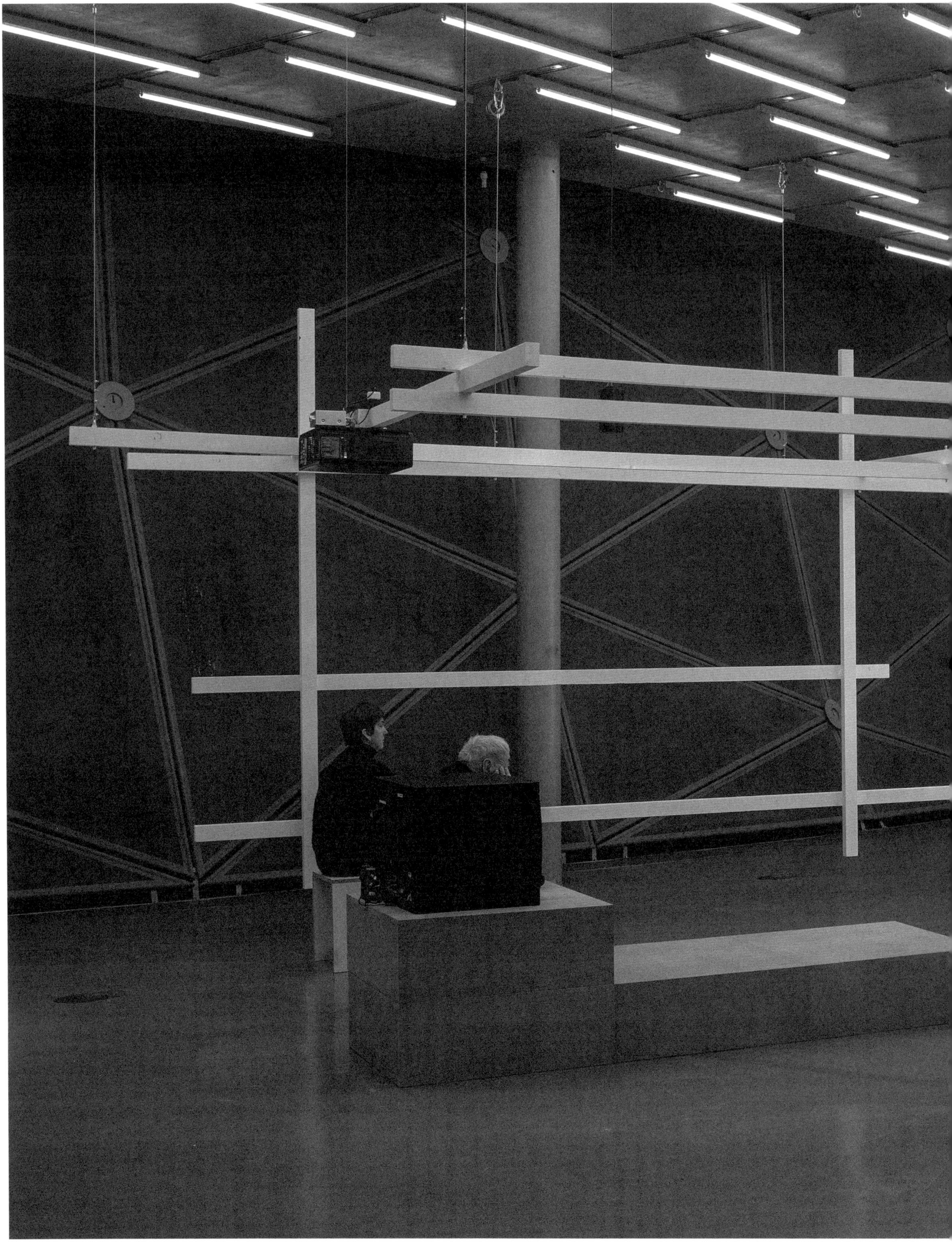

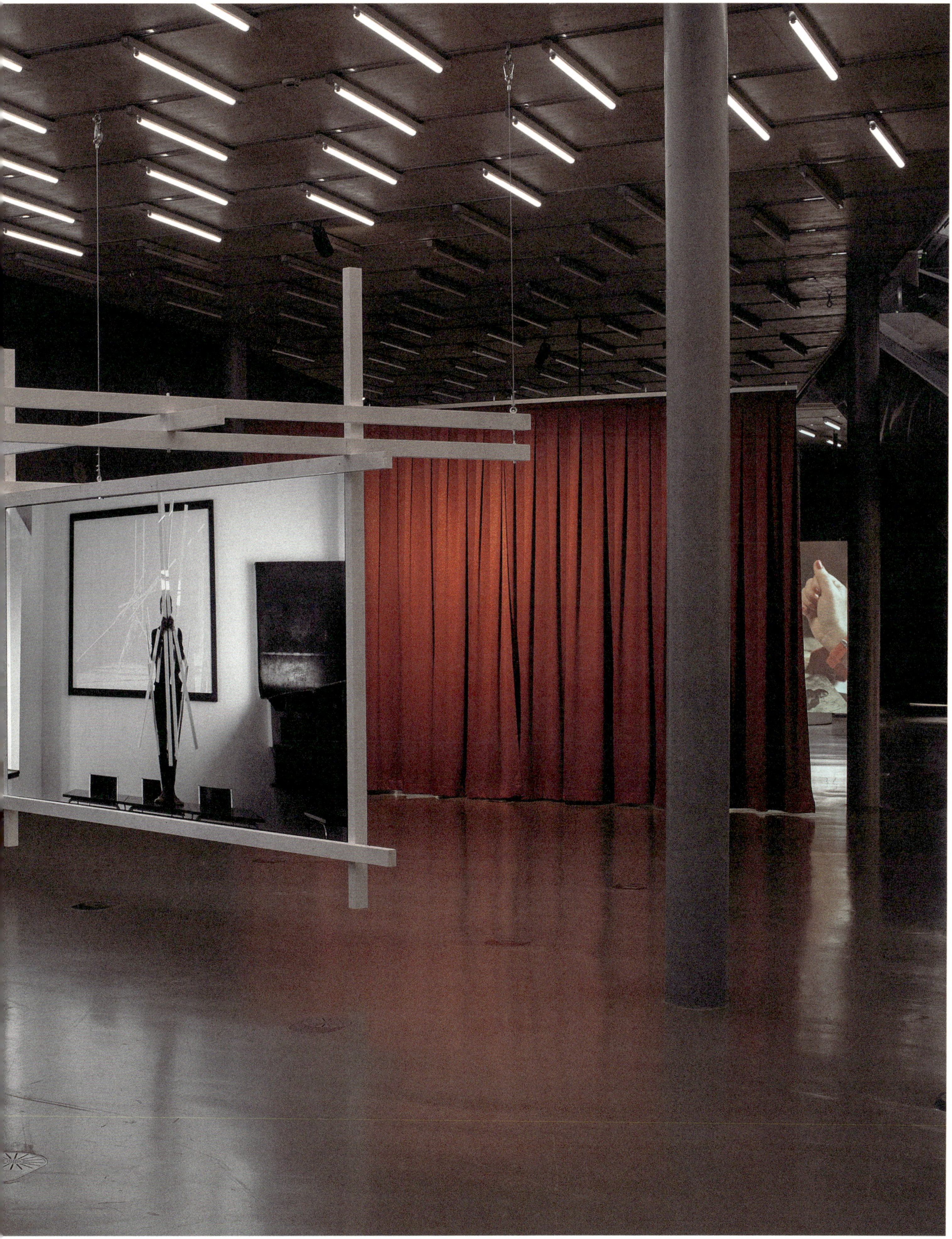

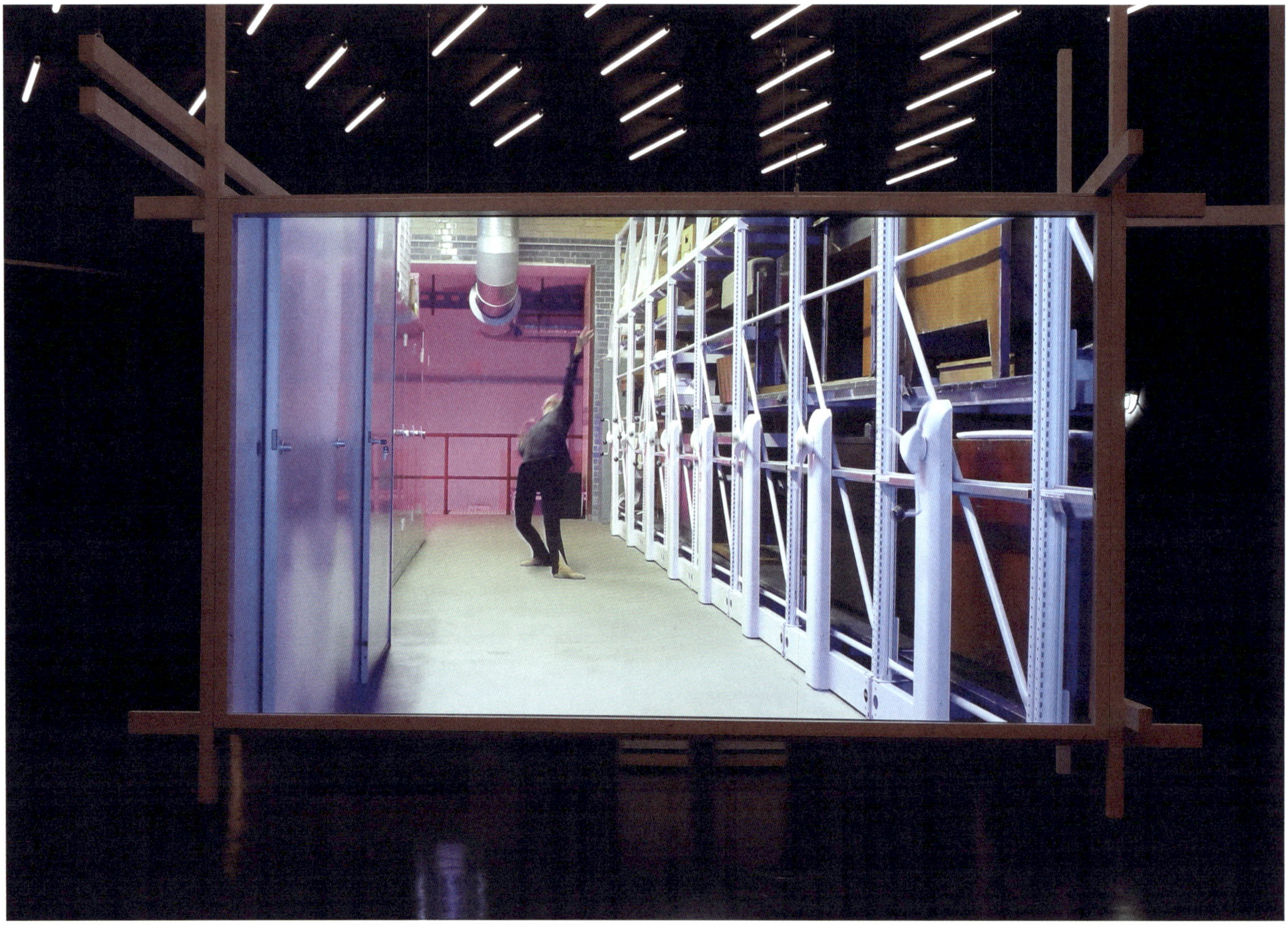

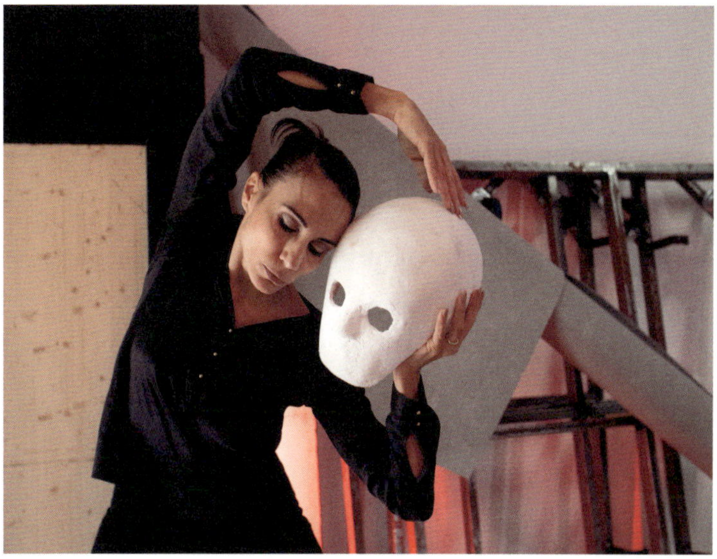

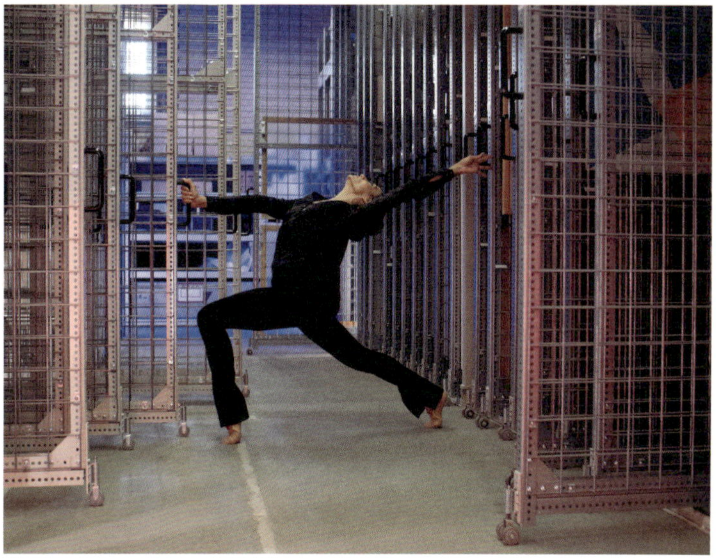

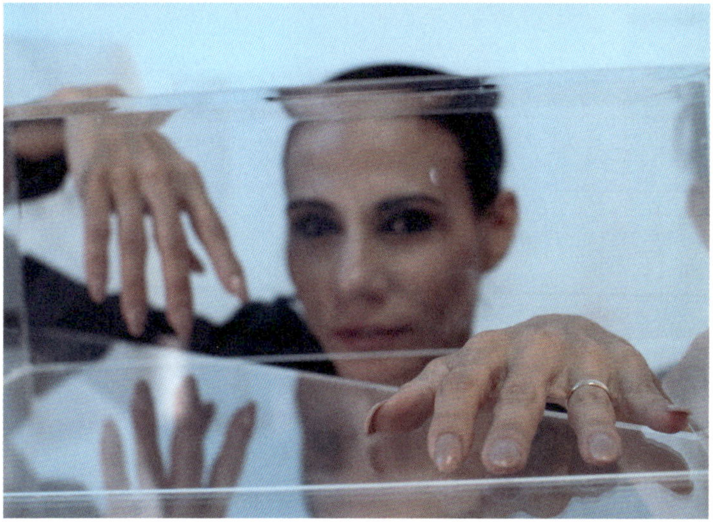

Setfotos
Set photos

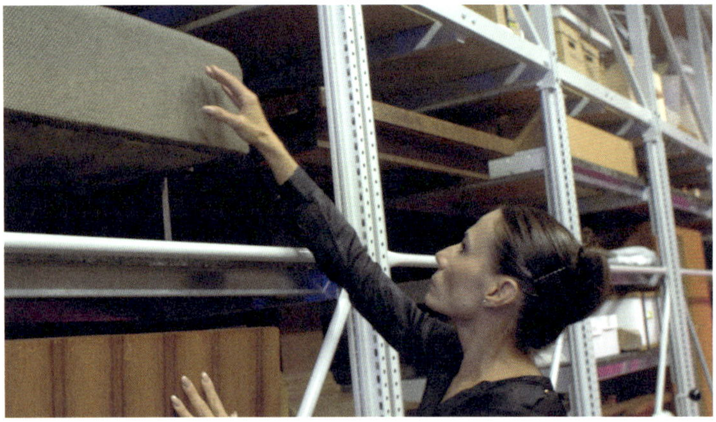

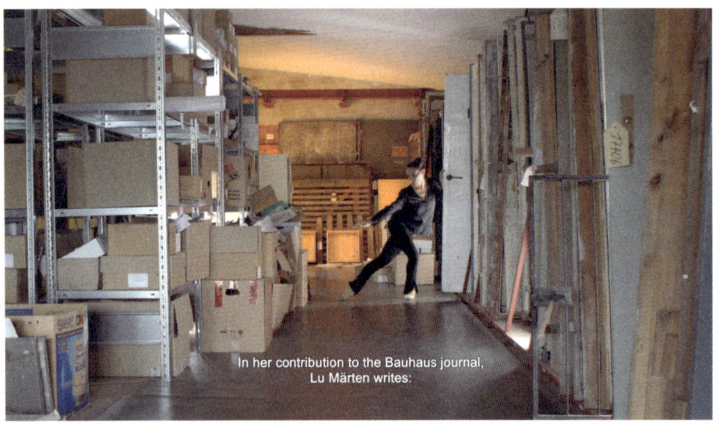

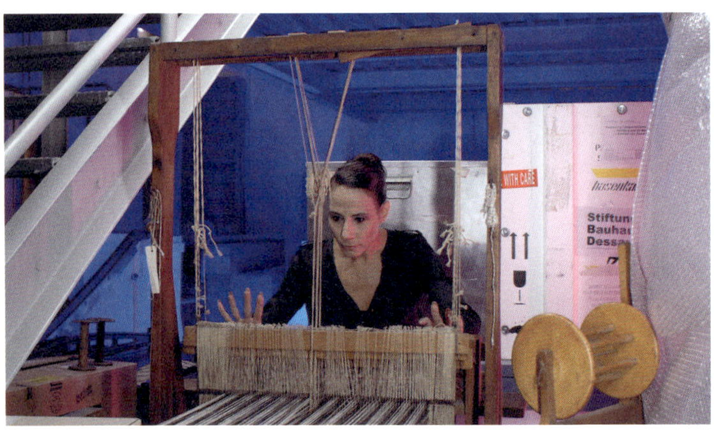

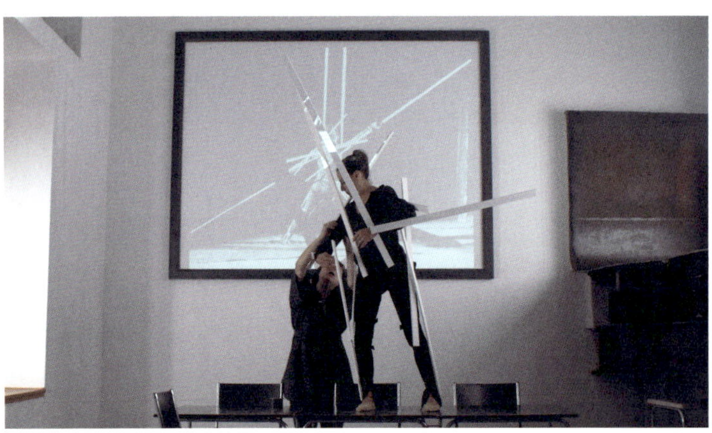

Videostills
Video stills

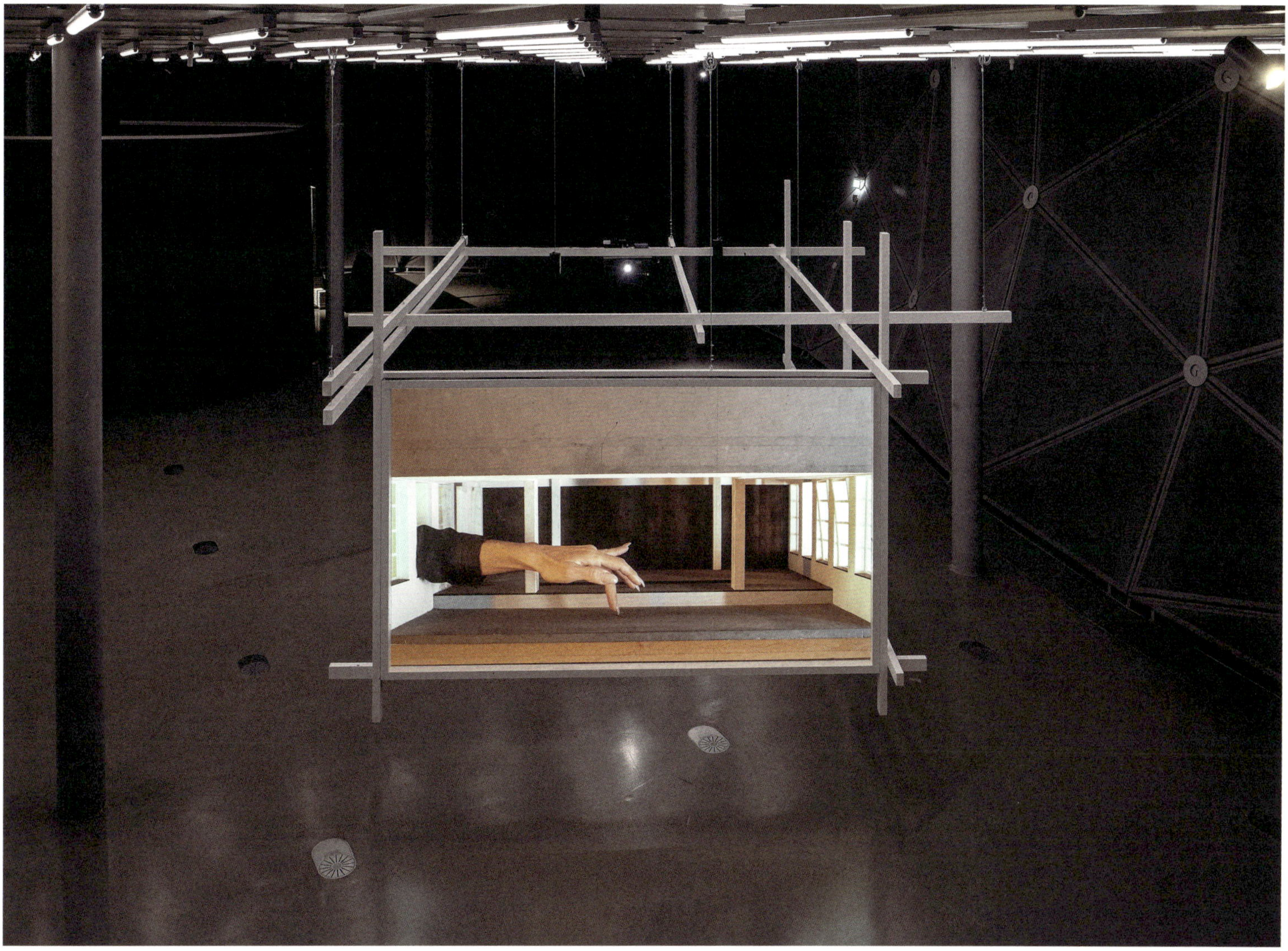

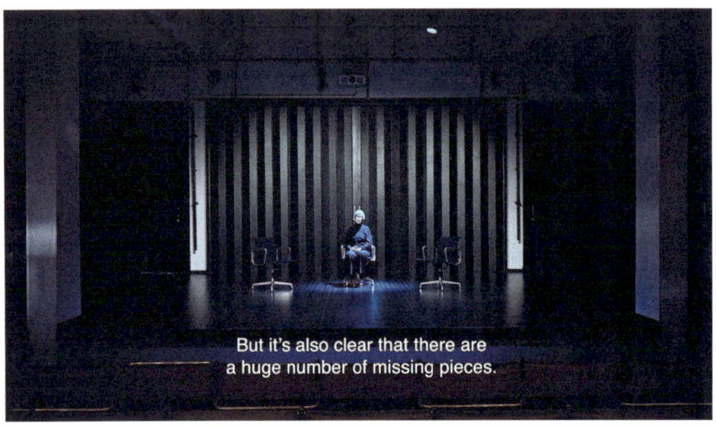

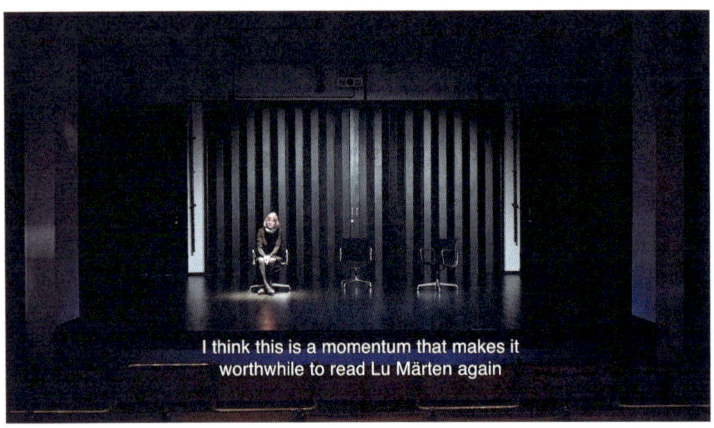

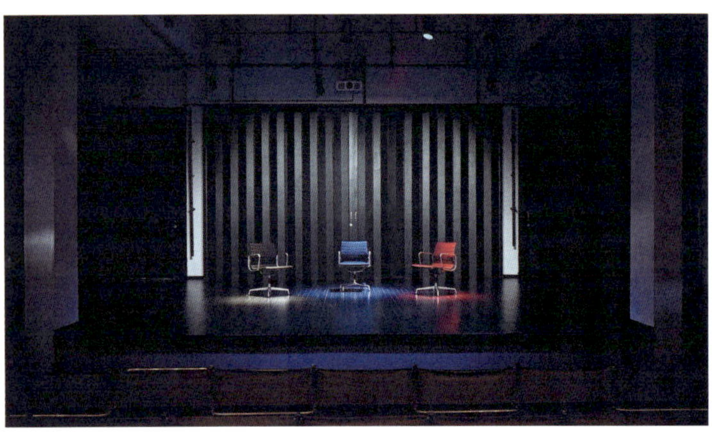

Videostills
Video stills

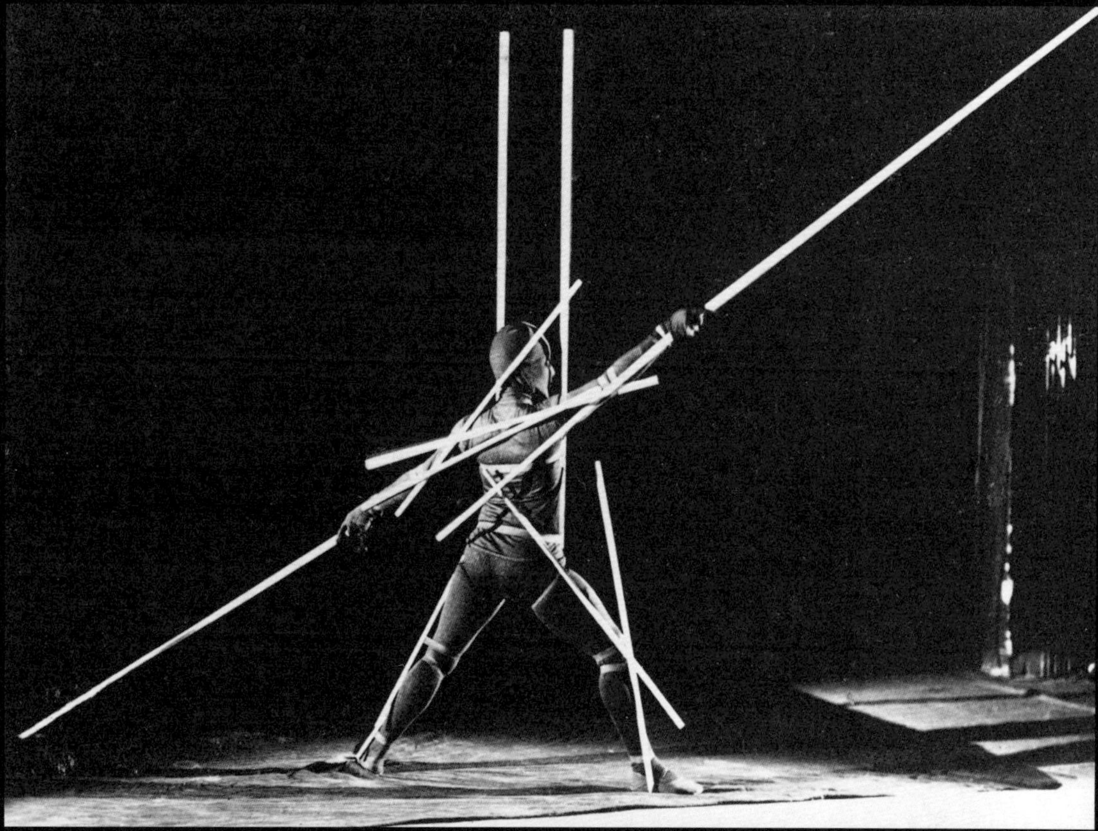

Stäbetanz, Inszenierung: Oskar Schlemmer, Tanz: Manda von Kreibig, 1928
Stäbetanz (Stick dance), production: Oskar Schlemmer, dance: Manda von Kreibig, 1928

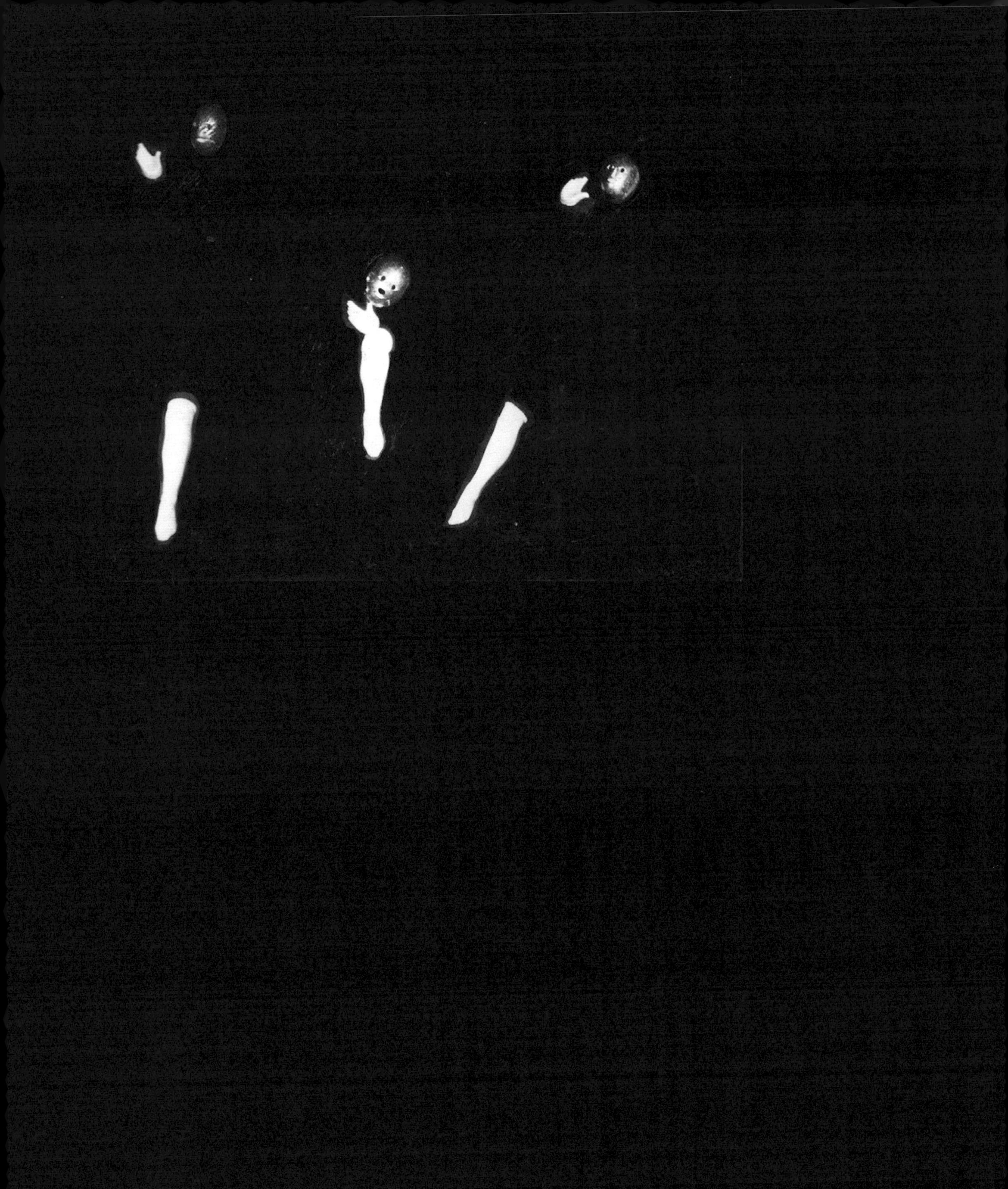

Manda von Kreibig, *Glieder-
oder Illusionstanz*,
Szenenphoto dreifach belichtet, 1928
Manda von Kreibig, *Glieder-
oder Illusionstanz*, scene photo
triple exposed, 1928

Zur Bauhausbühne der Frauen

Torsten Blume

Wenn die 1921 am Weimarer Bauhaus eingerichtete und ab 1925 bis 1929 in Dessau weiterentwickelte Bühnenwerkstatt beschrieben wird, stehen im Vordergrund der Darstellungen bislang vor allem Männer, die dieses Projekt als Leiter und Gestalter geprägt haben. Dass viele Frauen wie Friedl Dicker, Ilse Fehling, Julia Feininger, Alma Buscher-Siedhoff, Toni Hergt, Hilde Rantzsch oder Lou Scheper-Berkenkamp – um nur einige zu nennen – als Studierende an den Studien und Produktionen der Bauhausbühne nicht nur mitgewirkt, sondern diese auch mitgeprägt haben, wird bisher kaum oder nur am Rande angemerkt. Dabei haben Bauhaus-Studentinnen in der Bühnenwerkstatt sowohl als Performerinnen und Kostümgestalterinnen mitgearbeitet als auch eigene Projekte entwickelt. Diese sind aber zumeist nur fragmentarisch überliefert und wenig gewürdigt worden. Etwas prominenter – auch weil sie relativ gut mit Fotografien dokumentiert sind – erscheinen dagegen inzwischen die Beiträge der Tänzerinnen Karla Grosch, Else Bongers und nicht zuletzt Manda von Kreibig, die sich als freie Mitarbeiterinnen an einigen Projekten der Bauhausbühne beteiligten.

Die weitgehende Unsichtbarkeit der Frauen der Bauhausbühne resultiert nicht zuletzt aus den patriarchalen Strukturen und Rollenbildern, die die Schule geprägt hatten. Obwohl es 1919 im ersten Programm für das Staatliche Bauhaus Weimar geheißen hatte, dass jede „unbescholtene Person ohne Rücksicht auf Alter und Geschlecht“ aufgenommen würde, machten der Bauhausgründer und andere Bauhausmeister es den Frauen bald danach schwerer, angenommen zu werden[1] und in einer anderen Fachrichtung als der Weberei zu studieren. In der Folge nahm der Anteil der weiblichen Studierenden bis zur Schließung des Bauhauses 1933 kontinuierlich ab. Hatte es 1919 im ersten Sommersemester noch 84 weibliche und 79 männliche Studierende gegeben, reduzierte sich der Anteil der Studentinnen zuletzt auf knapp ein Viertel.[2]

Während Studierende wie Marianne Brandt oder Margarete Heymann um ihre Aufnahme in die Metallwerkstatt beziehungsweise die Töpferei kämpfen mussten, war die Mitwirkung von Frauen in der Bühnenwerkstatt weniger schwierig. Denn diese war ein fakultatives Lehrangebot. Es wurde auch nicht, wie in allen anderen Werkstätten, eine handwerkliche Ausbildung gefordert, die parallel zum gestalterischen Bauhausunterricht in einem lokalen Meisterbetrieb absolviert werden musste. Die Bühnenwerkstatt war für Studentinnen aber vor allem auch deshalb attraktiv, weil sie dort neben ihrem regulären Studium mitarbeiten und sich ausprobieren konnten. Zudem gab diese besondere Offenheit auch die Möglichkeit der Inspiration zu eigenständigen, nur lose mit seinem Unterricht verbundenen Projekten. So gehörte Friedl Dicker (1896–1954) – die vor ihrer Bauhauszeit auch die Kunstschule von Johannes Itten in Wien besucht hatte – einerseits zur der von 1921 bis 1923 von Lothar Schreyer geleiteten Bühnenwerkstatt, während sie zugleich auch in der Bauhausweberei, der plastischen Werkstatt und der Druckerei gearbeitet hat. Darüber hinaus gestaltete sie Marionetten und entwarf (zum Teil zusammen mit ihrem Kommilitonen Franz Singer) zahlreiche Kostüme und Bühnenbilder für Theater in Berlin und Dresden.

Ähnlich wie Friedl Dicker verfolgte auch Ilse Fehling (1896–1982) in Bezug auf die Bauhausbühne eine ganz eigene Agenda. Sie war 1920 als eine schon an der Reimann-Schule sowie der der Kunstgewerbeschule in Berlin ausgebildete Kostümbildnerin an das Bauhaus gekommen. Weitgehend unabhängig von ihren Lehrern konzipierte sie eine „drehbare Rundbühne für Stabmarionetten" und gestaltete Figurinen für ein auf dieser Bühne aufzuführendes Stück (*Wanderer zwischen den Welten*).[3] Ihre Rundbühne, die sie 1922 patentieren ließ, war ein außergewöhnliches Projekt einer Raumbühne, bei der das Publikum rund um eine mittig platzierte – also von allen Seiten einsehbare – Bühnenapparatur sitzt. Zur Konstruktion gehörte eine „einzige fortlaufende Wanderkulisse", die „von einer Vorratsrolle" auf einer „spiralenartige(n) Bahn" abgewickelt wurde. So sollte sich durch Überlagerungen von Kulissenelementen, dazwischen auftretenden Marionetten und durch geschickte Beleuchtung bzw. Lichtspiele ein „eigenartig phantastisches Zusammenspiel" aller Bühnenelemente ergeben.[4] Dieser Entwurf eines Theaterapparates – an dem Ilse Fehling, nachdem sie 1923 geheiratet und das Bauhaus verlassen hatte, nicht mehr weitergearbeitet hat – wirkt wie eine besondere Miniaturversion von zeitgleichen oder späteren avantgardistischen Raumbühnenentwürfen.[5] Eine umfassende Rezeption und Würdigung von Fehlings Rundbühne als szenografisches und künstlerisches Konzept in diesem Kontext steht noch aus.

Auch dass Julia Feininger (1880–1970), die mit dem Bauhausmeister Lyonel Feininger verheiratet war, ab 1920 am Weimarer Bauhaus eine Studierende in der Bühnenwerkstatt gewesen ist, wurde bislang kaum thematisiert. Als eigenständige Künstlerin ist sie im Schatten ihres berühmten Ehemannes kaum mehr sichtbar. Dazu hat auch beigetragen, dass sie ihre eigene künstlerische Tätigkeit zugunsten der Organisation des künstlerischen und privaten Lebens ihres Ehemannes einschränkte und schließlich aufgab. Die sieben Marionetten *Märchen aus dem Morgenland*, die sie als Abschluss ihres Bauhaus-Studiums gestaltete, sind in diesem Sinne ein spätes Zeugnis ihres künstlerischen Schaffens, zugleich aber auch ein wichtiges Zeugnis der Marionettengestaltung, welche die Arbeit der frühen Bühnenwerkstatt wesentlich geprägt hat. Zeitgleich mit Julia Feininger studierte Alma Buscher (1899–1944) von 1922 bis 1925 am Bauhaus. Ihre 1923 zur ersten Bauhausausstellung für das Musterhaus Am Horn zusammen mit Erich Brendel entworfenen Kinderzimmermöbel gelten heute ebenso wie ihre Spielzeugentwürfe (kleines und großes Schiffbauspiel, 1923 und 1924; Wurfpuppen, 1923) als Ikonen eines frühen Bauhausdesigns. Nachdem sie 1926 den Schauspieler Werner Siedhoff geheiratet hatte, der in der Dessauer Bühnenwerkstatt in den von Schlemmer entwickelten Bauhaustänzen mitgewirkt hat, blieb sie dem Bauhaus verbunden. Ihre Versuche, ihre Spielzeuge – zu denen auch ein abstraktes Marionettentheater für Kinder gehörte – als Beiträge in die Arbeit des Bauhauses einzubringen, scheiterten, als Gropius dies nach der Geburt ihres Sohnes (Joost Siedhoff) abgelehnt hatte. Schließlich gab Alma Buscher-Siedhoff ähnlich wie Julia Feininger ihre gestalterische Arbeit ab 1927 zugunsten der Unterstützung ihres Ehemanns und der Familienorganisation weitgehend auf.

Ein Sich-in-den-Dienst-Stellen für das Schaffen von Männern galt in den 1920er-Jahren in einem patriarchalischen Kunstsystem, von dem auch das Bauhaus durchdrungen war, für viele Frauen noch als angemessen oder unvermeidbar und hat wesentlich dazu beigetragen, dass ihre eigene gestalterische und künstlerische

Kompetenz oft im Wortsinne unscheinbar geworden ist. Dies gilt auch für die Bauhausarbeiten von Toni Hergt, die 1923 10 hölzerne Marionetten für das Puppenspiel *Die Abenteuer des kleinen Buckligen* anfertigte, als dessen künstlerischer Autor allein ihr Kommilitone Kurt Schmidt gilt, von dem die Vorzeichnungen zu diesem Figurenspiel stammen. Hergt, zu deren Leben und Werk es heute fast keine Informationen gibt, wurde nur als Herstellerin der Figuren angeführt, obwohl sie mindestens in Anbetracht der vielfältigen gestalterischen Entscheidungen, die mit der Übertragung eines zweidimensionalen Entwurfes in eine plastische Holzform verbunden sind, als Mitautorin angesehen werden muss und keineswegs nur als Ausführende. Aber auch wenn vier Jahre später in der Dessauer Bühnenwerkstatt Hilde Rantzsch (1908–?)[6] vier abstrakte Marionetten gestaltet und hergestellt hat, die nicht nur in der Zeitschrift *bauhaus* veröffentlicht wurden, sondern auch als Beitrag des Bauhauses 1927 in der Deutschen Theaterausstellung in Magdeburg gezeigt und schließlich vom Münchner Theatermuseum angekauft worden sind, schützte sie dies nicht vor dem Fast-vergessen-Werden. Etwas mehr weiß man über die Arbeit und das Leben von Lou Scheper (1901–1976), die von 1920 bis 1924 als Lou Berkenkamp am Weimarer Bauhaus in der Werkstatt für Wandmalerei studierte, 1924 ihren Kommilitonen Hinnerk Scheper heiratete und 1926 – als dieser am Dessauer Bauhaus als Leiter der Wandmalerei arbeitete – gewissermaßen als inoffizielle Studierende bis zum Ende des Sommersemesters 1927 in der Bühnenwerkstatt mitgearbeitet hatte. Hier entwarf und fertigte sie nicht nur Kostüme und Requisiten, sie wirkte auch als Performerin in den von Oskar Schlemmer als „Bauhaustänze“ entwickelten Bewegungsstudien mit. So trat sie am 16. März 1927 in den Performances *Equilibristik* und dem Bewegungschor *Stereotypen* auf der Bauhausbühne auf. Zudem war sie an einer als Lichtspiel mit Figuren und Transparenz gestalteten Pantomime beteiligt. Von Mai bis Juni 1927 war sie an den Proben zu der letztendlich nicht fertiggestellten Pantomime *Haus Pi oder das Sternenheim* beteiligt, in der sie die Rolle eines Kindes spielte. Aber schon für die Eröffnungsfeier des Dessauer Bauhausgebäudes konnte sie am 4. Dezember 1926 zusammen mit Oskar Schlemmer, Lis Beyer[7] und Karin Beyer eine eigene kleine Aufführung inszenieren: eine kurze, *Zirkus* genannte Pantomime. Die Inszenierung, bei der in einer heiteren Zirkusvorstellung die Schulleiterin auf einem Steckenpferd ritt, ein Athlet große Gewichte stemmte und eine Seiltänzerin auf einer Bodenlinie balancierte sowie auch ein Clown und ein Direktor auftraten, ist nicht durch Fotos, sondern nur in Skizzen überliefert. Einige davon, insbesondere Entwürfe zu weiteren Varieté- und Zirkusszenen sowie drei Bühnenpuppen, wurden zusammen mit den Marionetten von Hilde Rantzsch und anderen Bauhausbühnen-Experimenten 1927 bei der Deutschen Theater-Ausstellung in Magdeburg gezeigt. Diese Bühnenentwürfe ähneln in ihrem poetisch-spielerischen Charakter sehr den farbigen, zumeist kleinformatigen Zeichnungen und Aquarellen, die Scheper-Berenkamp zeitlebens angefertigt hat. Oft haben ihre Bilder einen persönlichen Charakter und entwickelten sich in der Verbindung mit Schrift auch zu Bilderbriefen oder mündeten in den Entwurf eines Kinderbuches. Wenngleich ihre Mitwirkung an der Bauhausbühne und auch ihre *Zirkus* Performance öffentlich war, strebte Scheper-Berenkamp damit keine Profilierung als Bühnenkünstlerin an. Vielmehr verstand sie ihr Tun wohl vor allem als eine loyale Unterstützung des Bauhauses, zu der sie sich ebenso wie zur Unterstützung der Arbeiten ihres Ehemanns offenbar verpflichtet fühlte.[8]

Stärker als eigenständige Arbeiten sichtbar und für das Profil der Bauhausbühne prägender wurden in Dessau vor allem die Beiträge der hier vor allem 1928 und 1929 auch choreografisch mitwirkenden freien Tänzerinnen Karla Grosch (1904–1933), Else Bongers (1900/01–1993) und nicht zuletzt Manda von Kreibig (1901–1989). So ist der Stäbetanz, der am 25. Juni 1928 beim Tänzerkongress in Essen aufgeführt wurde,[9] nur durch die im Februar 1928 begonnene Mitarbeit von Manda von Kreibig als Tänzerin und Choreografin in der Bühnenwerkstatt am Dessauer Bauhaus möglich geworden.

Insbesondere beim Stäbetanz, aber auch bei später entwickelten Reifentänzen war sie nicht nur die ausführende Tänzerin der Ideen von Oskar Schlemmer, sondern wesentliche Mitgestalterin und letztendlich die entscheidend prägende Person dieser Tanzperformance.

Manda (Amanda) von Kreibig bildete sich nach einer klassischen Ballettausbildung am bayrischen Staatstheater in Kursen bei Rudolf Bode, Rudolph von Laban und Mary Wigman weiter. Seit 1920 trat sie als Solotänzerin auf und erhielt 1925 ein Engagement als Ballettmeisterin und Solistin am Landestheater Darmstadt. Danach arbeitete sie in gleicher Funktion in der Spielzeit 1928/29 am Stadttheater Nürnberg und 1929/30 am Landestheater Braunschweig. Zwischen ihren Engagements oder in ihrem Urlaub beteiligte sich Manda von Kreibig an den Experimenten der Bühnenwerkstatt und führte diese auch eigenständig außerhalb des Bauhauses fort.[10]

Ihr erster Auftritt auf der Bauhausbühne war zunächst ein parodistischer. In der von Xanti Schawinsky inszenierten, komödiantisch angelegten tänzerischen Pantomime *Olga, Olga* spielte sie vor allem sich selbst als eine von den Bauhäuslern verehrte Tänzerin. Die Performance am 21. Februar 1928, in der neben Schawinsky auch Oskar Schlemmer, Hermann Röseler und T. Lux Feininger als Verehrer sowie Lou Scheper aufgetreten sind, bildete den Höhepunkt des Bauhaus-Faschingsfestes. Die Performance entfaltete sich bunt im Stil der Commedia dell'Arte und zugleich surreal und dadaistisch seltsam, ohne dass sich aus den verwendeten Wortspielen und zum Teil auch bloßen Lautmalereien eine erkennbare Geschichte ergab. Zeitweise konnte sich das Publikum die auftretenden Männer als konkurrierende Liebhaber oder Verehrer der von Manda von Kreibig verkörperten Olga vorstellen, wenn sie diese seltsam anbeteten oder sich gegenseitig erschossen. Doch stets wurde jeder Anschein von Logik, etwa wenn man sich an die Geschichte von Romeo und Julia oder Adam und Eva erinnert glaubte, augenblicklich in Nonsens aufgelöst – zum Beispiel, wenn Oskar Schlemmer mit einem großen Kinderkopf pathetisch durch ein Bühnenfenster schaute oder der weiß geschminkte Schawinsky mit einer Art Tirolerhut, Spitzbart und Badehose auftrat.

Während die Proben – vor allem für Manda von Kreibig – für diesen wesentlich improvisierten, heiteren Auftritt wohl eher kurz waren, gestalteten sich die Vorbereitungen für den ebenfalls an diesem Tag aufgeführten Glieder- oder Illusionstanz anspruchsvoller. Denn bei dieser als Bewegungsstudie und formalistisches Bewegungsspiel angelegten Vorführung galt es, aus weiß bekleideten Körperteilen in genau geplanten Bewegungsabläufen neue, ungewöhnliche Bilder des Körpers beziehungsweise dessen Auflösung zur Erscheinung zu bringen.[11] Ähnlich wie in der Arbeit am Stäbetanz, die bald nach dem Bauhaus-Fasching begann, vollzog sich der Auftritt auf einer schwarz ausgeschlagenen, weitgehend dunklen Bühne, in der nur die weiß hervorgehobenen Elemente mit wenig Licht akzentuiert wurden. Beim Stäbetanz führte Manda von Kreibig als Solistin mit 12 weiß gefärbten Holzstäben in hoher Präzision die „figurenbildende Kraft der menschlichen Bewegungen" vor, die sich allein aus der „Organik der Gelenke" entwickeln kann – so Schlemmer.[12] Wie beim Glieder- oder Illusionstanz sollte die Tänzerin dabei möglichst unsichtbar sein und im schwarzen Ganzkörperkostüm mit der schwarz ausgeschlagenen, dunklen Bühne optisch so verschmelzen, dass allein die Holzstäbe als abstrakte Steigerung des bewegten Skelettapparates leuchtend in Erscheinung treten. Für Schlemmer gehörte der Stäbetanz zu einer Gruppe von Bauhaustänzen, die er Materialtänze nannte. In diesen galt es, ein darstellendes Formen und Geformtwerden von und mit Material und Raum zu demonstrieren. Es waren Versuchsanordnungen, in denen sinnlich-konkret geprobt wurde, inwieweit der Mensch bildgebende und raumproduzierende Verfahren, die im Umgang mit verschiedenen Materialien entwickelt werden, in Echtzeit auf seinen Körper beziehen kann, um sie sich im Wortsinne einzuverleiben. Beim Stäbetanz, aber auch bei den ebenfalls zusammen mit Manda von Kreibig entwickelten Reifentänzen war das dabei zum Einsatz kommende Material Holz in Form von Stäben bzw. Reifen.

Schlemmer meinte, so könnte es gelingen, den zu gestaltenden „bewegten lebendigen künstlerischen Raum" endlich „mit allen leiblichen Organen" zu begreifen, so wie Walter Gropius dies auch der Bauhausbühne zur Aufgabe machte. Dabei ist der Mensch „dann nicht der ‚abgebildete', sondern der ge-bildete Mensch",[13] der sich mit dem von ihm selbst gestalteten Umraum synchronisiert und zusammenklingt. Während die Anfänge dieser Art des Experimentierens durchaus auch von tänzerisch nicht oder wenig gebildeten Bauhaus-Studierenden betrieben werden konnten, war für die Entwicklung des bewegungstechnisch komplexen und anspruchsvollen Stäbetanzes die Zusammenarbeit mit einer erfahrenen Tänzerin wie Manda von Kreibig nötig. Erst sie konnte in den Proben – das heißt im Ausprobieren der Stäbe, die sicher auch immer wieder angepasst und verändert werden mussten – letztendlich den Stäbetanz realisieren und choreografisch finalisieren. In diesem Sinne wäre sie für dieses Projekt vielmehr als Choreografin zu nennen und Schlemmer als Ideengeber oder als für Idee und Konzept Verantwortlicher.

An den Reifentänzen, die zuerst am 7. Juli 1928 zum Abschluss des Sommersemesters im Rahmen eines Ballet- und Pantomime-Abends auf der Bauhausbühne gezeigt wurden, wirkte neben Manda von Kreibig auch Karla Grosch (1904–1933) – eine Schülerin von Gret Palucca – als Tänzerin mit. Am selben Abend brachte sie aber auch ihre erste eigene Choreografie, einen Farbtanz, zur Aufführung. In dieser Performance, bei der sie Albert Menzel als Techniker unterstützt hat, trat sie vor einer zunächst weiß beleuchteten Fläche auf, die im Verlauf des Tanzes durch farbige Projektionen belebt wurde. Als geschulte Tänzerin, die darüber hinaus eine große Freude am Experimentieren hatte, war Karla Grosch ähnlich wie Manda von Kreibig dazu prädestiniert, insbesondere solche tänzerisch und bewegungstechnisch anspruchsvollen Experimente der Bauhausbühne zu entwickeln oder mitzugestalten.[14] 1930 schrieb sie an ihren Freund Max Werner Lenz: „Ich habe eine kindliche Freude wenn ich fühle, wie ich meinen Körper in der Gewalt habe, wie ich Forderungen an ihn stellen kann, wie er nachgibt, funktioniert, und ich kann mich ganz in seinen Leistungsmöglichkeiten verlieren."[15] Während die Reifentänze ähnlich wie der Stäbetanz mit der Entwicklung und Erprobung von komplexen Bewegungsmöglichkeiten verbunden gewesen sind, war der Tanz in Glas, den Grosch 1929 erstmals am 3. März 1929 in der Matinee der

Bauhausbühne an der Berliner Volksbühne aufführte, tänzerisch eher minimalistisch angelegt. Denn der Tanz in Glas gestattete Karla Grosch nicht viel mehr als ein zweiminütiges „mannequinhaftes ‚Zeigen' des Kostüms", da „dessen reizvolles, aber zerbrechliches Material die Bewegungen auf einige wenige Aktionen" beschränkte. Grosch konnte sich verbeugen, etwas wippen, auf der Stelle drehen und dabei die Glaskugel und eine gläserne Keule schwingen.[16] Ähnlich war es beim ebenfalls von ihr aufgeführten Tanz in Metall. Zwischen zwei gebogenen, glatt polierten Metallplatten wirkte sie in einem silbern glänzenden Anzug mit metallischer Maske und Metallkugeln an den Händen wie ein der Materialität seiner Umgebung angepasster Kunstkörper. Mit einfachen turnerischen Bewegungen modellierte sie etwa anderthalb Minuten lang eher die Reflexionen, Licht- und Schattenwirkungen der Szene, als dass sie tanzte. Auf den zu dieser Performance entstandenen Fotografien mutet der Tanz in Metall wie eine futuristische Komposition an. Im Sketch *Drei gegen Eine*, der nicht unter der Leitung von Schlemmer, sondern zeitgleich als ein Projekt der sogenannten Jungen Gruppe der Bauhausbühne entstand, aber dennoch ein Teil des Programms war, mit dem die Bauhausbühne 1929 auf Tournee ging,[17] konnte Grosch gemeinsam mit den Bauhaus-Studenten Georg Hartmann, Albert Mentzel und Werner Feist ihre Freude an Bewegungsexperimenten stärker und selbstbestimmter ausleben sowie darüber hinaus auch ihre choreografischen und dramaturgischen Fähigkeiten einbringen. Darauf lässt auch ein Zeugnis schließen, das ihr der dritte Bauhausdirektor Mies van der Rohe 1932 ausgestellt hat. Darin heißt es: „Fräulein Grosch leistete in der unter Leitung von Herrn Professor Oscar Schlemmer stehenden Bühnenabteilung wertvolle Mitarbeit. Sie studierte Tänze und Bewegungs-Studien ein und konnte dank ihrer eigenen künstlerischen und tänzerischen Fähigkeiten bei verschiedenen Einzel- und Gruppenaufführungen selbstständige Aufgaben durchführen."[18] Ihren letzten Auftritt am Bauhaus hatte Karla Grosch am 17. November 1929 – einen Monat nachdem Oskar Schlemmer die Schule verlassen hatte – in dem politisch und bauhauskritisch ambitionierten Sketch *Besuch aus der Stadt bei Professor L.*, einer Gemeinschaftsarbeit der Jungen Bauhausbühne. Zusammen mit Albert Mentzel-Flocon, Werner David Feist und Georg Hartmann war sie für die Regie, vor allem für die choreografische Gestaltung, verantwortlich.

Die hier nur kurz skizzierten Beiträge von Frauen können lediglich einen ersten Einblick in ihre bis heute immer noch relativ wenig wahrgenommene, aber wesentliche Beteiligung an den Experimenten der Bauhausbühne geben. Die Studentinnen, die in der Bühnenwerkstatt oft neben dem Hauptstudium in der Weberei mitgearbeitet haben, fanden hier einerseits größere Freiheiten des künstlerischen Ausdrucks und des Ausprobierens vor. Andererseits war auch diese Werkstatt nicht frei von den patriarchalen Strukturen, von denen das Bauhaus der 1920er-Jahre geprägt worden war und die den Frauen ein selbstbewusstes Auftreten und das Durchsetzen eigener Interessen schwer gemacht hatten. Dadurch wurden letztendlich auch Bühnenprojekte der Frauen eingeschränkt sowie nur fragmentarisch und manchmal fast gar nicht reflektiert. Sie sind aber auch von dominanten Erzählungen über die Männer des Bauhauses verdeckt worden. Mit dem Wechsel der Perspektive und einem erneuten In-den-Blick-Nehmen des Überlieferten könnte es dennoch möglich sein, die besondere Bauhausbühnengeschichte der Frauen zu entdecken und freizulegen.

1
1920 empfahl Gropius, „bei den Aufnahmen so streng wie möglich zu verfahren, vor allem auch zu beachten, daß das weibliche Element nach und nach nicht mehr als 1/3 der Plätze einnimmt". Vgl. Meisterratsprotokolle 2. 2. 1920, in: Volker Wahl (Hg.), *Die Meisterratsprotokolle des Staatlichen Bauhauses Weimar, 1919 bis 1925*, Weimar 2001, S. 71.

2
Diese Geschichte der Verdrängung und Einschränkung der Frauen am Bauhaus ist seit einer ersten grundlegenden Studie von Anja Baumhoff (*The gendered world of the Bauhaus. The politics of power at the Weimar Republic's premier art institute, 1919–1932*, Frankfurt am Main 2001) zuletzt 2019 im Kontext des 100-jährigen Gründungsjubiläums des Bauhauses durch eine Reihe von Publikationen und Ausstellungen umfänglich dokumentiert und reflektiert worden; vor allem durch Patrick Rössler, Elizabeth Otto, *Frauen am Bauhaus. Wegweisende Künstlerinnen der Moderne*, München 2019.

3
Nachdem Ilse Fehling 1923 das Bauhaus verlassen hatte, arbeitete sie als freischaffende Bühnen- und Kostümbildnerin für das Theater, aber auch für verschiedene Filmprojekte, bis 1943 in Berlin und danach in München. Fehling hat 1943 durch Bombenangriffe und die Beschlagnahmung ihrer Berliner Wohnung große Teile ihres künstlerischen Werkes verloren.

4
Reichspatentamt, Patentschrift Klasse 77g, Gruppe 1 (F 52779 I*l77g), ausgegeben am 4. Januar 1924, „Rundbühne für Marionettenspiele", patentiert im Deutschen Reiche vom 28. Oktober 1922.

5
Zum Beispiel die spiralenförmig angelegte und von allen Seiten einsehbare Raumbühne von Friedrich Kiesler, die dieser 1924 für die Internationale Ausstellung neuer Theatertechnik in Wien gestaltet hat. Vgl. Dieter Bogner, *Friedrich Kiesler. Architekt, Maler, Bildhauer. 1890–1965*, Wien 1988.

6
In den 1930er-Jahren emigrierte Hilde Rantzsch nach Zürich, um dort einige Zeit im Atelier der ebenfalls dorthin emigrierten früheren Bauhäuslerin Gunta Stölzl zu arbeiten. Nachdem sie von dort – wohl Ende der 1930er-Jahre – nach Deutschland zurückkehrte, verlieren sich ihre Spuren. Vgl. Angela Thomas Schmid, Karin Seinsroth, *max bill. bauhaus konstellationen*, Zürich 2019, S. 17.

7
Lis Beyer-Volger (1906–1973) hatte ihr Bauhaus-Studium 1923 in Weimar begonnen und 1929 in Dessau abgeschlossen. Neben ihrem Studium in der Weberei war sie seit 1926 an vielen Projekten der Bühnenwerkstatt beteiligt. So trat sie beim Weißen Fest zusammen mit Oskar Schlemmer und Joost Schmidt in einem von ihr gestalteten Tütenkostüm in einer parodistischen Tanzaufführung auf. Auch bei der von Schlemmer inszenierten *Großen Frankfurter Brückenrevue* (15.–18.08.1926) wirkte sie in einem Kostüm des *Triadischen Balletts* als Tänzerin mit. 1928 war sie u. a. zusammen mit Manda von Kreibig und Karla Grosch eine der Akteurinnen in der Performance *Maskenchor*, die am 7. Juli im Bauhaus Dessau zum Abschluss des Sommersemesters gezeigt wurde.

8
Dies waren architekturbezogene Farbgestaltungsprojekte und Fotoreportagen sowie nach 1945 Arbeiten für die Denkmalpflege.

9
Zuvor hatte Manda von Kreibig den Stäbetanz bereits am 23. April 1928 an ihrem damaligen Hauptarbeitsort, dem Hessischen Landestheater Darmstadt, aufgeführt.

10
1929 musste sie nach einem Bühnenunfall in Nürnberg ihre Arbeit als Tänzerin beenden. 1930 entwickelte sie als Choreografin zusammen mit der Textilgestalterin Margarete Naumann für eine Tagung des Deutschen Werkbundes am Landestheater Braunschweig eine Tanzsuite mit Papierstrukturtänzen.

11
Bei einer erweiterten Version dieser Performance, einem *Schwarz-Weiß-Trio*, die am 7. 7. 1928 auf der Bauhausbühne gezeigt wurde, trat sie zusammen mit Werner Siedhoff und Albert Menzel auf.

12
Oskar Schlemmer, „Bemerkungen zu den einzelnen Nummern des Programms", Programmzettel der Aufführung der Bauhausbühne am 20. 4. 1929 in Frankfurt am Main.

13
Oskar Schlemmer, Akademie und Bühnenstudio, in: Staatliche Akademie für Kunst und Kunstgewerbe Breslau, *Ausstellung der Studierenden*, 1930, zit. nach: Ernst Scheyer, *Die Kunstakademie Breslau und Oskar Moll*, Würzburg 1961, S. 97 f.

14
Mit Beginn des Wintersemesters 1928 wurde sie am Bauhaus als Sportlehrerin eingestellt. Sehr vorteilhaft für Schlemmer war, dass sie in Dessau (im Meisterhaus der Familie Klee) lebte und deshalb anders als Manda von Kreibig zu Proben und Aufführungen nicht anreisen musste.

15
Karla Grosch an Max Werner Lenz, 14.12.1930, zit. nach Serina Graf, „Karla Grosch – eine Spurensuche", in: Zwitscher-Maschine. Journal on Paul Klee / Zeitschrift für internationale Klee-Studien (5) 2018, S. 17–46, hier: S. x28.

16
Einige der Aufführungen des Tanzes in Glas sind auch von der Dessauer Tänzerin Else Bogers (1900/1901–1993) umgesetzt worden. Sie erhielt ihre tänzerische Ausbildung ab 1923 in Dresden. 1928–1933 war sie mit dem eng mit dem Bauhaus verbundenen Architekten Richard Paulick verheiratet. In den 1940er-Jahren betrieb sie in Berlin eine Schauspielschule, an der sie auch Hildegard Knef unterrichtete. In dem Knef gewidmeten Film *Hilde* (Deutschland, 2009, Regie: Kai Wessel) wird Else Bongers als ihre Lehrerin und Mentorin von Monica Bleibtreu verkörpert.

17
Auch in dem ebenfalls zum Bauhausbühnen-Programm gehörenden *Maskenchor*, der am 7. 7. 1928 erstmals in Dessau aufgeführt wurde, waren Karla Grosch und Manda von Kreibig neben Margrit Kalin u. a. mitwirkende Performerinnen.

18
Zit. nach Serina Graf, „Karla Grosch – eine Spurensuche" (wie Anm. 15).

On the Bauhaus Stage of Women

Torsten Blume

Descriptions of the stage workshop established at the Weimar Bauhaus in 1921 and developed further in Dessau from 1925–1929 have so far tended to focus on the men who shaped the project as directors and designers. The fact that many women, such as Friedl Dicker, Ilse Fehling, Julia Feininger, Alma Buscher-Siedhoff, Toni Hergt, Hilde Rantzsch and Lou Scheper-Berkenkamp – to name but a few – were not only involved in the studies and productions of the Bauhaus stage as students, but were also instrumental in shaping them, has until now scarcely been noticed, or only in passing. In fact, female Bauhaus students worked in the stage workshop both as performers and costume designers, as well as developing their own projects.[1] However, these have for the most part only been handed down in fragments, and received little recognition. The contributions of the dancers Karla Grosch, Else Bongers and, last but not least, Manda von Kreibig, who participated as freelancers in some of the Bauhaus stage projects, now appear rather more prominent, however – in part because they are relatively well documented in photographs.

The general invisibility of the women of the Bauhaus stage resulted partly from the patriarchal structures and role models that shaped the school. Although the first programme for the Staatliches Bauhaus Weimar in 1919 had stated that any 'person of good repute, without regard to age or sex' would be accepted, soon after this the Bauhaus founder and other Bauhaus masters made it more difficult for women to enter and to study any other subject than weaving. As a result, the proportion of female students declined steadily until the Bauhaus closed in 1933. In 1919, there had been 84 female and 79 male students in the first summer semester, but the proportion of female students was in the end to fall to just under a quarter.[2]

While students like Marianne Brandt or Margarete Heymann had to fight to be admitted to the metal workshop and the pottery, respectively, the participation of women in the stage workshop was less difficult. This was because the workshop was an optional range of courses. Nor was it required, as in all the other workshops, to have a training as a craftsman, which had to be completed in a local master craftsman's workshop parallel to the Bauhaus design classes. The stage workshop appealed to women, however, also largely because they could work in it alongside their regular studies and try things out. In addition, its particular openness also inspired independent projects that were only loosely connected to the teaching. Thus Friedl Dicker (1896–1954) – who had also attended Johannes Itten's art school in Vienna before her time at the Bauhaus – belonged both to the stage workshop led by Lothar Schreyer from 1921 to 1923 and at the same time worked in the Bauhaus weaving workshop, as well as the sculpture workshop and the print workshop. She also designed marionettes and (partly together with her fellow student Franz Singer) created numerous costumes and stage sets for theatres in Berlin and Dresden.

Similar to Friedl Dicker, Ilse Fehling (1896–1982) also pursued her own agenda with regard to the Bauhaus stage. She had come to the Bauhaus in 1920 as a costume designer already trained at the Reimann School and the School of Applied Arts in Berlin. Largely independent of her teachers, she conceived a 'revolving circular stage for rod marionettes' and designed figurines for a play to be performed on this stage (*Wanderer zwischen den Welten*, wanderer between the worlds).[3] Patented in 1922, her circular stage was an unusual project of a spatial stage in which the audience sits around a centrally placed stage apparatus – that is, around a stage apparatus that can be seen from all sides. The construction included 'single continuous moving scenery' that was 'unwound from a supply reel' on a 'spiral-like track'. In this way, a 'strangely fantastic interplay' of all the stage elements was to result from the layering of scenery elements, puppets appearing between them, and ingenious lighting or light shows.[4] This design of a theatre apparatus – which Ilse Fehling did not continue to work on after she married in 1923 and left the Bauhaus – seems like a special miniature version of contemporaneous or later avant-garde spatial stage designs.[5] A broad reception and appreciation of Fehling's round stage as a scenographic and artistic concept in this context is yet to be seen.

The fact that Julia Feininger (1880–1970), who was married to the Bauhaus master Lyonel Feininger, was a student in the stage workshop at the Weimar Bauhaus from 1920 onwards has also hardly been addressed so far. As an independent artist, she is barely visible in the shadow of her famous husband. This was also due to the fact that she limited her own artistic activities in favour of organising her husband's artistic and private life, and eventually gave them up all together. In this sense, the seven puppets for *Märchen aus dem Morgenland* (fairy tales from tomorrowland), which she designed as the completion of her Bauhaus studies, are a late testimony to her creative work, but at the same time also an important example of the puppet design that had a significant influence on the work of the early stage workshop. At the same time as Julia Feininger, Alma Buscher (1899–1944) had studied at the Bauhaus from 1922 to 1925. Her children's room furniture, which she designed together with Erich Brendel in 1923 for the first Bauhaus exhibition for the model house Haus Am Horn, as well as her toy designs (Small and Large Shipbuilding Game, 1923 and 1924 / Throw Dolls, 1923) are considered icons of early Bauhaus design today. In 1926 she married the actor Werner Siedhoff, who had worked in the Dessau stage workshop in the Bauhaustänze (Bauhaus dances) developed by Schlemmer and afterwards remained connected to the Bauhaus. Her attempts to introduce her toys, which included an abstract puppet theatre for children, as contributions to the work of the Bauhaus failed when Gropius refused to allow it following the birth of her son (Joost Siedhoff). Eventually, Alma Buscher-Siedhoff, much like Julia Feininger, largely abandoned her design work after 1927 in favour of supporting her husband and organising the family. In the 1920s, in a patriarchal art system that also permeated the Bauhaus, putting oneself at the service of men's creative work was still considered appropriate or inevitable for many women and played a significant role in their own design and artistic competence often becoming inconspicuous in the literal sense of the word. This also applies to the Bauhaus works of Toni Hergt, who in 1923 made 10 wooden puppets for the show *Die Abenteuer des kleinen Buckligen* (the adventures of the little hunchback), whose artistic creator is considered to be solely her fellow student Kurt Schmidt, who produced the preliminary drawings for this puppet show. Hergt, about whose life and work there is almost no information today, was listed only as the maker of the figures, although at least in view of the many creative decisions involved in transferring a two-dimensional design into a sculptural wooden form, she must be regarded as a co-creator and certainly not just as the implementer. But even if four years later in the Dessau stage workshop Hilde Rantzsch (1908–?)[6] designed and produced four abstract puppets, which were both published in the magazine *bauhaus* and shown as a Bauhaus contribution in 1927 at the German Theatre Exhibition in Magdeburg, and eventually purchased by the Munich Theatre Museum, this did not prevent them from nearly being forgotten. A little more is known about the work and life of Lou Scheper (1901–1976), who studied as Lou Berkenkamp in the mural painting workshop at the Weimar Bauhaus from 1920–1924, married her fellow student Hinnerk Scheper in 1924, and in 1926, while he was working at the Dessau Bauhaus as head of the mural painting department, worked in the stage workshop as an unofficial student, as it were, until the end of the summer semester of 1927. Here she not only designed and made costumes and props, but also participated as a performer in the movement studies developed by Oskar Schlemmer as Bauhaustänze (Bauhaus dances). On 16 March 1927, she appeared in the performances *Equilibristik* (equilibristics) and the movement chorus *Stereotypen* (stereotypes) on the Bauhaus stage. She was also involved in a pantomime designed as a light play with figures and transparency. From May to June 1927 she took part in rehearsals for the pantomime *Haus Pi oder das Sternenheim* (house of Py or the starry home), which was in the end not completed, playing the role of a child. But earlier for the opening ceremony of the Dessau Bauhaus building on 4 December 1926, together with Oskar Schlemmer, Lis Beyer[7] and Karin Beyer she had already staged her own small performance: a short pantomime called *Zirkus* (circus). The production was a cheerful circus performance and featured the principal riding a hobbyhorse, an athlete lifting heavy weights, a tightrope walker balancing along a floor line, as well as a clown and a director. It has not survived in photos, only as sketches. Some of these, in particular the sketches for further vaudeville and circus scenes as well as three stage puppets, were shown together with Hilde Rantzsch's puppets and other Bauhaus stage experiments at the German Theatre Exhibition in Magdeburg in 1927. In their poetic, playful character these stage designs are very similar to the colourful, mostly small-format drawings and watercolours that Scheper-Berenkamp produced throughout her lifetime. Her pictures often have a personal character and, in combination with writing, also developed into picture letters or resulted in the design of a children's book. Although her participation in the Bauhaus stage and her *Zirkus* performance were public, Scheper-Berenkamp had no ambitions to become known as a stage artist. Rather, she understood her role as that of a loyal supporter of the Bauhaus, to which she clearly felt obligated, as well as supporting her husband's work.[8]

In Dessau, the contributions of freelance dancers Karla Grosch (1904–1933), Else Bongers (1900/01–1993) and, last but not least, Manda von Kreibig (1901–1989), who were also involved as choreographers here in 1928 and 1929, became more visible as independent works and more influential for the profile of the Bauhaus stage. Thus the Stäbetanz (Stick Dance), which was performed on 25 June 1928 at the Dancers' Congress in Essen[9], was only made possible thanks to the collaboration of Manda von Kreibig (1901–1989) as a dancer and choreographer in the stage workshop at the Dessau Bauhaus, beginning in February 1928. Especially in the Stäbetanz, but also in the later Reifentänze (Hoop Dances), she was not simply the dancer who realised Oskar

Schlemmer's ideas, but also an essential co-creator and ultimately the key figure defining this dance performance.

After a classical ballet education at the Bavarian State Theatre, Manda (Amanda) von Kreibig had continued her education by taking courses with Rudolf Bode, Rudolph von Laban and Mary Wigman. From 1920 she performed as a solo dancer and in 1925 was appointed as ballet mistress and soloist at the Landestheater Darmstadt. She then worked in the same capacity at the Nuremberg City Theatre during the 1928–1929 season and at the Landestheater Braunschweig from 1929–1930. Between engagements or during her holiday time, Manda von Kreibig participated in experiments at the stage workshop and also continued them independently outside the Bauhaus.[10]

Her first appearance on the Bauhaus stage was initially a parodic one. In the comedic dance pantomime *Olga, Olga*, staged by Xanti Schawinsky, she played primarily herself, as a dancer revered by the 'Bauhäusler'. The performance on 21 February 1928, in which, in addition to Schawinsky, Oskar Schlemmer, Hermann Röseler and T. Lux Feininger appeared as admirers, as well as Lou Scheper, was the highlight of the Bauhaus carnival party. The performance unfolded vibrantly, in the style of Commedia dell'Arte and at the same time surreal and strange in a Dadaistic manner, without a recognisable story emerging from the wordplays, sometimes simply using onomatopoeia. At times the audience could imagine the performing men as competing lovers or admirers of Olga, played by Manda von Kreibig, as they offered her their bizarre adoration or shot at each other. But any semblance of logic, for example a potential reference to the story of Romeo and Juliet or Adam and Eve, instantly dissolved into nonsense; for example, when Oskar Schlemmer looked pathetically through a stage window with a large child's head, or Schawinsky appeared in white make-up, a kind of Tyrolean hat, goatee beard and swimming trunks.

While the rehearsals – especially for Manda von Kreibig – for this essentially improvised, cheerful performance must have been rather short, the preparations for the Glieder- oder Illusionstanz (Limbs- or Illusion-Dance), which was also performed that day, were more demanding. Designed as a study of movement and a formalistic play on movement, this performance required the representation of new unusual images of the body, or its dissolution, from body parts clad in white in precisely planned sequences of movement.[11] Similar to the work on the Stäbetanz, which began soon after the Bauhaus carnival, the performance took place on a black-lined, mostly darkened stage, in which only the white highlighted elements were emphasised with a little light. In the Stäbetanz, Manda von Kreibig as a soloist with 12 white-coloured wooden sticks demonstrated with high precision the 'figure-forming power of human movements', which can develop solely from the 'organics of the joints' – according to Schlemmer[12]. As in the Glieder- oder Illusionstanz, the dancer was to be as invisible as possible and, in a black full-body costume, was to merge optically with the black-lined, dark stage in such a way that only the wooden rods shone as an abstract intensification of the moving skeleton apparatus. For Schlemmer, the Stäbetanz belonged to a group of Bauhaus dances that he called Materialtänze (material dances). In these, the aim was to demonstrate a representational shaping, and being shaped by, material and space. They were experimental arrangements that sensually and concretely tested out to what extent the human being can relate image-forming and space-producing processes developed in dealing with various materials to their body in real time, in order to literally incorporate them. In the Stäbetanz, but also in the Reifentänze, which were likewise developed jointly with Manda von Kreibig, the material used was wood in the form of sticks, or hoops.

Schlemmer thought that in this way it could be possible to finally grasp the 'moving living artistic space' to be designed 'with all bodily organs', just as Walter Gropius had made this the task of the Bauhaus stage. The human being 'is then not the "depicted", but rather the formed human being',[13] which synchronises and resonates with the surrounding space it has designed itself. While the beginnings of this kind of experimentation could certainly be carried out by Bauhaus students with little or no dance training, the development of the technically complex and demanding movements of the Stäbetanz required the cooperation of an experienced dancer such as Manda von Kreibig. Only she could fully realise and choreographically finalise the Stäbetanz in the rehearsals – that is, in the trying out of the sticks – which no doubt had to be adapted and changed again and again in the process. In this sense, she should instead be named as the choreographer for this project, and Schlemmer as provider of ideas or responsible for the idea and concept.

Karla Grosch (1904–1933) – a student of Gret Palucca – also participated as a dancer in the Reifentänze (Hoop Dances), which were first shown on the Bauhaus stage on 7 July 1928 at the end of the summer semester as part of a Ballet and Pantomime Evening. On the same evening, however, she also performed her own first choreography – a Farbtanz (Colour Dance). In this performance, in which she was assisted by Albert Menzel as a technician, she performed in front of an initially white-lit surface, which in the course of the dance was animated with coloured projections. As a trained dancer who also took great pleasure in experimenting, Karla Grosch was, like Manda von Kreibig, predestined to develop or participate in such dance and movement experiments of the Bauhaus stage.[14] In 1930 she wrote to her friend Max Werner Lenz: 'I have a childlike joy when I feel how I have my body in my power, how I can make demands on it, how it yields, functions, and I can lose myself completely in its performance possibilities.'[15] While the Reifentänze (Hoop Dances), like the Stäbetanz (Stick Dance), involved the development and testing of complex movement possibilities, the Tanz in Glas (Dance in Glass), which Grosch performed for the first time on March 3 1929 at the matinee of the Bauhaus stage at the Berlin Volksbühne, was more minimalist in terms of dance. The Tanz in Glas did not allow Karla Grosch much more than a two-minute 'mannequin-like "showing" of the costume,' since 'its charming but fragile material limited the movements to a few actions'. Grosch could bow, teeter a bit, turn on the spot while swinging the glass ball and a glass club[16]. The Tanz in Metall (Dance in Metal), which she also performed, was a similar process. Between two curved, smoothly polished metal plates, she appeared in a shiny silver suit with a metallic mask and metal balls on her hands like an artistic body adapted into the materiality of its surroundings. With simple gymnastic movements, she modelled the reflections, light and shadow effects of the scene, rather than dancing, for about a minute and a half. In the photographs taken of this performance, the Tanz in Metall seems like a futuristic composition. The sketch *Drei gegen Eine* (three against one) was not directed by Schlemmer, but was created at the same time as a project of the so-called Junge Gruppe (Young Group) of the Bauhaus stage. It was nevertheless part of the programme that the Bauhaus stage took on tour in 1929[17] and Grosch, together with

Bauhaus students Georg Hartmann, Albert Mentzel and Werner Feist, was able to live out her joy in movement experiments more strongly and in a more self-determined way, and also to contribute her choreographic and dramaturgical skills. A report issued to her in 1932 by the third Bauhaus director, Mies van der Rohe, also confirms this. It says: 'Fräulein Grosch made valuable contributions to the stage department under the direction of Professor Oscar Schlemmer. She studied dances and movement studies and, thanks to her own artistic and dancing abilities, was able to carry out independent tasks in various individual and group performances.'[18] Karla Grosch made her last appearance at the Bauhaus on 17 November 1929 – one month after Oskar Schlemmer had left the school – in the politically and Bauhaus-critically ambitious sketch *Besuch aus der Stadt bei Professor L.* (visit from the city at Professor L.'s), which was a joint work by the Junge Bauhausbühne. Together with Albert Mentzel-Flocon, Werner David Feist and Georg Hartmann, she was responsible for direction, above all for the choreographic design.

The contributions of women just briefly sketched here can only give a first insight into their participation in the experiments of the Bauhaus stage. They still receive relatively little attention today, yet were essential. While the female students – who often worked in the weaving workshop and in the stage workshop in addition to their main studies – did discover greater freedom of artistic expression and experimentation for themselves here, nevertheless this workshop was also not free of the patriarchal structures that characterised the Bauhaus of the 1920s and made it difficult for women to be self-confident and to assert their own interests. As a result, women's stage projects were ultimately also restricted as well as reflected only fragmentarily, and sometimes almost not at all. They have until now additionally been obscured by dominant narratives about the men of the Bauhaus. With a change of perspective and a fresh look at what has been handed down, it might indeed be possible to explore and uncover the unique history of the women of the Bauhaus stage.

1
In 1920, Gropius recommended they 'proceed as strictly as possible with the acceptances, and above all, to ensure that the female element gradually takes up no more than 1/3 of the places.' Master Council Minutes 2.2.1920, in: Volker Wahl (ed.), *Die Meisterratsprotokolle des Staatlichen Bauhauses Weimar, 1919 to 1925*, Weimar 2001, p. 71.

2
This history of the repression and restriction of women at the Bauhaus has come into focus since an initial seminal study by Anja Baumhoff (*The gendered world of the Bauhaus. The politics of power at the Weimar Republic's premier art institute*, 1919–1932. Peter Lang: Frankfurt am Main 2001). It has most recently been extensively documented and reflected upon in 2019 in the context of the 100th anniversary of the founding of the Bauhaus through a series of publications and exhibitions; most notably by Patrick Rössler and Elizabeth Otto, *Frauen am Bauhaus. Pioneering Women Artists of Modernism*, Munich 2019.

3
After Ilse Fehling left the Bauhaus in 1923, she worked as a freelance stage and costume designer for theatres, and also for various film projects; in Berlin until 1943 and then in Munich. Fehling lost large parts of her artistic work in 1943 due to bombing and the confiscation of her Berlin apartment.

4
Reichspatentamt, patent specification class 77g, group 1 (F 52779 I*l77g), issued on January 4, 1924. 'Round stage for puppet shows,' patented in the German Empire from October 28, 1922.

5
For example: the spiral-shaped spatial stage by Friedrich Kiesler, visible from all sides, which he designed in 1924 for the International Exhibition of New Theatre Technology in Vienna. Cf.: Dieter Bogner: *Friedrich Kiesler. Architect, Painter, Sculptor. 1890–1965*. Vienna, 1988.

6
In the 1930s Hilde Rantzsch emigrated to Zurich to work for a while at the studio of the former Bauhaus teacher Gunta Stölzl, who had also emigrated there. After she returned to Germany – probably at the end of the 1930s – any trace of her is lost. Cf: Angela Thomas Schmid, Karin Seinsroth: *max bill. bauhaus constellations*. Zurich, 2019, p. 17

7
Lis Beyer-Volger (1906–1973) had begun her Bauhaus studies in Weimar in 1923 and completed them in Dessau in 1929. In addition to her studies in the weaving workshop, she was involved in many projects for the stage workshop from 1926. For example, she appeared at the White Festival together with Oskar Schlemmer and Joost Schmidt in a parodic dance performance in a 'bag costume' she designed. She also participated as a dancer in the *Große Frankfurter Brückenrevue* (August 15–18, 1926), staged by Schlemmer, in a costume of the *Triadisches Ballett* (Triadic Ballet). In 1928, with Manda von Kreibig and Karla Grosch, among others, she was one of the actors in the performance *Mask Choir* shown on July 7 at the Bauhaus Dessau at the end of the summer semester.

8
These were architecture-related colour design projects and photo reportages, as well as work for historic preservation after 1945.

9
Manda von Kreibig had previously performed the Stäbetanz on 23 April 1928 at her main place of work at the time, the Hessisches Landestheater Darmstadt.

10
In 1929, after a stage accident in Nuremberg, she had to stop working as a dancer. In 1930, with the textile designer Margarete Naumann, she developed a 'dance suite' with paper structure dances for a conference of the German Werkbund at the Landestheater Braunschweig.

11
In an extended version of this performance, a *Black and White Trio*, shown on the Bauhaus stage on July 7, 1928, she appeared with Werner Siedhoff and Albert Menzel.

12
Oskar Schlemmer, 'Remarks on the individual numbers of the programme', programme sheet for the performance of the Bauhaus stage on 20. 4. 1929 in Frankfurt a.M.

13
Oskar Schlemmer, Akademie und Bühnenstudio, [in:] Staatliche Akademie für Kunst und Kunstgewerbe, Breslau. *Ausstellung der Studierenden*, 1930; quoted in: E. Scheyer, *Die Kunstakademie Breslau und Oskar Moll*, Würzburg 1961, p. 97 f.

14
At the beginning of the 1928 winter semester she was hired as a sports teacher at the Bauhaus. It was very advantageous for Schlemmer that she lived in Dessau (in the Klee family's master house) and therefore, unlike Manda von Kreibig, did not have to travel to rehearsals and performances.

15
Karla Grosch to Max Werner Lenz, 14. 12. 1930, quoted in Serina Graf: 'Karla Grosch eine Spurensuche'. In: *Zwitscher-Maschine*. Journal on Paul Klee / Zeitschrift für internationale Klee-Studien, 2018, issue 5, pp. 17–46, here: p. 28.

16
Some of the performances of the Tanz in Glas (Dance in Glass) were also realised by the Dessau dancer Else Bogers (1900/01–1993). She had received her dance training in Dresden from 1923. From 1928 to 1933 she was married to the architect Richard Paulick, who was closely associated with the Bauhaus. In the 1940s, she ran an acting school in Berlin, where she taught Hildegard Knef, among others. In the film dedicated to Knef, *Hilde* (Germany, 2009, directed by Kai Wessel), Else Bongers, as her teacher and mentor, is played by Monica Bleibtreu.

17
Karla Grosch and Manda von Kreibig were also performers in the *Mask Choir*, which was also part of the Bauhaus stage programme and was first performed in Dessau on July 7, 1928, along with Margrit Kalin and others.

18
Quoted from Serina Graf: 'Karla Grosch eine Spurensuche'. In: *Zwitscher-Maschine*. Journal on Paul Klee / Zeitschrift für internationale Klee-Studien, 2018, issue 5, p. 17–46. p. 27.

… das weite Land, woher sie kommt

2019–2020

Video 1
… das weite Land, woher *sie kommt*
In Zusammenarbeit mit Loulou Omer
Full-HD-Video
21:33 min
Deutsch mit englischen Untertiteln
Skript: Isa Rosenberger, Loulou Omer
Tänzerin, Sängerin, Sprecherin, Klavierspielerin: Loulou Omer
Kamera, Licht: Reinhard Mayr, AAC
Ton: Gustavo Petek, Reinhard Mayr
Schnitt: Isa Rosenberger

Video 2
Interview mit Andrea Amort (Tanzhistorikerin, Wien)
Full-HD-Video
10:29 min
Deutsch mit englischen Untertiteln
Kamera: Reinhard Mayr, AAC
Schnitt: Isa Rosenberger

Video 3
Interview mit Ruth Eshel (Tanzhistorikerin, Tel Aviv)
Full-HD-Video
11:13 min
Englisch
Kamera und Schnitt: Isa Rosenberger

13 C-Prints, je 60 × 90 cm, gerahmt
3 C-Prints, je 30 × 40 cm, gerahmt

Plattformen, Display: Six & Petritsch, Archivmaterialien über Gertrud Kraus und Fotos der Workshop-Ergebnisse an der Volkshochschule Ottakring, Wien

Dank an: Başak Şenova und CrossSections Project, Kunsthalle Exnergasse Wien, Camera Austria Graz

Video 1
… the vast land from which she comes
In collaboration with Loulou Omer
Full-HD-Video
21:33 min
German with English subtitles
Script: Isa Rosenberger, Loulou Omer
Dancer, singer, speaker, piano player: Loulou Omer
Camera, lighting: Reinhard Mayr, AAC
Sound: Gustavo Petek, Reinhard Mayr
Editing: Isa Rosenberger

Video 2
Interview with Andrea Amort (dance historian, Vienna)
Full-HD-Video
10:29 min
German with English subtitles
Camera: Reinhard Mayr, AAC
Editing: Isa Rosenberger

Video 3
Interview with Ruth Eshel (dance historian, Tel Aviv)
Full-HD-Video
11:13 min
English
Camera and editing: Isa Rosenberger

13 C-prints, each 60 × 90 cm, framed
3 C-prints, each 30 × 40 cm, framed

Platforms, Display: Six & Petritsch, Archive materials about Gertrud Kraus and photos of the workshop results at the Volkshochschule Ottakring, Vienna

With thanks to: Başak Şenova and CrossSections Project, Kunsthalle Exnergasse Wien, Camera Austria Graz

Am 29. April 1934 war im Volksheim Ottakring (heute: Volkshochschule Ottakring) in Wien das Avantgarde-Tanzspiel *Die Stadt wartet* von Gertrud Kraus zu sehen, eine choreografische Adaption eines Textes von Maxim Gorki über den Weg eines Jugendlichen vom Land in die Großstadt, seine Ängste und seine Neugier dem neuen Leben gegenüber. Kraus selbst tanzte den Jugendlichen. Nach heutigem Wissensstand existieren keine Fotos, Tondokumente oder Notationen dieser Aufführung, nur ein Programmheft mit Presseauszügen. *… das weite Land, woher sie kommt* zeigt Isa Rosenbergers multiperspektivische Rekonstruktion dieser historischen Leerstelle.

Zwei Jahre lang recherchierte Rosenberger zum Zusammenspiel von Volksbildung und (Tanz-)Avantgarde in den 1920er-/30er-Jahren in Wien. Die expressionistische Ausdruckstanzszene wurde damals maßgeblich von Frauen, wesentlich von Jüdinnen wie Gertrud Kraus, geprägt und fand in Volksheimen in Österreich eine wichtige Plattform. Kraus war eine bekannte expressionistische Tänzerin im Europa der Zwischenkriegszeit. Nach ihrer Emigration 1935 wurde sie zur Pionierin des neuen Israelischen Modern Dance. Im Sinne von Kraus' interdisziplinärer Arbeitsmethode organisierte Rosenberger zudem in der Volkshochschule Ottakring Workshops mit jugendlichen Migrant*innen, die ihrerseits *Die Stadt wartet* interpretierten.

Parallel zu ihrer Recherche lud Isa Rosenberger die Künstlerin und Tänzerin Loulou Omer ein, sich performativ Kraus' vergessenem Stück anzunähern und dieses auf der heute noch bestehenden Bühne in Ottakring zu reaktivieren. Omer konnte dabei – tanzend, singend und klavierspielend – auch auf ihr eigenes (Körper-)Wissen zurückgreifen, denn ihre Mutter Zipora Lerman war einst selbst Schülerin von Gertrud Kraus in Tel Aviv gewesen. Aus dieser performativen Annäherung an Gertrud Kraus entstand das zentrale Video der Installation sowie eine fotografische Serie. Die Installation erweitern zwei Interviews mit den Tanzhistorikerinnen Andrea Amort in Wien und Ruth Eshel in Tel Aviv.

In ihrer Präsentation orientiert sich *… das weite Land, woher sie kommt* letztendlich an der Idee der Bühne als Brennpunkt des Politischen und Sozialen.

… the vast land from which she comes

On 29 April 1934, the Volksheim Ottakring (today: Volkshochschule Ottakring) in Vienna presented the avant-garde dance production *Die Stadt wartet* (the city awaits) by Gertrud Kraus, a choreographic adaptation of a text by Maxim Gorky about the journey of a young man from the country to the big city, his fears and curiosity about the new life. Kraus herself danced the part of the young man. As far as we know today, no photos, sound documents or notations of this performance exist, only a programme booklet with press clippings. *… the vast land from which she comes* shows Isa Rosenberger's multi-perspective reconstruction of this historical void.

Rosenberger spent two years researching the interaction between popular education and the (dance) avant-garde in Vienna in the 1920s and 30s. The expressionist free dance scene at that time was strongly influenced by women, largely by Jewish women like Gertrud Kraus, and found an important platform in adult education centres in Austria. Kraus was a well-known expressionist dancer in Europe between the wars. After her emigration in 1935, she became a pioneer of the new Israeli modern dance. In the spirit of Kraus's interdisciplinary working methods, Rosenberger also organised workshops at the Ottakring Adult Education Centre with young migrants, who then interpreted *Die Stadt wartet* (the city awaits).

Parallel to her research, Isa Rosenberger invited the artist and dancer Loulou Omer to explore Kraus's forgotten piece in a performative approach and to revive it on the stage in Ottakring that still exists today. Omer was able to draw on her own (physical) knowledge – dancing, singing and playing the piano – because her mother Zipora Lerman had herself once been a student of Gertrud Kraus in Tel Aviv. This performative approach to Gertrud Kraus gave rise to the central video of the installation as well as a photo series. Two interviews with dance historians Andrea Amort in Vienna and Ruth Eshel in Tel Aviv expand the installation.

In its presentation, *… the vast land from which she comes* is aligned with the idea of the stage as a focal point for the political and social.

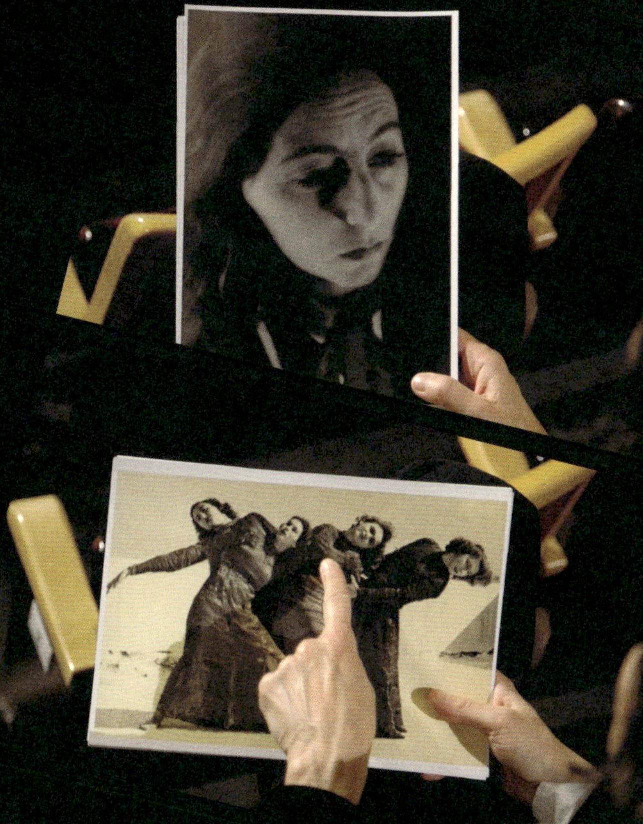

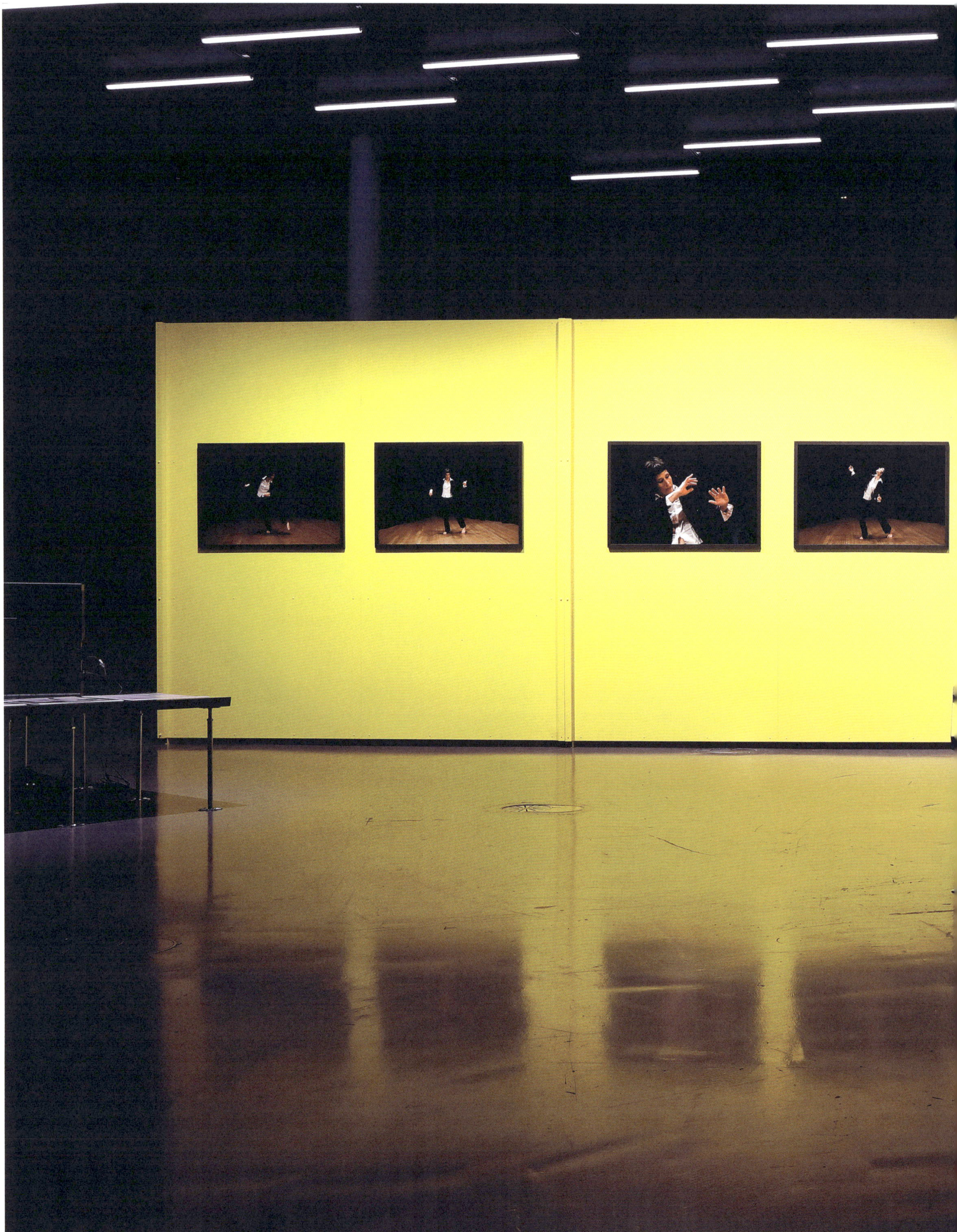

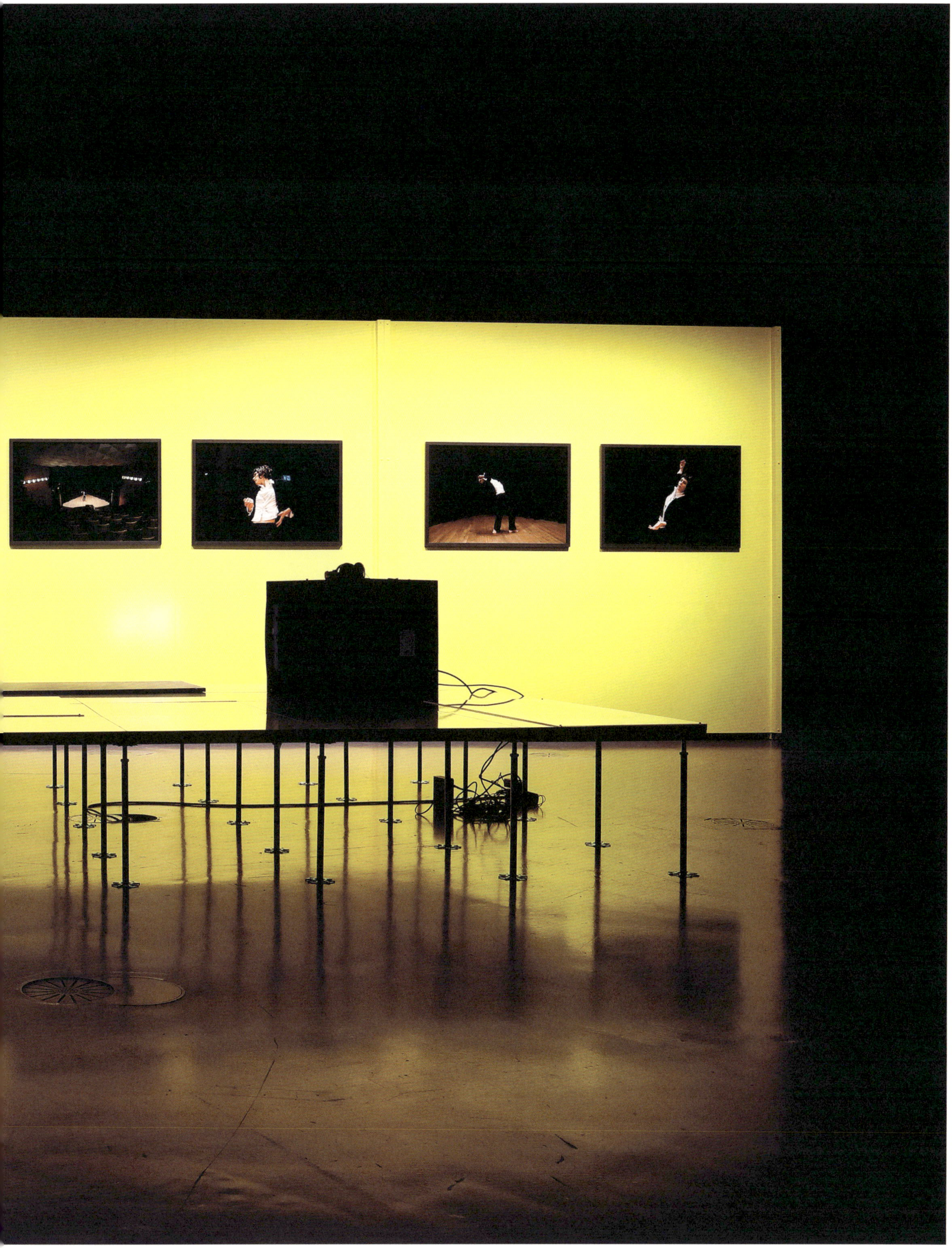

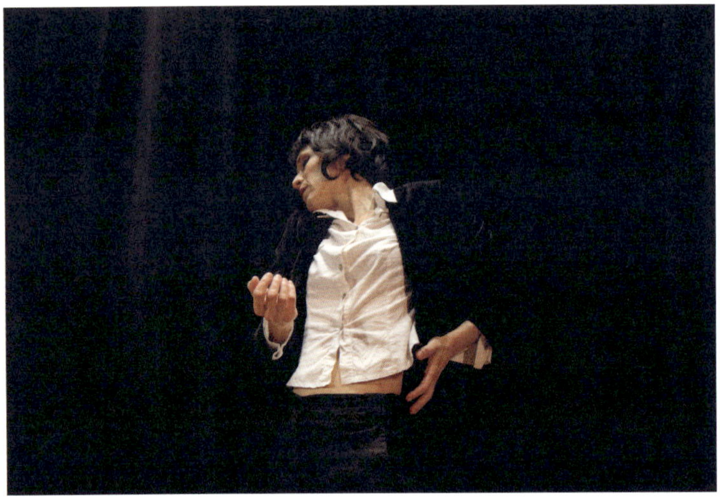

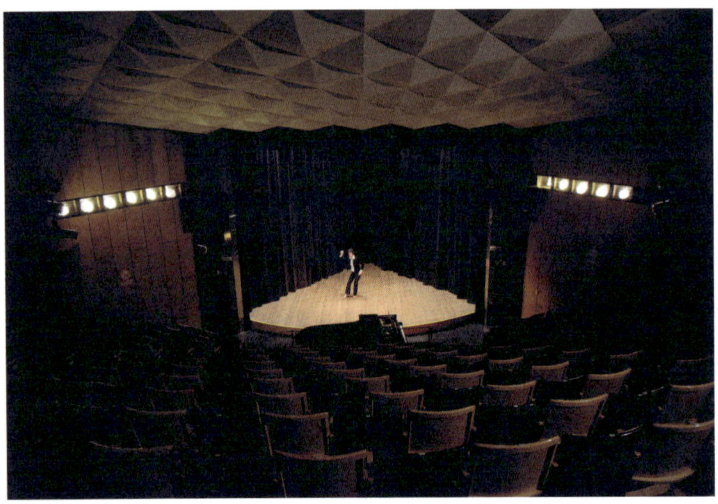

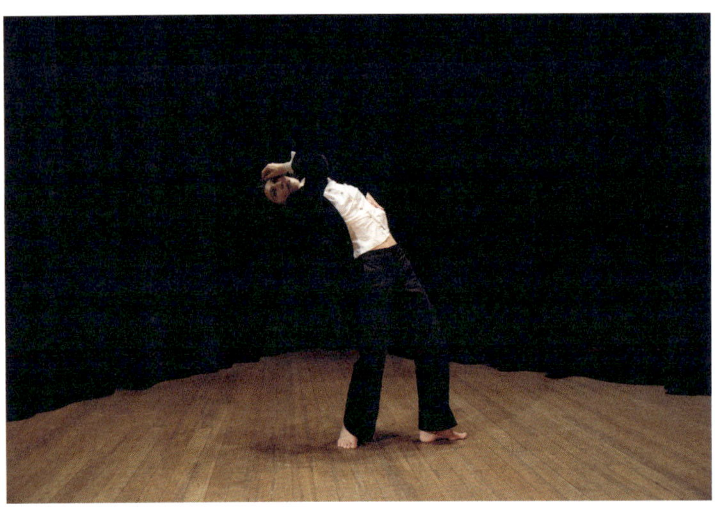

Setfotos
Set photos

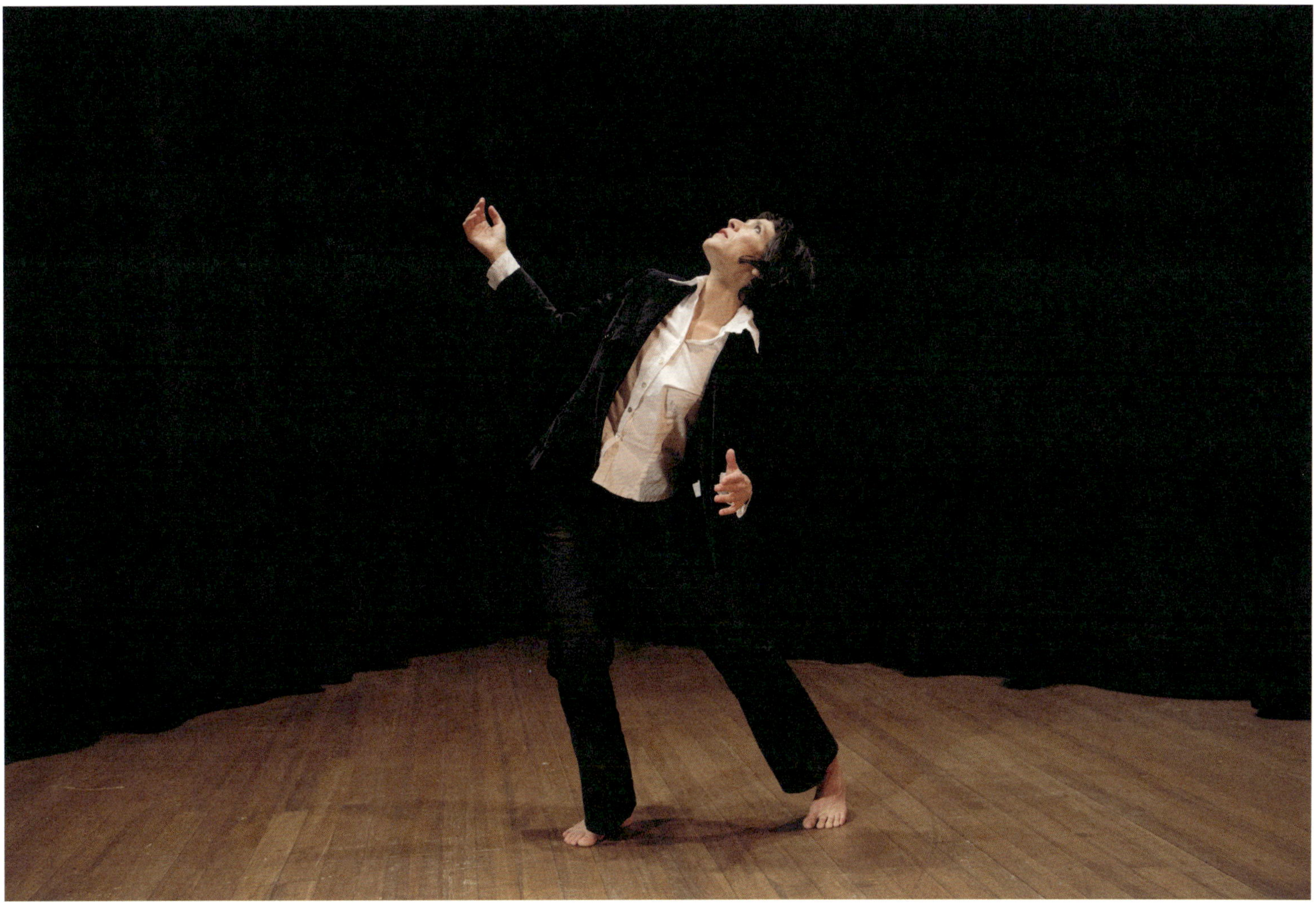

Setfoto
Set photo

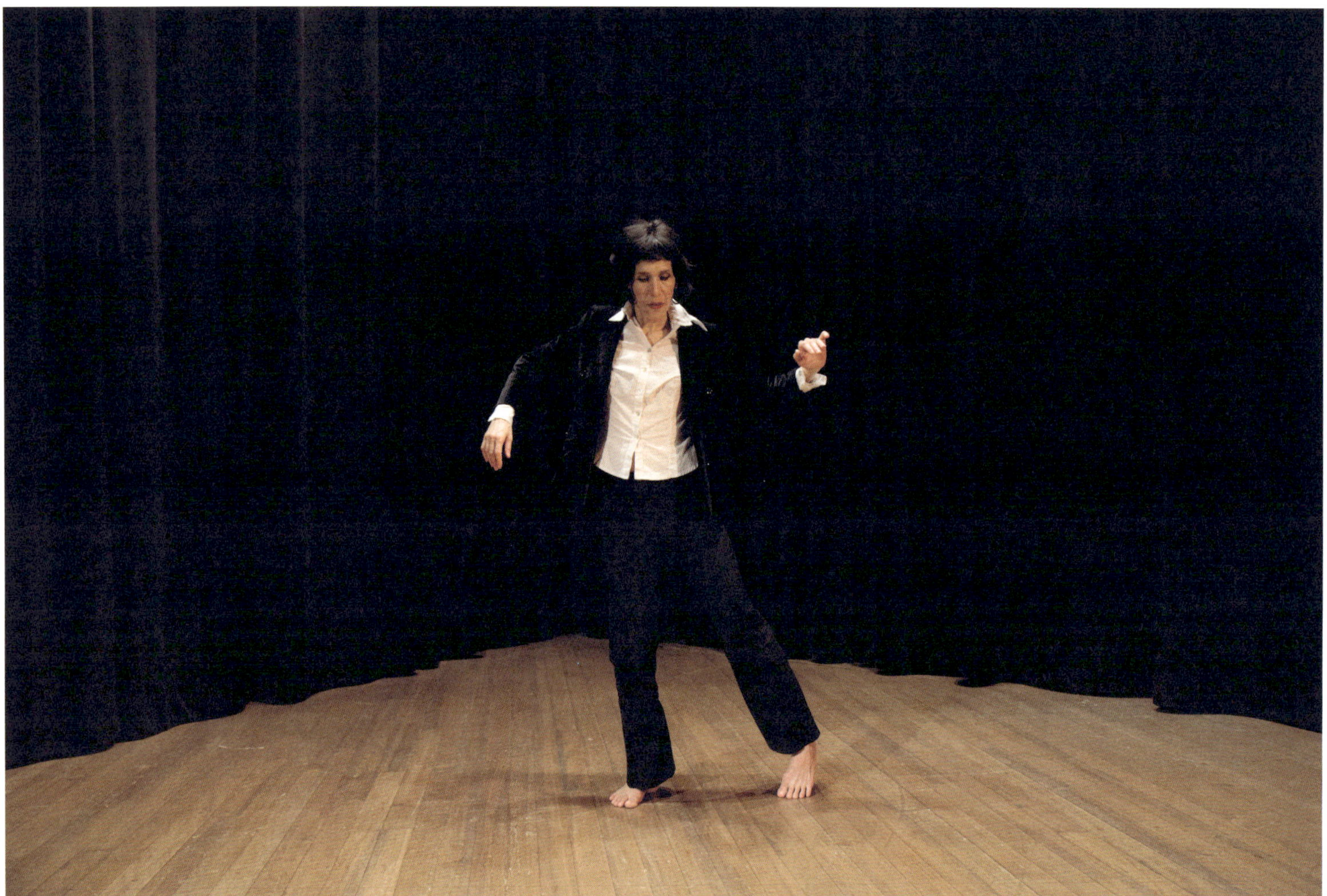

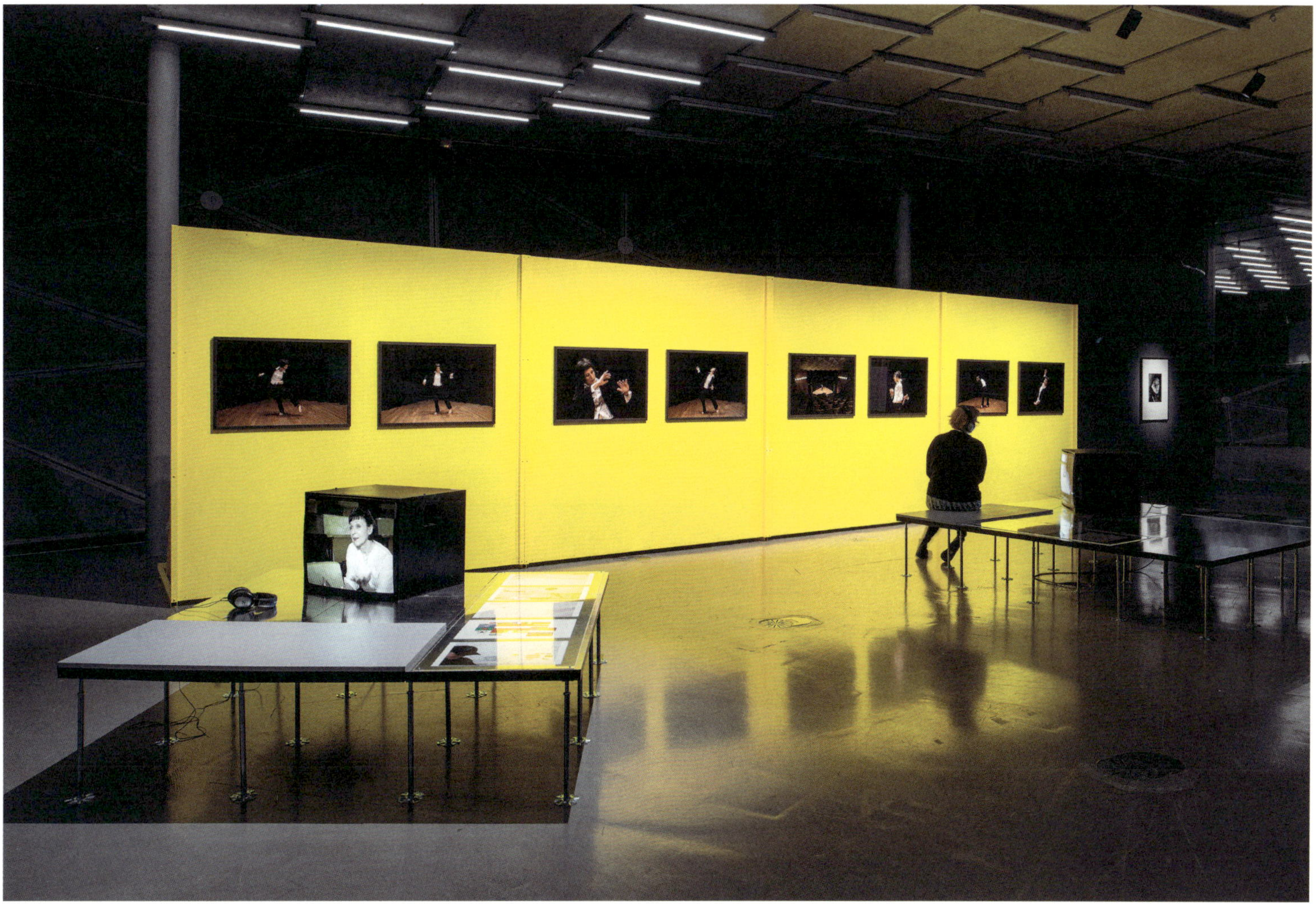

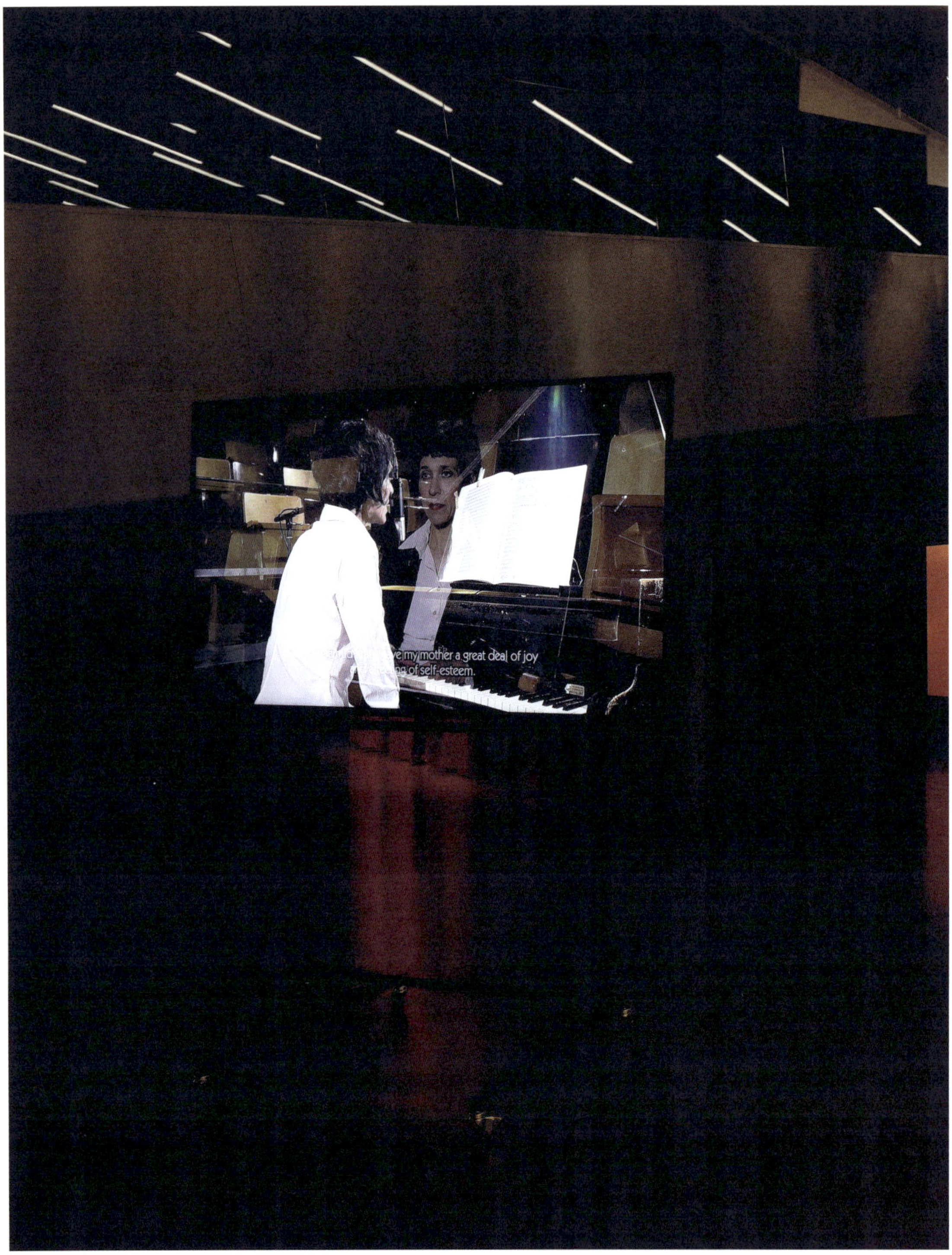
my mother a great deal of joy
of self-esteem.

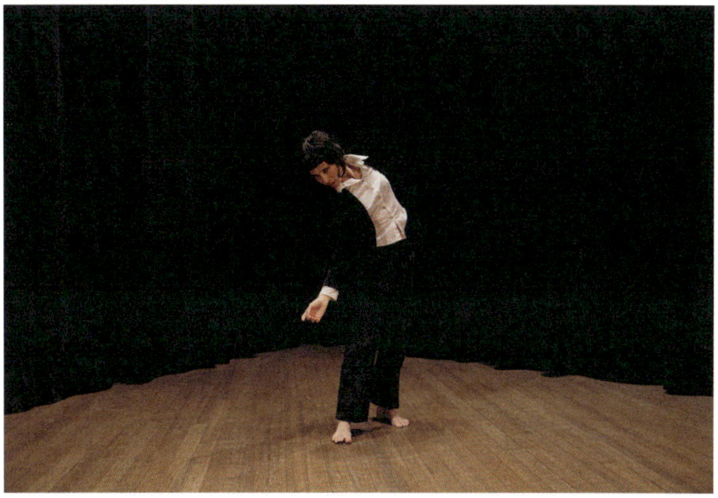

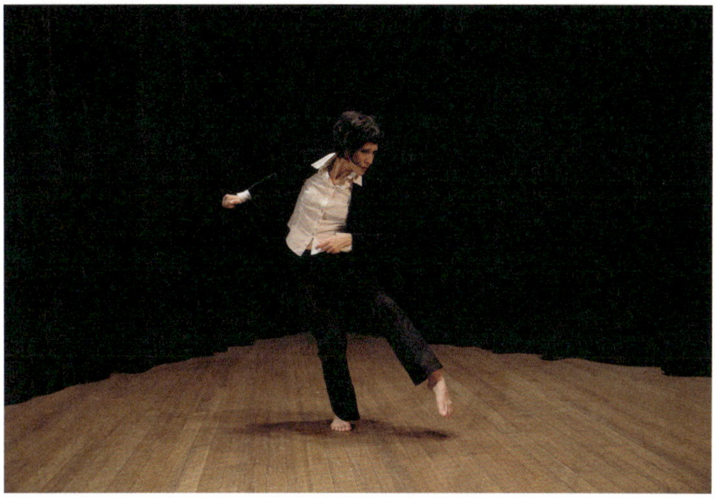

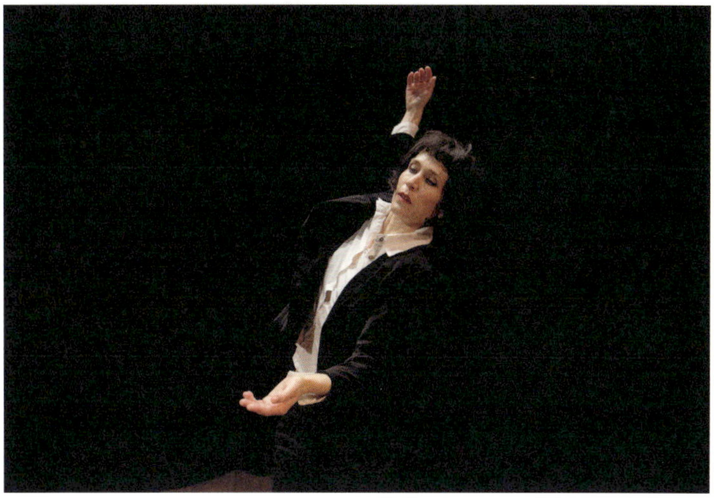

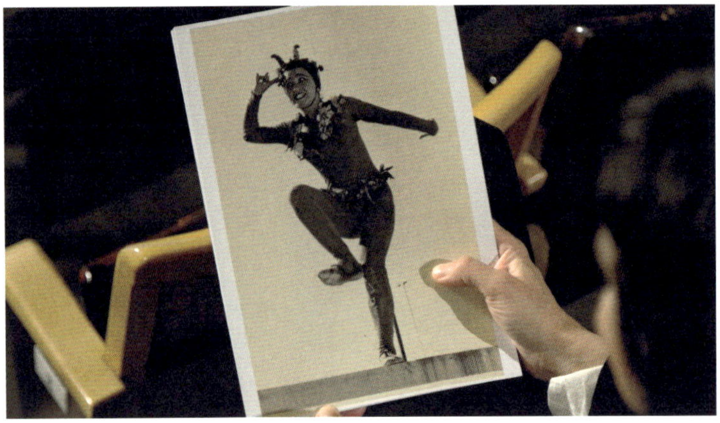

Videostills
Video stills

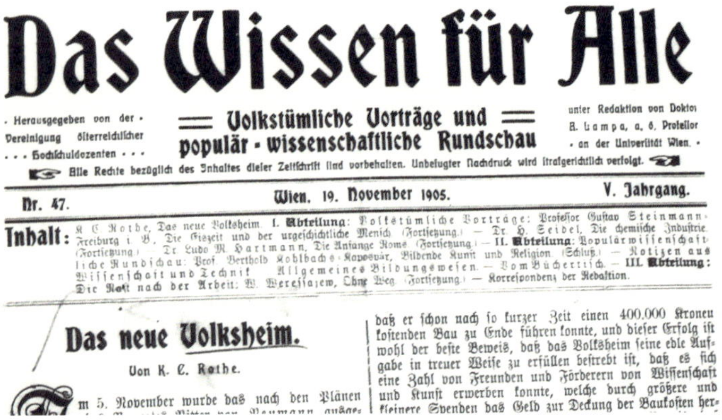

Das Wissen für Alle

Herausgegeben von der Vereinigung österreichischer Hochschuldozenten

Volkstümliche Vorträge und populär-wissenschaftliche Rundschau

unter Redaktion von Doktor A. Lampa, a. ö. Professor an der Universität Wien.

Alle Rechte bezüglich des Inhaltes dieser Zeitschrift sind vorbehalten. Unbefugter Nachdruck wird strafgerichtlich verfolgt.

Nr. 47. Wien, 19. November 1905. V. Jahrgang.

Inhalt: K. C. Rothe, Das neue Volksheim. **I. Abteilung:** Volkstümliche Vorträge: Professor Gustav Steinmann-Freiburg i. B., Die Eiszeit und der urgeschichtliche Mensch (Fortsetzung.) — Dr. H. Seidel, Die chemische Industrie (Fortsetzung.) — Dr. Ludo M. Hartmann, Die Anfänge Roms (Fortsetzung.) — **II. Abteilung:** Populärwissenschaftliche Rundschau: Prof. Berthold Kohlbach-Kaposvár, Bildende Kunst und Religion (Schluß.) — Notizen aus Wissenschaft und Technik. — Allgemeines Bildungswesen. — Vom Büchertisch. — **III. Abteilung:** Die Rast nach der Arbeit: W. Weressajew, Ohne Weg (Fortsetzung.) — Korrespondenz der Redaktion.

Das neue Volksheim.

Von K. C. Rothe.

Am 5. November wurde das nach den Plänen [illegible]

daß er schon nach so kurzer Zeit einen 400.000 Kronen kostenden Bau zu Ende führen konnte, und dieser Erfolg ist wohl der beste Beweis, daß das Volksheim seine edle Aufgabe in treuer Weise zu erfüllen bestrebt ist, daß es sich eine Zahl von Freunden und Förderern von Wissenschaft und Kunst erwerben konnte, welche durch größere und kleinere Spenden das Geld zur Deckung der Baukosten her-

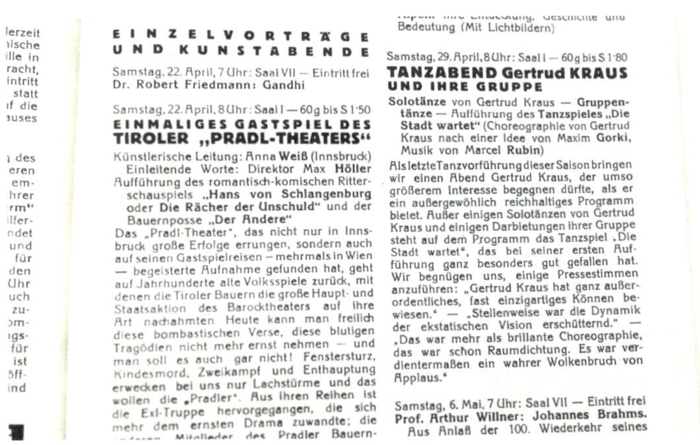

lerzeit
ische
ille in
racht,
intritt
statt
f die
auses

des
eren
em-
hrer
rm"
ilfer-
ndet
und
für
den
Uhr
uch
zu-
om-
igs-
für
ist
öff-
ind

EINZELVORTRÄGE UND KUNSTABENDE

Samstag, 22. April, 7 Uhr: Saal VII — Eintritt frei
Dr. Robert Friedmann: Gandhi

Samstag, 22. April, 8 Uhr: Saal I — 60 g bis S 1·50
EINMALIGES GASTSPIEL DES TIROLER „PRADL-THEATERS"

Künstlerische Leitung: Anna **Weiß** (Innsbruck)
Einleitende Worte: Direktor Max **Höller**
Aufführung des romantisch-komischen Ritterschauspiels **„Hans von Schlangenburg oder Die Rächer der Unschuld"** und der Bauernposse **„Der Andere"**

Das „Pradl-Theater", das nicht nur in Innsbruck große Erfolge errungen, sondern auch auf seinen Gastspielreisen – mehrmals in Wien — begeisterte Aufnahme gefunden hat, geht auf Jahrhunderte alte Volksspiele zurück, mit denen die Tiroler Bauern die große Haupt- und Staatsaktion des Barocktheaters auf ihre Art nachahmten. Heute kann man freilich diese bombastischen Verse, diese blutigen Tragödien nicht mehr ernst nehmen — und man soll es auch gar nicht! Fenstersturz, Kindesmord, Zweikampf und Enthauptung erwecken bei uns nur Lachstürme und das wollen die „Pradler". Aus ihren Reihen ist die Exl-Truppe hervorgegangen, die sich mehr dem ernsten Drama zuwandte; die [illegible] Mitglieder des Pradler Bauern-

[illegible] ihre Entdeckung, Geschichte und Bedeutung (Mit Lichtbildern)

Samstag, 29. April, 8 Uhr: Saal I — 60 g bis S 1·80
TANZABEND Gertrud KRAUS UND IHRE GRUPPE

Solotänze von Gertrud Kraus — **Gruppentänze** — Aufführung des **Tanzspieles „Die Stadt wartet"** (Choreographie von Gertrud Kraus nach einer Idee von Maxim **Gorki**, Musik von Marcel **Rubin**)

Als letzte Tanzvorführung dieser Saison bringen wir einen Abend Gertrud Kraus, der umso größerem Interesse begegnen dürfte, als er ein außergewöhlich reichhaltiges Programm bietet. Außer einigen Solotänzen von Gertrud Kraus und einigen Darbietungen ihrer Gruppe steht auf dem Programm das Tanzspiel „Die Stadt wartet", das bei seiner ersten Aufführung ganz besonders gut gefallen hat. Wir begnügen uns, einige Pressestimmen anzuführen: „Gertrud Kraus hat ganz außerordentliches, fast einzigartiges Können bewiesen." — „Stellenweise war die Dynamik der ekstatischen Vision erschütternd." — „Das war mehr als brillante Choreographie, das war schon Raumdichtung. Es war verdientermaßen ein wahrer Wolkenbruch von Applaus."

Samstag, 6. Mai, 7 Uhr: Saal VII — Eintritt frei
Prof. Arthur Willner: Johannes Brahms.
Aus Anlaß der 100. Wiederkehr seines

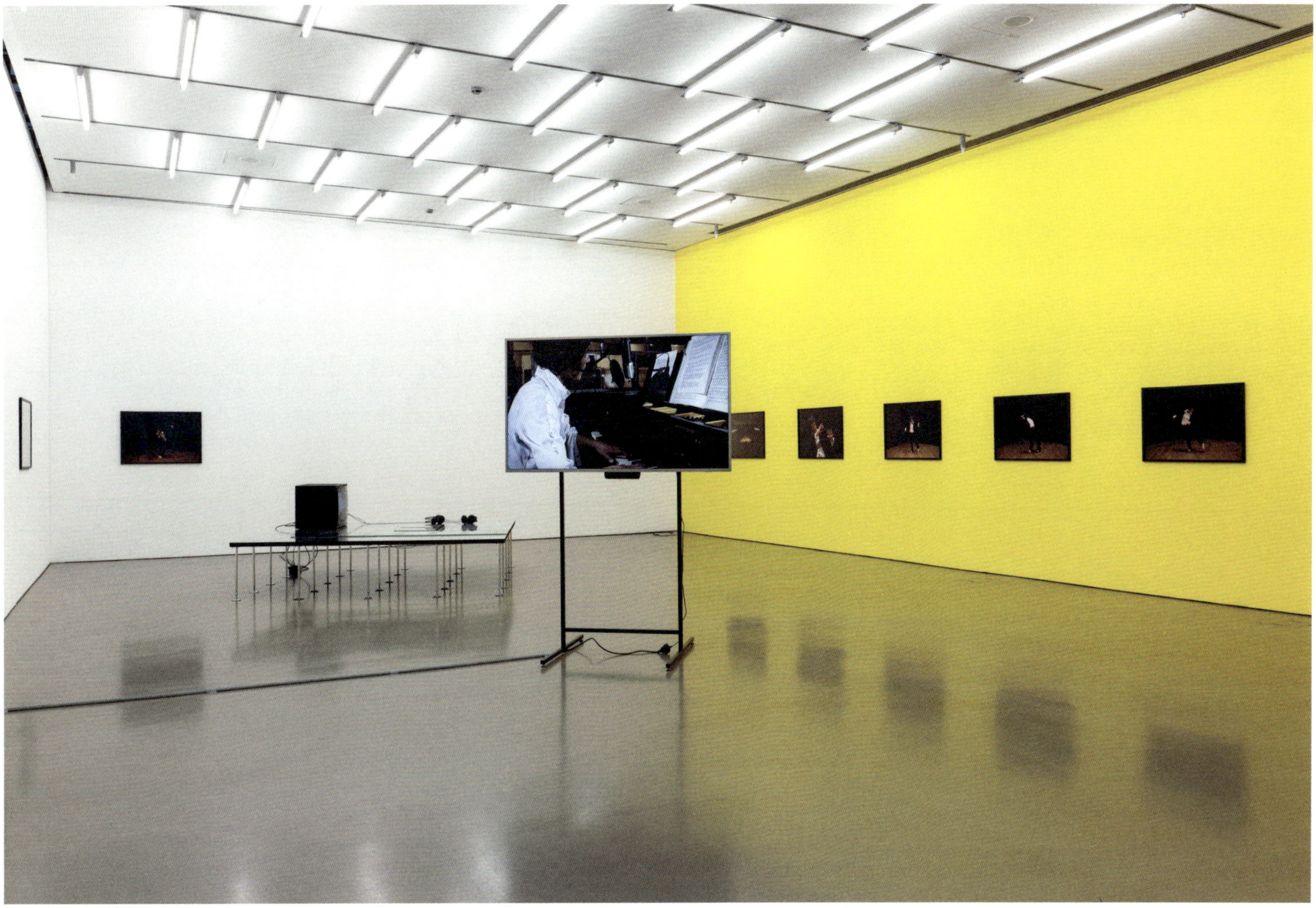

... das weite Land, woher sie kommt, Ausstellungsansicht, Camera Austria, Graz, 2020
... the vast land from which she comes, Exhibition view, Camera Austria, Graz, 2020

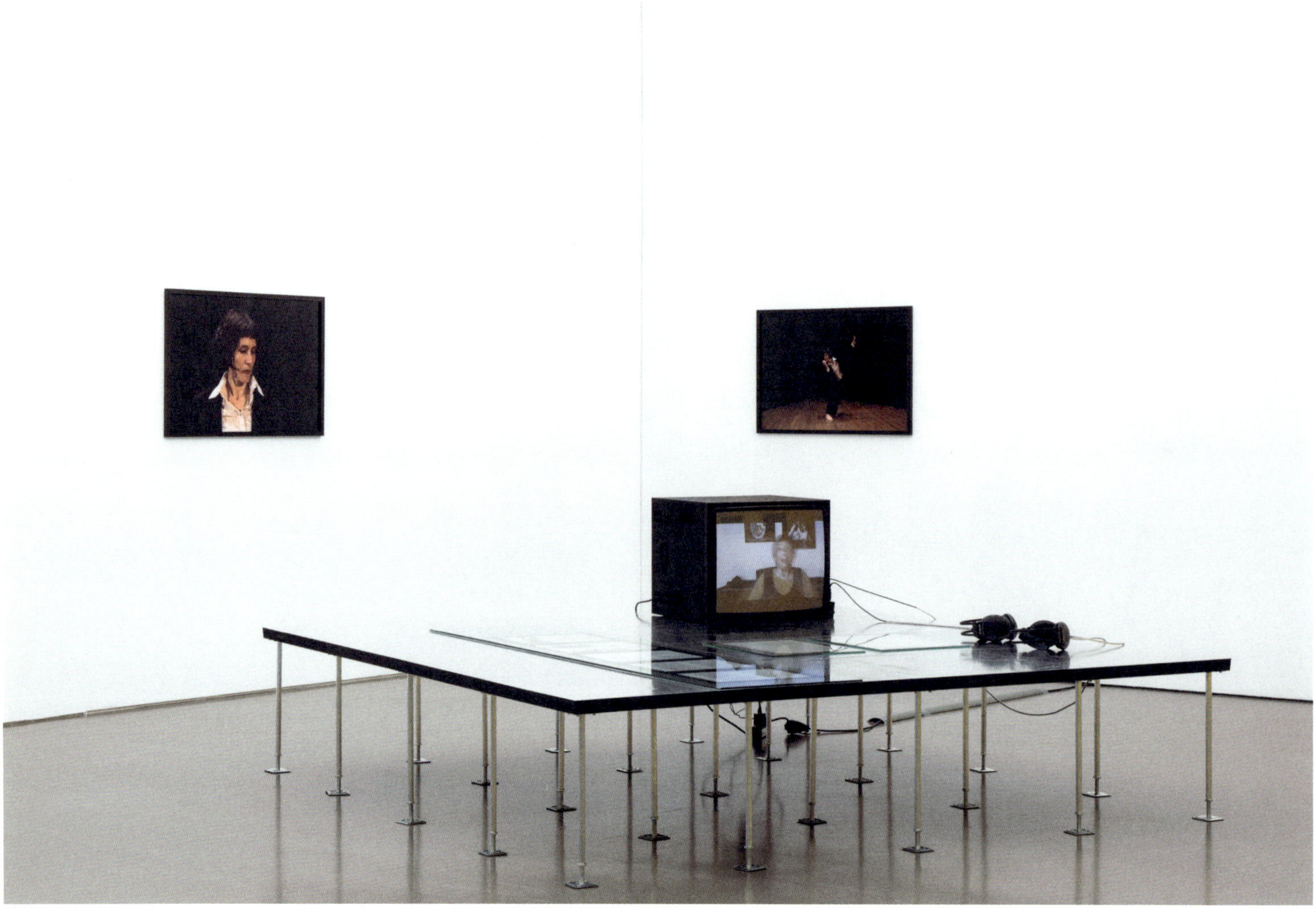

... das weite Land, woher sie kommt, Ausstellungsansicht, Camera Austria, Graz, 2020
... the vast land from which she comes, Exhibition view, Camera Austria, Graz, 2020

Projektskizze
Project sketch

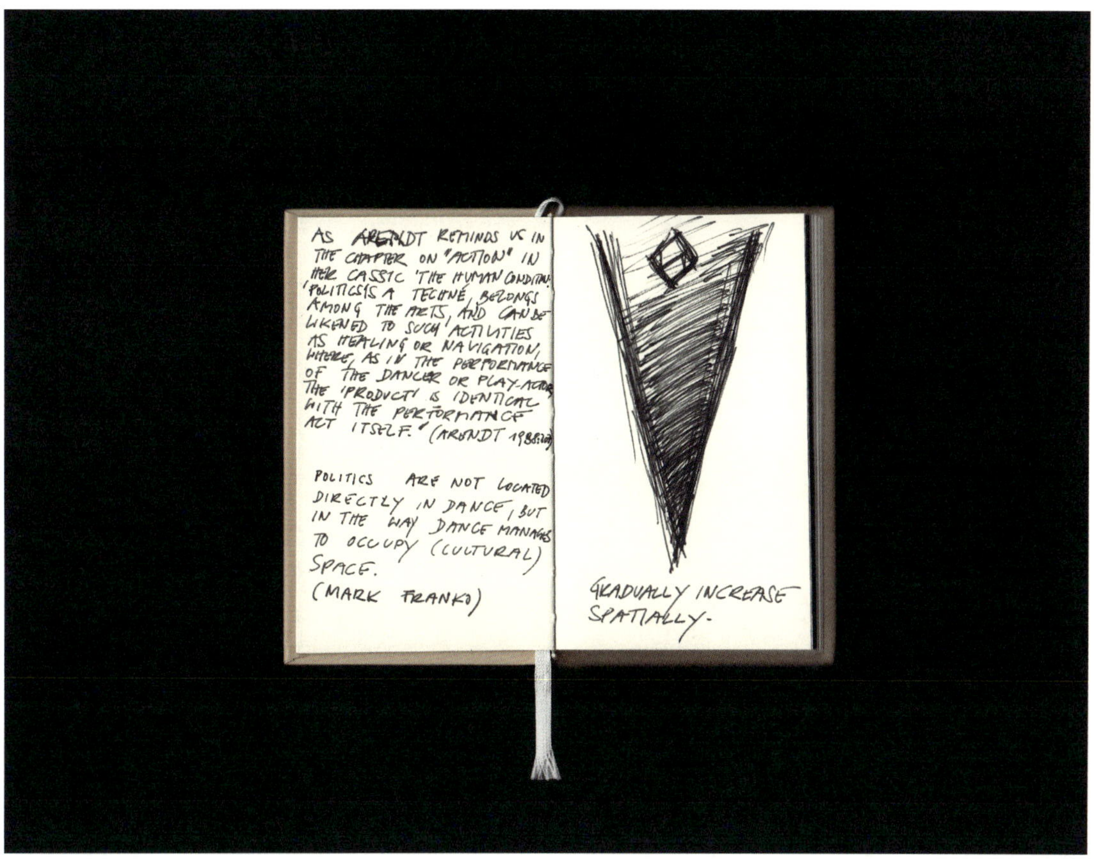

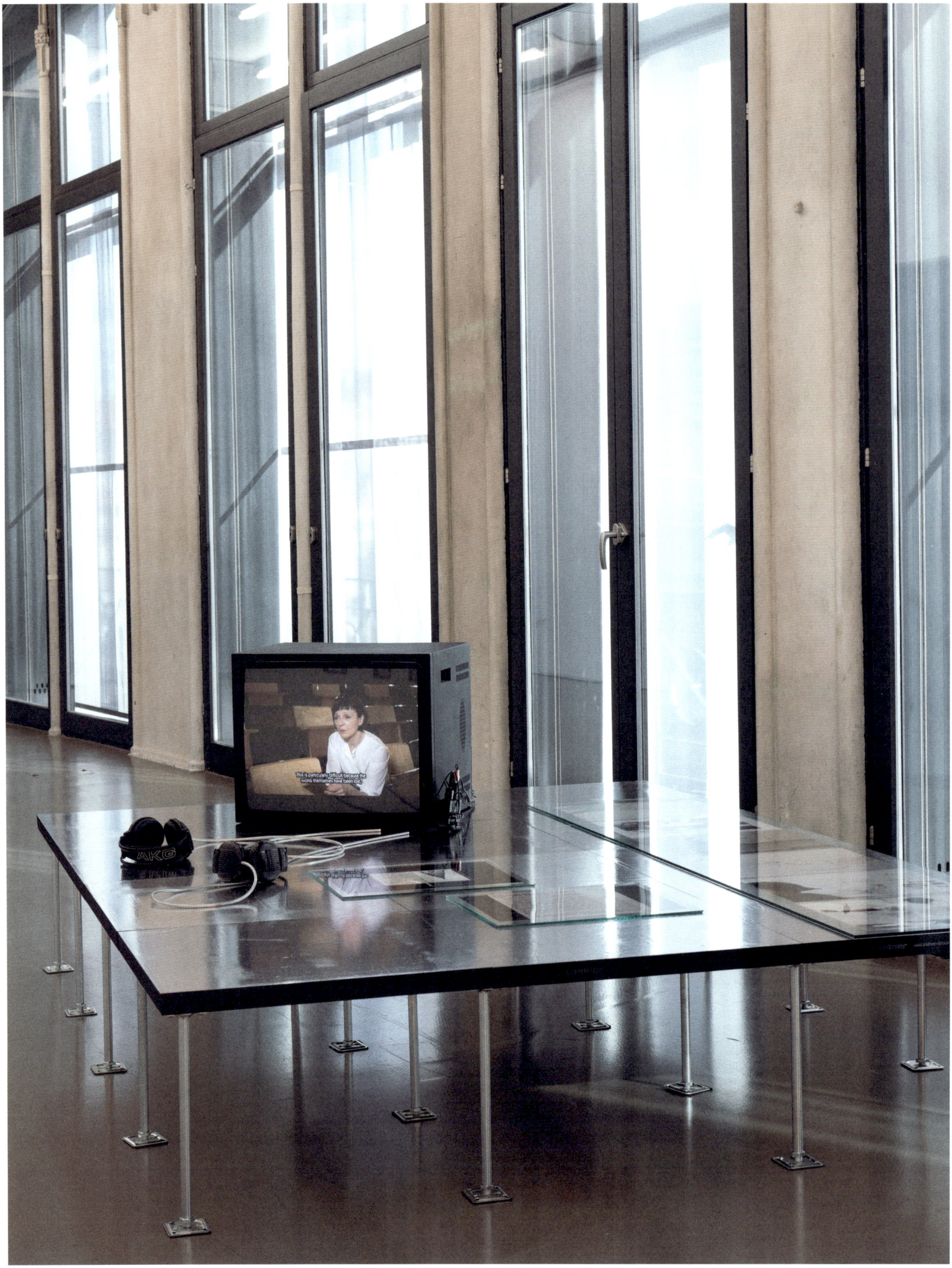
This is particularly difficult because the
works themselves have been lost,
AKG

... das weite Land, woher sie kommt, Ausstellungsansicht, Camera Austria, Graz, 2020
... the vast land from which she comes, Exhibition view, Camera Austria, Graz, 2020

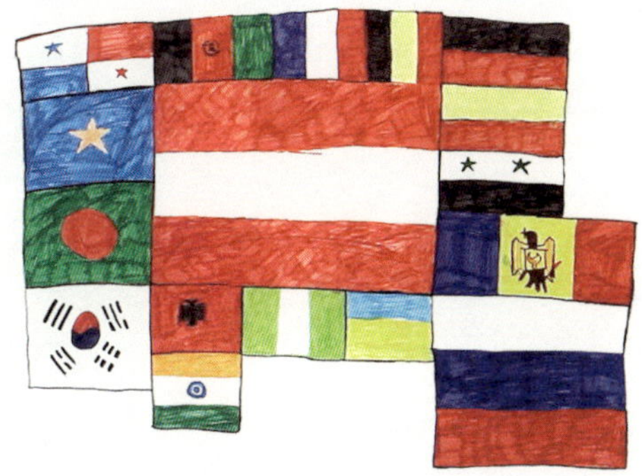

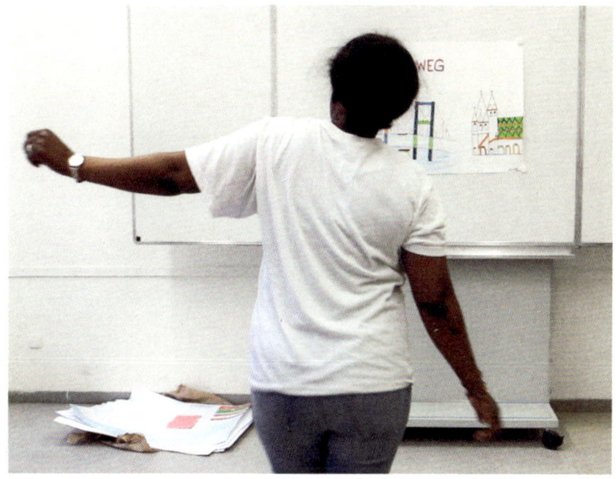

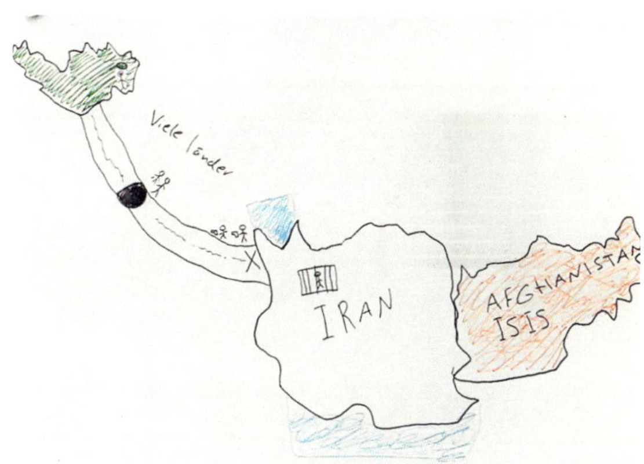

Workshop Resultate, Volkshochschule Ottakring, Wien, Januar 2019. Mit Wendpanga Marie Balbone, Albin Bunjaku, Abib Faye, Karolin Kahraman, Alzuabi Loai, Javed Sobhani und Ilie Vlah.
Results of the Workshop at Adult Education Center Ottakring, Vienna, January 2019. With Wendpanga Marie Balbone, Albin Bunjaku, Abib Faye, Karolin Kahraman, Alzuabi Loai, Javed Sobhani and Ilie Vlah.

Jüdische Künstlerinnen im Exil

Isa Rosenbergers Lern-, Vorstellungs- und Erinnerungsprozess

Doris Berger

Die Arbeit jüdischer Künstlerinnen, die aufgrund des „Anschlusses" Österreichs an Nazi-Deutschland 1938 in die Emigration getrieben wurden, machte in den vergangenen Jahren einen Großteil der Projekte Isa Rosenbergers aus. Diese führten sie zu Recherchen nach Los Angeles, nach Tel Aviv und wieder zurück nach Wien, wo sie nicht nur die Lebensgeschichten dieser Frauen im Exil, sondern auch ihre künstlerischen Leistungen, historischen Zusammenhänge und Gender-Politiken nachzeichnen konnte.

So zeigt Rosenberger in *Café Vienne ... full of spirits so free* (2014) Momente aus dem Leben der Bestseller- und Drehbuchautorin Gina Kaus von Wien bis Los Angeles, *... das weite Land, woher sie kommt* (2019) handelt von der Tänzerin und Choreografin Gertrud Kraus in Wien und Tel Aviv und *Courage* (2015) von der Theaterregisseurin, Schauspielerin und Chansonsängerin Stella Kadmon in Tel Aviv und wiederum zurück in Wien.

Diese drei Projekte stellen drei jüdische Künstlerinnen aus Österreich, deren Werk bereits in Vergessenheit geraten war, einem neuen Publikum vor. Das gelingt Rosenberger durch neue Archivfunde und, was noch wichtiger ist, mittels einer neuen Deutung, die sie gemeinsam mit Künstlerinnen und Wissenschaftlerinnen entwickelt. Die Künstlerin präsentiert Aspekte der Werke der Exilkünstlerinnen mit ihren Emigrationswegen, die ja letztlich nicht nur ihre Schicksale, sondern auch ihre beruflichen Laufbahnen und posthumen Rezeptionen prägten.

So unterstreicht Gina Kaus[1], wenn sie über ihre Emigrationserfahrung in die Vereinigten Staaten schreibt, dass sie das Leben im Exil als sehr solidarisch empfand, und zwar unabhängig davon, woher die Menschen kamen und wohin sie gingen. Die Heimat zu verlassen ist nie einfach, aber dazu gezwungen zu sein, sie zu verlassen, und das oft ohne jede Aussicht auf Rückkehr, verlangt einen emotionalen Tribut, der weit über die Erfahrung freiwilliger Emigration hinausgeht.

> „Was uns Emigranten einigt, uns unbewußt verbindet, ist das gemeinsame Erlebnis. Der große Bruch. Daß wir alle in der Mitte unseres Lebens umlernen, neu anfangen mußten. [...] Ich glaube, den wenigsten von uns ist bewußt, daß wir auf unausgesprochene, unaussprechliche Weise miteinander verbunden sind."[2]

Lernen

Frauen waren noch tiefgreifender als Männer von Diskriminierung betroffen, denn der Neuanfang gestaltete sich für sie noch schwieriger. Viele Frauen mussten sich um Ehemänner, Partner, Eltern und/oder Kinder kümmern und gleichzeitig ein neues Zuhause und eine neue Karriere aufbauen. Die Herausforderung, ihren Platz als Künstlerin zu finden und zugleich als Familienoberhaupt zu fungieren, ist nicht nur Teil der Autobiografie von Kaus, sondern findet sich auch in den Erlebnisberichten anderer Frauen über ihre Erfahrungen im Exil wieder.[3]

Die Romanautorin, Journalistin und Drehbuchschreiberin Gina Kaus arbeitete und publizierte bereits in Wien und Berlin,[4] bevor sie 1938 über Zürich, Paris und New York nach Los Angeles auswanderte. Dort angekommen, konnte sie mit anderen jüdischen Exilschriftstellerinnen wie Salka Viertel oder Vicki Baum in Kontakt treten, die alle als Drehbuchautorinnen in Hollywoods Filmstudios Arbeit fanden.[5] Obwohl es Kaus also gelang, in der neuen Umgebung ihr Auskommen zu finden, sind ihre Drehbücher heute weitgehend vergessen. Die Literaturwissenschaftlerin Regina Range hebt hervor, dass diese jüdischen Frauen aus dem Habsburgerreich alle einen ähnlichen Weg beschritten haben und sowohl mit Antisemitismus als auch mit Geschlechterdiskriminierung konfrontiert waren:

> „Alle erlebten sie Formen der geschlechtsspezifischen Ausgrenzung: Kaus und Baum als Schriftstellerinnen in den literarischen Kreisen Wiens und Berlins sowie auf dem Buchmarkt, Viertel wiederum als Schauspielerin. Dennoch kämpften sie in den jeweiligen männerdominierten Bereichen unermüdlich um Anerkennung und brachten auch ihre Kritik an der Geschlechterungleichheit und den Reproduktionsrechten, an sozialer Ungerechtigkeit und ungleichem Bildungszugang [...] unmissverständlich zum Ausdruck. Das Exil setzte ihrer Marginalisierung zwar kein Ende, bot ihnen jedoch neue Möglichkeiten, gegen die herrschenden Diskurse anzutreten und neue Räume für politischen Aktivismus zu nutzen. Baum, Viertel und Kaus setzten also ihren Kampf um Anerkennung fort und kritisierten die Gesellschaft, in der sie nunmehr lebten und arbeiteten. So meisterten sie die Herausforderungen des Schreibens in einer fremden Sprache, in einem ungewohnten Medium und in neuen Genres.“[6]

Die Werke dieser jüdischen Künstlerinnen (wieder) zu entdecken und damit ihrer Kreativität, Flexibilität und Widerstandsfähigkeit Tribut zu zollen, sind wichtige Erinnerungsprojekte, die zahlreiche Formen annehmen können, von Kunstprojekten bis zu wissenschaftlichen Texten oder Ausstellungen und Filmen annehmen können.

Vorstellen

Isa Rosenberger schuf ihr Projekt *Café Vienne ... full of spirits so free* (2014) für das Skirball Cultural Center in Los Angeles. Als dessen Kuratorin habe ich sie eingeladen, eine neue Installation parallel zu meiner Ausstellung über Exilant*innen und Emigrant*innen in Hollywood in den 1930er- und 1940er-Jahren zu entwickeln.[7] Ich wollte den Ansatz von *Light & Noir*, der sich historischen Materialien im Filmbereich widmete, durch eine neue Kunstinstallation in der öffentlich zugänglichen Eingangshalle des Museums ergänzen. Da Rosenberger bereits zuvor mit Frauenbiografien gearbeitet hatte, war klar, dass sie ein Projekt wie dieses perfekt bewältigen würde. So ließ ich ihr Gina Kaus' Autobiografie *Von Wien nach Hollywood* mit der Frage zukommen, ob deren Lebensgeschichte denn ihr Interesse weckte. Und wie sie dies tat! Inspiriert von der enormen Widerstandsfähigkeit von Gina Kaus und davon, wie diese auch in ökonomisch schwierigen Situationen Möglichkeiten fand, der eigenen Kreativität Ausdruck zu verleihen, entdeckte Rosenberger auch Parallelen zu ihren eigenen Erfahrungen als Künstlerin. Kaus schrieb nicht nur aus eigenem Antrieb, sondern verfasste auch Auftragstexte, wobei es ihr auch hierbei immer ein Anliegen war, ihren Überzeugungen und ästhetischen Vorlieben treu zu bleiben.

Dies fand bei Rosenberger insofern Anklang, als auch sie Auftragswerke als integralen Teil ihrer Kunst begreift. Sie konzipierte eine vielschichtige Installation, in der Gina Kaus' Leben und Werk im Rahmen eines Wiener Kaffeehauses inszeniert wurde. Davon war ich sofort begeistert, da damit zwei zentrale Aspekte verbunden werden konnten, nämlich die Wiederentdeckung einer vergessenen jüdischen Schriftstellerin und die eines signifikanten kulturellen Erbes Wiens, dem Kaffeehaus. Immerhin hatte das Kaffeehaus nicht nur für jüdische Intellektuelle eine wichtige Funktion, auch für viele Frauen im frühen 20. Jahrhundert. Ihnen diente es als Treffpunkt, als Ort für Diskussionen, aber auch als Inspiration in ihrem Streben nach politischer und künstlerischer Anerkennung. Als öffentlicher Raum jenseits der Privatsphäre war das Kaffeehaus für Frauen besonders wichtig, half es ihnen doch dabei, ihre Sichtbarkeit und damit auch ihre Anerkennung in der Öffentlichkeit zu gewährleisten.

Das Werk von Gina Kaus unter einem aktuellen künstlerischen Blickwinkel mit der Geschichte des Wiener Kaffeehauses zu verbinden, stellte einen neuartigen Ansatz dar. Rosenberger schuf im Skirball eine räumliche Situation, die an ein Café erinnerte, in dem die Romane von Kaus in englischer Übersetzung zugänglich waren. Dies ergänzte die Künstlerin durch Fotocollagen, die ganz spezielle historische und kulturelle Kontexte nachzeichneten, wie zum Beispiel die Funktion von Kaffeehäusern für die intellektuelle Szene Wiens, die Repressalien gegen Jüdinnen*Juden in den frühen 1930er-Jahren wie u. a. die Bücherverbrennungen oder auch die Exilerfahrung aus Kaus' Perspektive. Das zentrale Element der Installation ist indes ein Video, in dem Rosenberger den sogenannten Wienerliedern, die meist aktuelle gesellschaftliche Probleme auf satirische Weise kommentierten, Respekt zollt. Dazu erarbeitete sie gemeinsam mit den Wiener Komponist*innen Tini Trampler, Stephan Sperlich und Guenther Berger einen neuen Song, der musikalisch auf Aufnahmen aus den 1920er-Jahren basierte.[8] Auf der Grundlage von Interviews, die Rosenberger mit zeitgenössischen Künstlerinnen und Schriftstellerinnen führte, verfasste die Sängerin Tini Trampler den Text zu einem *Kaffeehauslied (The Coffehouse Song)*. Trampler sang dieses Lied und spielte zudem mehreren Rollen im Video. Als Drehort wählte Rosenberger das Tanzcafé Jenseits in Wien, da es das ehemalige Café Herrenhof. Der hochsuggestive Name Jenseits spielt zudem auch auf die Verblichenen von damals anspielt. Die Künstlerin akzentuierte die Symbolik des Ortes durch zusätzliche Ausstattungselemente, sodass es Trampler mit einer hypnotischen Performance gelang, die Geister der Vergangenheit herbeizurufen.

Café Vienne bietet eine künstlerische Interpretation von Übergangsmomenten und Einblicke in die transnationale Geschichte der österreichisch-amerikanisch-jüdischen Schriftstellerin Gina Kaus. Rosenberger zeichnet die Spuren ihres Lebenswegs nach, ohne dabei einzelne Momente autobiografisch nachzuahmen. Stattdessen stellt sie diese aus ihrem zeitgenössischen Blickwinkel dar, der auf historischen Recherchen und der Zusammenarbeit mit Tini Trampler basiert. Liegt der Schwerpunkt von *Café Vienne* auf Kaus' Arbeit aus den 1920er- und 1930er-Jahren, so geht Rosenberger mit einer ihrer Fotocollagen über dieses Thema hinaus und wagt sich an die Problematik der Rückmigration. Dazu verwendete die Künstlerin ein Zitat von Kaus aus dem Jahr 1948, in dem sie auf ihrer ersten Wienreise nach der Emigration den Verlust der geliebten Wiener Cafés wie das Café Central oder Herrenhof beklagt.

Kaus zog niemals wieder nach Wien zurück, sondern blieb in Los Angeles. Die Frage der Rückmigration findet sich indessen auch in anderen Projekten Rosenbergers wie etwa in *Courage*, in dem sich die Künstlerin 2015 im Auftrag der Wiener Festwochen in die Geschichte der aus Tel Aviv nach Wien zurückgekehrten Theaterregisseurin, Schauspielerin und Chansonsängerin Stella Kadmon vertiefte.

An allen Projekten, in deren Mittelpunkt kreative Jüdinnen stehen, arbeitete Rosenberger mit anderen Künstlerinnen, Sängerinnen und Performerinnen zusammen. Ihr Ziel ist es, vergessene Geschichten sichtbar zu machen und den Geistern der Vergangenheit durch neue Deutungen Leben einzuhauchen. Mit dieser Methode gelang es Rosenberger, biografische Momente im Leben von Kaus, Kraus und Kadmon aus aktuellen Blickwinkeln neu zu beleuchten. Rosenberger verzichtet in ihrer künstlerischen Praxis auf Reenactments, wie diese oft in Dokumentarfilmen üblich sind. Stattdessen stellt sie sich gemeinsam mit anderen Kunstschaffenden biografische Augenblicke vor und lässt damit etwas Neues entstehen. Rosenbergers Kunst baut auf Archivrecherchen und Gesprächen mit Nachfahr*innen, Wissenschaftler*innen und Künstlerkolleg*innen auf. Durch ihre Offenheit für neue künstlerische Zusammenarbeiten gelingt es Rosenberger, faszinierende Erinnerungsbilder über die beeindruckenden und oft vergessenen jüdischen Kunstschaffenden zu kreieren.

Erinnern

Erinnerungen werden gemeinhin durch tagebuchartige Notizen, Fotografien, Filme oder auch durch autobiografische Schriften, die im Nachhinein erstellt werden, festgehalten. Besonders autobiografische Texte enthalten dabei ein Element der Fiktionalisierung, da bisweilen Zeit zwischen dem Ereignis oder Erlebnis und seiner Niederschrift liegt. Darüber hinaus dienen autobiografische Texte auch der Selbstdarstellung, denn letztlich versucht die Autorin*der Autor, das eigene Leben in einem bestimmten Licht erscheinen zu lassen.

Rosenbergers Installationen zu den jüdischen Künstlerinnen beruhen alle auf autobiografischen Texten, Fotos und Interviews. Die Künstlerin weiß sehr genau, dass Autobiografien immer auch repräsentative Geschichten sind, und kontextualisiert sie daher in Zusammenarbeit mit anderen Künstlerinnen. Im Fall von *Café Vienne* war dies Tini Trampler und bei *... das weite Land, woher sie kommt* die Tänzerin Loulou Omer. So gelingt es der Künstlerin, ihre eigene Vorstellungskraft durch weitere künstlerische Perspektiven anzureichern.

Diese kollaborative Form künstlerischer Praxis scheint besonders angebracht in der Arbeit mit Lebensgeschichten, die durch erzwungene Emigration unterbrochen bzw. durch Exilerfahrung zersplittert worden sind. Jede Migration bedeutet, Menschen, Orte und private Geschichten und Erinnerungen hinter sich zu lassen. Das erzwungene Exil hingegen verstärkt den Verlust der eigenen Geschichte noch mehr und ist daher oft mit Traumata verbunden – dem Trauma, überstürzt die Heimat verlassen zu müssen, weil man verfolgt wird, dem Trauma, Familienmitglieder oder Freundinnen*Freunde zurücklassen zu müssen, und oft auch dem Trauma der Fluchterfahrung, bevor man die neue Heimat erreicht.

Rosenberger verbindet das Leben der jüdischen Künstlerinnen mit spezifischen Orten, die für sie bedeutsam waren. In dem Projekt *... das weite Land, woher sie* *kommt* ist dies die immer noch existente Bühne in der Volkshochschule Ottakring, auf der Gertrud Kraus einst tanzte oder Berühmtheiten wie der Architekt Adolf Loos Vorträge hielten. Auf dieser Bühne filmte Rosenberger eine Neuinterpretation eines Tanzstücks von Kraus, die von der zeitgenössischen Tänzerin Loulou Omer umgesetzt wurde. Zusätzlich veranstaltete die Künstlerin Workshops mit jungen Geflüchteten, die gerade Kurse an der Volkshochschule besuchten und Einblicke in ihre Geschichten und Erinnerungen erzwungener oder freiwilliger Emigration gewährten. Durch ihre vielschichtige kollaborative Methode brachte Rosenberger nicht nur ein Stück Geschichte an diese Institution zurück, sondern schrieb diese Geschichte in die momentane Situation der Volkshochschule ein. Wenn die Künstlerin dieses Projekt in Kunstinstitutionen ausstellt, so ergänzt sie das Video jeweils mit Fotografien, Videos und Archivmaterial, aber auch mit den Ergebnissen, Skizzen und Performances aus den Workshops der Volkshochschule.

Für *Café Vienne* schuf Rosenberger im Skirball Cultural Center in Los Angeles ein Setting, in dem das Publikum wie in einem Kaffeehaus auf Thonet-Stil-Sesseln sitzen, Kaffee und Sachertorte genießen und dabei Tini Trampler im Café Jenseits bewundern konnte. Es hatte zudem Gelegenheit, die Bestsellerromane von Gina Kaus durchzublättern oder Fotomontagen über Kaus' Lebensweg und ihre intellektuellen Kreise zu studieren. So gelang es Rosenberger, in einer jüdischen Institution in Los Angeles, in der nicht zuletzt viele Besucher*innen Nachkommen jüdischer Exilant*innen und Emigrant*innen sind und daher einen persönlichen Bezug zu dieser Geschichte haben, das Erbe von Kaus und dem Wiener Kaffeehaus einem neuen Publikum näherzubringen. Bei der Präsentation dieser Arbeit im Rahmen der Charim Events in Wien 2018 bezeichnete der Kurator Kurt Kladler Rosenbergers Kunst als „künstlerische Erinnerungsarbeit", mit der sie Geschichte aus mehreren zeitgenössischen Perspektiven rekonstruiert. Genau durch diese Überschneidung der Imagination von Erinnerungen an andere mit anderen öffnet sich ein Tor für eine vielschichtige Erinnerungsarbeit. Als bildende Künstlerin macht Rosenberger historische Themen ästhetisch insofern erfahrbar, als „Erinnerungsräume auch Erfahrungsräume sein können", wie Kladler es so treffend formulierte.[9]

Während Rosenberger verborgene und vergessene Geschichten erforscht und für sich erschließt, rückt sie viele faszinierende jüdische Denkerinnen und Künstlerinnen erneut in den Blick der Öffentlichkeit. Da sie diese Geschichten auf kollaborative Weise rekonstruiert, ermöglichen ihre Installationen beindruckende ästhetische Erlebnisse, die durch die Aktivierung von Besucher*innen zu vielschichtigen Gedenkstätten werden.

1
Kaus wurde 1893 in Wien geboren und verstarb 1985 in Los Angeles.

2
Gina Kaus, *Von Wien nach Hollywood: Erinnerungen von Gina Kaus*, hg. v. Sibylle Mulot, Frankfurt am Main 1990, S. 235. Diese Autobiografie erschien erstmals 1979 unter dem Titel *Und was für ein Leben … mit Liebe und Literatur, Theater und Film* in Hamburg.

3
Andere autobiografische Erlebnisberichte jüdischer Frauen im Exil in Los Angeles sind: Vicki Baum, *It Was All Quite Different: The Memoirs of Vicki Baum*, New York 1964; Salka Viertel, *The Kindness of Strangers*, New York 1969; Marta Feuchtwanger, *Nur eine Frau: Jahre, Tage, Stunden*. München 1983. Zwar keine Autobiografie, aber ein faszinierender Bericht aus erster Hand über die Exilzeit stammt von Erika und Klaus Mann, *Escape to Life*, Boston 1939. (Das Buch wurde auf Deutsch verfasst, ins Amerikanische übersetzt, in den USA erstveröffentlicht und erst 1991 mit dem Untertitel *Deutsche Kultur im Exil* auf Deutsch nachgereicht).

4
Zu den Theaterstücken von Gina Kaus zählen *Diebe im Haus* (1917), *Der lächerliche Dritte* (1926), *Toni – Eine Schulmädchenkomödie in zehn Bildern* (1927), *Gefängnis ohne Gitter* (1936), zu den Romanen *Der Aufstieg* (1920), *Die Verliebten* (1928), *Die Überfahrt / Luxusdampfer – Roman einer Überfahrt* (1932), *Morgen um Neun* (1932), *Die Schwestern Kleh* (1933), *Der Teufel nebenan* (1939). Als historische Biografie verfasste sie *Katharina die Große* (1935).

5
Zu den auf Kaus' Romanen oder Stücken basierenden Filmen gehören *Luxury Liner* (1933) und *Prison without Bars* (1938). *Conflict* (1938) sowie *Her Sister's Secret* (1946) beruhen beide auf dem Roman *Die Schwestern Kleh* oder, auf Englisch, *Dark Angel*. Zu ihren Filmadaptationen oder Originaldrehbüchern in Hollywood gehören *Blazing Guns* (1943), *The Red Danube* (1949), *All I Desire* (1953) oder *The Robe* (1953). In den 1950er-Jahren arbeitete Kaus vermehrt fürs Fernsehen und als Übersetzerin für deutsche Filmproduktionen.

6
Regina Range, „The City of Angels through the Lens of Female Austrian-Jewish Exile Scriptwriters Vicki Baum, Salka Viertel, and Gina Kaus“, in: The Germanic Review: Literature, Culture, Theory, 95/1 (2020), S. 36. DOI: 1080/00168890.2019.1696509.

7
Doris Berger, *Light & Noir: Exiles and Émigrés in Hollywood, 1933–1950*, Skirball, Los Angeles 2015. Diese Ausstellung einschließlich der Präsentation des *Café Vienne* fand von Oktober 2014 bis März 2015 im Skirball Cultural Center statt. Die Installation sowie ein Interview mit Rosenberger finden sich auf skirball.org/exhibitions/cafe-vienne (10.01.2023).

8
Tini Trampler und Stephan Sperlich bilden den Kern der Wiener Band The Playback Dolls: tinitrampler.com/playbackdolls (10.01.2023). Sie bezeichnen ihre Arbeit als Mischung aus Varieté und elektronischer Musik und spielen das *Kaffeehauslied (The Coffeehouse Song)* daher auch auf ihren Konzerten. Stephan Sperlich und Guenther Berger gehörten zur Band 78plus, die in ihren Songs Beats von Schellackplatten aus den 1920er-Jahren mit elektronischer Musik verbanden.

9
charimgalerie.at/items/uploads/module_pdf/exhib_text_isa_r_english.pdf (10.01.2023).

Jewish Women Artists in Exile

Isa Rosenberger's Process of Learning & Imagining & Memorialising

Doris Berger

The work of Jewish women artists who were forced to emigrate from Austria after the Anschluss to Nazi-Germany in 1938 has made up a large part of Isa Rosenberger's projects in the past few years. It has taken Rosenberger on journeys to Los Angeles, Tel Aviv, and back to Vienna as she researched and imagined the lives of these women in exile, looking at their artistic achievements, the historical contexts and the gender politics at play.

Rosenberger's projects present moments in the lives of best-selling novelist and screenwriter Gina Kaus from Vienna to Los Angeles in *Café Vienne … full of spirits so free* (2014), of dancer and choreographer Gertrud Kraus from Vienna to Tel Aviv in *… the vast land from which she comes* (2019) and of theatre director, actress and chansonnière Stella Kadmon from Tel Aviv back to Vienna in *Courage* (2015).

In the three projects these Austrian-Jewish women artists, whose works are largely forgotten today, are re-introduced to a new audience through archival findings plus – and this is key – new contemporary interpretations, which Rosenberger develops collaboratively with other artists and scholars. Rosenberger presents aspects of their work alongside their journeys of emigration as it shaped not just their lives but also their careers and posthumous receptions.

When Gina Kaus[1] reflects on her experience of emigrating to the United States, she highlights the exile experience as a unifying one, independent of where people came from and where they went. Leaving one's country is never easy, but being forced to leave one's country, often without any possibility for return in sight, adds an emotional toll that goes far beyond all forms of voluntary emigration.

> 'What unites us emigrants, what unconsciously connects us, is the shared experience: The major disruption. We all had to relearn and reorient ourselves in the middle of our lives, we had to start all over again. … I believe that most of us are not aware that we are connected with each other in an unspoken, unspeakable way.'[2]

Learning

Women were affected in even deeper ways than men, as a new start in a new world was often not equal for different genders. Additionally, many women took care of their husbands, partners, parents and/or children during this process of having to rebuild a home and a career in a new world. The challenge of finding one's place as an artist and as the head of a family forms part of Kaus's autobiography, as well as other women's first-person accounts of their experiences in exile.[3]

A novelist, journalist, and screenwriter, Gina Kaus successfully published and worked in Vienna and Berlin[4] before she emigrated in 1938 via Zurich, Paris and New York to Los Angeles. Once in Los Angeles, she was able to connect with other Jewish émigré writers such as Salka Viertel and Vicki Baum, who all established themselves as screenwriters by finding employment in Hollywood film studios.[5] Although Kaus was able to make a living in her new environment, her work as a screenwriter in the United States is largely forgotten today. Literary scholar Regina Range points out that they all shared a similar trajectory as Jewish women from the Habsburg Empire, who experienced anti-Semitism as well as gender discrimination:

> 'All, too, experienced forms of gendered marginalization: Kaus and Baum as female writers in the Viennese and Berlin literary circles and book markets, Viertel as an actress. Nonetheless, all continued to fight for recognition in their respective male-dominated fields and to express their concern for gender inequality and reproductive rights, social injustice, access to education […] . Exile did not end their marginalization but nonetheless presented them with new ways to challenge dominant discourses and provided new venues for political activism. Overcoming the challenges of writing in a new language, unfamiliar medium, and new genres, Baum, Viertel, and Kaus continued their fight for recognition, critiquing the society in which they now lived and worked.'[6]

To (re)discover the works of Jewish women artists and to acknowledge their creativity, flexibility and resilience is important transnational legacy work that can have many shapes and formats, from art projects to scholarly texts to exhibitions or movies.

Imagining

Isa Rosenberger developed the project *Café Vienne … full of spirits so free* (2014) for the Skirball Cultural Center in Los Angeles, where I invited her to create a new installation concurrent with an exhibition about exiles and émigrés in Hollywood during the 1930s and 40s that I curated there.[7] I wanted to extend the historical approach of *Light & Noir* that featured material culture from cinema history with a new art installation in the public lobby of the Museum. As Rosenberger has worked on women's biographies before, I knew she would be perfect for a project like this. I gave her Gina Kaus's autobiography *Von Wien nach Hollywood* and asked if her life story would spark her interest. And it sure did! Inspired by Gina Kaus's enormous resilience and her way of finding strategies to express creativity even in economically challenging circumstances, Rosenberger saw a parallel to her own experience as an artist. Kaus wrote unsolicited as well as commissioned texts, trying to stay true to her beliefs and aesthetic preferences – this also resonated with Rosenberger, who sees commissions as part of her artistic practice. Rosenberger proposed that she create a multi-faceted installation placing the life and work of Gina Kaus in a Viennese coffee house setting. I was delighted, as this would combine two important aspects: the discovery of a forgotten Jewish woman writer, together with an acknowledgment of the important cultural heritage of the Viennese coffee house (Café). The coffee house played an important role both for Jewish intellectuals and also for women in the early 20th century. A Café was a shared place, a place for debate, networking and inspiration in their quest for political and artistic recognition. As a public space outside of the private sphere, it was particularly significant for women as it helped them gain visibility and recognition in the public sphere.

To unearth the work of Gina Kaus through a contemporary artistic lens and to combine it with a story about the significance of the Viennese coffee house was a new and different approach. At the Skirball, Rosenberger created a spatial setting reminiscent of a *Kaffeehaus*. She included original Kaus novels in their English translation and made photo collages that traced the specific historical and cultural contexts, such as the role of coffee houses for Viennese intellectual circles, the book burnings and repercussions against Jews in the early 1930s, or the experience of exile from Kaus's perspective. The main piece in this installation was a music video in which Rosenberger pays homage to the 'Wiener Lieder', often satirical in tone and commenting on social issues of the time. The artist collaborated with Viennese composers Tini Trampler, Stephan Sperlich and Guenther Berger to create a contemporary soundtrack based on recordings from the 1920s.[8] Singer Tini Trampler wrote the lyrics for 'The Coffeehouse Song' (based on interviews conducted by Rosenberger with contemporary women artists and writers) and performed the song in the video shot at Tanzcafé Jenseits in Vienna, in which she took on different personas. Since Café Herrenhof no longer exists as it was, Rosenberger chose Tanzcafé Jenseits as the location for the video, which translates as 'Dance Café Hereafter,' a highly symbolic place evoking ghostlike associations. Infused with Rosenberger's set decoration, the symbolic nature of this location helped Trampler's hypnotic performance call upon the spirits of the past.

Café Vienne offers an artistic interpretation of transitional moments and insights into a transnational history of the Austrian-American-Jewish writer Gina Kaus. Rosenberger created traces of Kaus's journey without re-enacting moments of her autobiography but by imagining them through her contemporary lens, rooted in historical research as well as the collaboration with Tiny Trampler. While the focus in *Café Vienne* is on Kaus's work in the 1920s and 1930s, Rosenberger hinted at another topic in one of her photo collages: the challenges of re-immigration. Rosenberger adds a quote by Kaus from 1948, where she mourns the loss of her beloved Viennese coffee houses such as Café Central and Café Herrenhof, during her first visit to Vienna after her emigration. Kaus would not return to live in Vienna and spent the rest of her life in Los Angeles. However, the question of re-immigration is part of other projects by Rosenberger, such as in *Courage,* in which the artist digs deeper into the story of the theatre director, actress and chansonnière Stella Kadmon, who re-immigrated from Tel Aviv to Vienna. Rosenberger was commissioned to develop the project in 2015 for the Wiener Festwochen.

In these projects that have creative Jewish women at their centre, Rosenberger works with contemporary women artists, singers, and performers to revive forgotten stories by bringing back the spirits of the past through new interpretations. This approach allows Rosenberger to re-imagine biographical moments in the lives of Kaus, Kraus and Kadmon through multiple contemporary perspectives. It is crucial to Rosenberger's artistic practices that she does not rely on re-enactments like many documentary filmmakers, but rather collaboratively re-imagines moments of a life story and allows something new to develop in the process. Rosenberger's own practice is rooted in archival research as well as in conversations with descendants, scholars and other artists. It is through her openness to new artist collaborations that Rosenberger creates mesmerising visual memories of these impressive and forgotten Jewish women.

Memorialising

Memories are created through diaristic notes, photographs or films documenting moments in the life of a person or autobiographical writings retrospectively remembering a life lived. Autobiographical texts, in particular, include a level of fictionalisation, since a period of time lies between an event or an experience and the actual writing of the stories. In addition, autobiographical texts are also a mode of representation, as the writer is trying to present his/her/their life in a certain light.

Autobiographical texts, archival documents, photographs and interviews all form the basis of Rosenberger's installations on Jewish women artists. She is well aware of the representational nature of autobiographies and creates a framework for presenting these histories by collaborating with other artists, such as Tini Trampler for *Café Vienne*, or dancer Loulou Omer for *… the vast land from which she comes* to enrich her own imagination with yet other artistic minds.

Rosenberger's collaborative art practice seems particularly appropriate when working on lives that were interrupted by forced emigration and fragmented by living in exile. Any migratory movement includes leaving people, places, personal histories and memories behind, but a migration that forces people into exile further heightens the loss of one's history and often includes traumatic experiences: The trauma of having to leave one's home in a hurry while being persecuted, the trauma of having to leave family members or friends behind, and often a traumatic journey before reaching the new homeland.

Rosenberger connects the lives of these Jewish women artists to specific places that carry meaning for them. In *the vast land from which she comes,* it is the stage at the Volkshochschule Ottakring, where Gertrud Kraus and other luminaries such as Adolph Loos once danced or lectured, and which still exists. Rosenberger filmed a new interpretation of a piece by Kraus, performed by contemporary dancer Loulou Omer on the actual stage where Kraus once danced. In addition, Rosenberger organised workshops with young migrants who were currently attending this particular Volkshochschule, bringing stories and memories of forced and voluntary migration to the surface. Through this multifaceted collaborative strategy, Rosenberger not only brought back a history to an institution but also worked with contemporary relevant histories and embedded them into this historic place. When Rosenberger exhibits the work in an art institution, she shows photographs, videos, archive materials, along with workshop results, sketches and performances from the Volkshochschule.

In *Café Vienne* she created a setting reminiscent of a coffee house at the Skirball Cultural Center in Los Angeles, where visitors could sit in Thonet-style *Kaffeehaus* chairs and enjoy Sachertorte and coffee while watching a musical performance by Tini Trampler shot at Café Jenseits in Vienna, leafing through copies of her bestselling novels, or looking at photo montages presenting Gina Kaus's intellectual circles and trajectory. She brought a greater awareness of Kaus's legacy as well as the one of the Viennese coffee houses to a contemporary audience in a Jewish institution in Los Angeles, where many visitors were descendants of Jewish exiles and émigrés and related to these histories in personal ways. When Rosenberger showed this work at Charim Events in Vienna in 2018, curator Kurt Kladler called her practice an 'artistic memory work' in which she reconstructs histories from multiple contemporary perspectives. It is exactly in that intersection of imagining the memories of others with others that the gate is opened for a multifaceted process of memorialisation. As a visual artist, Rosenberger creates aesthetic experiences of historical topics, offering 'that spaces of memory could also be spaces of experience,' as Kladler insightfully put it.[9]

While Rosenberger is researching and learning from these hidden and forgotten histories, she creates new visibilities that bring the many impressive Jewish women intellectuals and artists to new public attention. As Rosenberger collaboratively reconstructs and re-imagines these histories, she creates striking aesthetic experiences in her installations that become multi-dimensional memorials activated by contemporary audiences.

1
Kaus was born in 1893 in Vienna and died in 1985 in Los Angeles.

2
Gina Kaus. *Von Wien nach Hollywood: Erinnerung von Gina Kaus*. Frankfurt/Main: Suhrkamp, 1990, p. 235. Kaus's autobiography was first published as *Und was für ein Leben ... mit Liebe und Literatur, Theater und Film*. Hamburg 1979. The original language of this quote is German, since this book has not been published in English: 'Was uns Emigranten einigt, uns unbewußt verbindet, ist das gemeinsame Erlebnis. Der große Bruch. Daß wir all in der Mitte unseres Lebens umlernen, neu anfangen mußten. ... Ich glaube, den wenigsten von uns ist bewußt, daß wir auf unausgesprochene, unaussprechliche Weise miteinander verbunden sind.'

3
Other first-person accounts of Jewish women exile experiences in Los Angeles are the autobiographies: Vicki Baum. *It Was All Quite Different. The Memoirs of Vicki Baum*, New York 1964; Salka Viertel. *The Kindness of Strangers*, New York 1969; or Marta Feuchtwanger. *Nur eine Frau: Jahre, Tage, Stunden*. Munich 1983. Not an autobiography but a fascinating first-voice account during exile is the book: Erika and Klaus Mann: *Escape to Life*, Boston 1939 (this book was written in German, translated and published in the US in 1939, and only published in German for the first time in 1991).

4
Selected stage plays by Gina Kaus: *Diebe im Haus* (1917), *Der lächerliche Dritte* (1926), *Toni – Eine Schulmädchenkomödie in zehn Bildern* (1927), *Gefängnis ohne Gitter* (Prison Without Bars) (1936); Selected novels: *Der Aufstieg* (*The Rise*) (1920), *Die Verliebten* (*The Lovers*) (1928), *Die Überfahrt / Luxusdampfer – Roman einer Überfahrt (Luxury Liner)* (1932), *Morgen um Neun* (*Tomorrow We Part*) (1932), *Die Schwestern Kleh* (*Dark Angel*) (1933), *Der Teufel nebenan* (1939), as well as the historic book: *Katharina die Große* (Catherine: The Portrait of an Empress) (1935).

5
Selected films that were adapted from Kaus's novels or stageplays: *Luxury Liner* (1933), *Prison Without Bars* (1938), *Conflict* (1938) and *Her Sister's Secret* (1946) were both based on her novel *Die Schwestern Kleh* or *Dark Angel* in English. Selected films that Kaus wrote an adaptation or as original screenplay in Hollywood: *Blazing Guns* (1943), *The Red Danube* (1949), *All I Desire* (1953), *The Robe* (1953). In the 1950s, she worked more on TV productions as well as on translations for German film productions.

6
Regina Range, 'The City of Angels through the Lens of Female Austrian-Jewish Exile Scriptwriters Vicki Baum, Salka Viertel, and Gina Kaus,' in: *The Germanic Review: Literature, Culture, Theory*, 95:1, 2020, p. 36. DOI: 10.1080/00168890.2019.1696509.

7
Doris Berger, *Light & Noir: Exiles and Émigrés in Hollywood, 1933-1950*, Skirball: Los Angeles, 2015. This exhibition including the exhibition of *Café Vienne* ran concurrently at the Skirball Cultural Center from October 2014 to March 2015. See *Café Vienne* installation and interview with Rosenberger: https://www.skirball.org/exhibitions/cafe-vienne

8
Tiny Trampler and Stephan Sperlich are the core part of the Viennese band The Playback Dolls. https://www.tinitrampler.com/playbackdolls They describe themselves as a mix of vaudeville and electronic and also perform 'The Coffeehouse Song' at their own concerts. Stephan Sperlich and Guenther Berger were part of the band 78plus, where they created new songs combining beats from shellac records of the 1920s with electronic music.

9
https://www.charimgalerie.at/items/uploads/module_pdf/exhib_text_isa_r_english.pdf

Café Vienne ... full of spirits so free

2014/18

Full-HD-Video
17 min
Deutsch mit englischen Untertiteln

Sängerin und Schaupielerin: Tini Trampler
Kamera: Reinhard Mayr
Idee, Realisation und Schnitt: Isa Rosenberger

The Coffeehouse Song by Playbackdolls – Tini Trampler / Stephan Sperlich
Songtext, Gesang, Stimme von Gina Kaus: Tini Trampler
Theremin, Cello, Sounddesign / Tontechnik: Stephan Sperlich
Forschung und Collage zur Musik der 1920er-Jahre von 78plus: Günther Berger

Vienna Circles, 3 Fotocollagen, je 52 × 52 cm

Im Auftrag des Skirball Cultural Centers, Los Angeles, Kuratorin: Doris Berger

Café Vienne entstand 2014 als Auftragsarbeit für das Skirball Cultural Center in Los Angeles – mit der kuratorischen Einladung an Isa Rosenberger, eine künstlerisch-installative Arbeit für das dortige Kaffeehaus zu entwickeln.

Full-HD-Video
17 min
German with English subtitles

Singer and actor: Tini Trampler
Camera: Reinhard Mayr
Concept, realisation and editing: Isa Rosenberger

The Coffeehouse Song by Playbackdolls – Tini Trampler / Stephan Sperlich
Lyrics, vocals, voice of Gina Kaus: Tini Trampler
Theremin, cello, sound design / sound engineering: Stephan Sperlich
Research and collage on the music of the 1920s by 78plus: Günther Berger

Vienna Circles, 3 photo collages, each 52 × 52 cm

Commissioned by the Skirball Cultural Center, Los Angeles, curator: Doris Berger

Café Vienne was created in 2014 as a commissioned work for the Skirball Cultural Center in Los Angeles – with an invitation from the curator for Isa Rosenberger to develop an art installation work for the coffee house there.

Ausgangspunkt für die Auftragsarbeit war das Leben von Gina Kaus, die in der Zwischenkriegszeit in Wien als emanzipierte Schriftstellerin, Publizistin und „queen of the coffee house" bekannt war und – nachdem sie als Jüdin 1939 emigrieren musste – erfolgreich als Drehbuchautorin und Übersetzerin in Hollywood arbeitete. Isa Rosenberger nähert sich Kaus' vergessener Biografie auf verschiedenen Ebenen an, besonders inspiriert von deren Fähigkeit, sich an schwierige Lebenssituationen anzupassen und sich kreativ und selbstbestimmt immer wieder neu zu erfinden. In Rosenbergers Videocollage performt die von ihr beauftragte Sängerin Tini Trampler, die nicht nur an Kaus' Biografie erinnert, sondern auch historische Zusammenhänge und bis heute aktuelle Genderpolitiken nachzeichnet. Basierend auf Gesprächen, die Isa Rosenberger mit zeitgenössischen weiblichen Kulturschaffenden führte, interpretiert Trampler zudem das Wienerlied der 1920er-Jahre neu, zeitgenössisch übersetzt mit Stephan Sperlich und Günther Berger und inszeniert im Rahmen eines Wiener Kaffeehauses. Drehort war das Tanzcafé Jenseits in Wien. Über diesen räumlich-assoziativen Rahmen erinnert sie gleichzeitig an die bedeutende kulturelle Rolle der Wiener Kaffeehäuser als frühe diskursive, inspirative und vernetzende Plattformen für Feministinnen. *Das Kaffeehaus ist der Raum, die Melange, die Freiheit und der Schaum.* In diesem Kontext performt Tini Trampler den *Coffeehouse Song*, der auch von Anpassungsleistungen an neue Verhältnisse spricht. Das mehrfache Wechseln von Tramplers Perücke, die im Video in verschiedene Rollen schlüpft und diverse „Geister der Vergangenheit" evoziert, unterstreicht dies.

Gewidmet Gina Kaus
Dedicated to Gina Kaus

The starting point for the commissioned work was the life of Gina Kaus, who was known as an emancipated writer, publicist and 'queen of the coffee house' in Vienna between the wars and – after she was forced as a Jew to emigrate in 1939 – worked successfully as a screenwriter and translator in Hollywood. Isa Rosenberger approaches Kaus's forgotten biography on various levels, particularly inspired by her capacity to adapt to difficult life situations and to reinvent herself over and again in a creative, self-determined way. Rosenberger's video collage features a performance by singer Tini Trampler, who not only recalls Kaus's biography but also traces historical contexts and gender politics that remain relevant to this day. Based on Isa Rosenberger's conversations with contemporary female cultural workers, Trampler also reinterprets the Viennese song of the 1920s in a contemporary version with Stephan Sperlich and Günther Berger and staged in the setting of a Viennese coffee house. The filming location was the Tanzcafé Jenseits in Vienna. Through this spatially associative context, it simultaneously serves to recall the important cultural role of Viennese coffee houses as early discursive, inspirational and networking platforms for feminists. *The coffeehouse gives you space to dream: a melange, freedom, froth and steam*. In this context, Tini Trampler performs the *Coffeehouse Song*, which also speaks of processes for adapting to new circumstances. This is emphasised by Trampler repeatedly changing wigs, so slipping into different roles in the video and evoking various 'ghosts of the past'.

Dass diese Frauen so mutig waren sich zu wehren, sich neu zu definieren. Diese Leistung, die künstlerische Ausdruckskraft, das Unverblümte, dieses Anarchistische. Es war Rebellion, und die beeinflusst uns bis heute in der Mode, den Räumen, den Bildern, und es tut einem leid, dass so viel und so viele vergessen wurden.

(Aus einem Kaffeehaus-Gespräch mit Tini Trampler, Sängerin und Poetin, 2014)

Die Arbeiter-Zeitung druckte einen langen Roman von mir: Die Front des Lebens, und ich saß mit Karl Kraus und einigen seiner Jünger im Kaffeehaus, als er gerade die ersteFortsetzung gelesen hatte. Sie begann mit den Worten: »Der alte Stiasny gähnte.« Kraus behauptete, das sei der beste Anfang, den er je gelesen hätte.

(Gina Kaus, 1979)

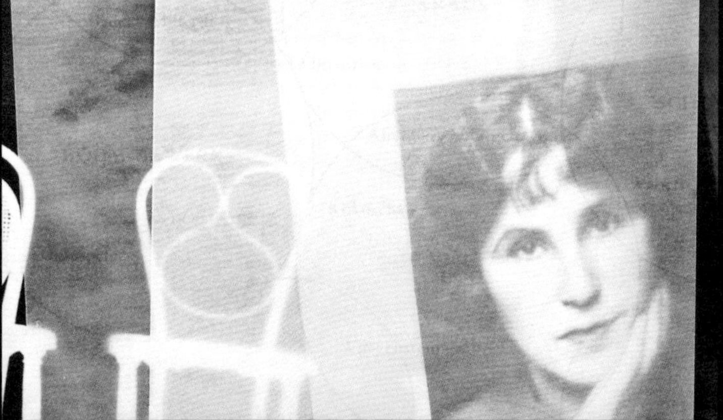

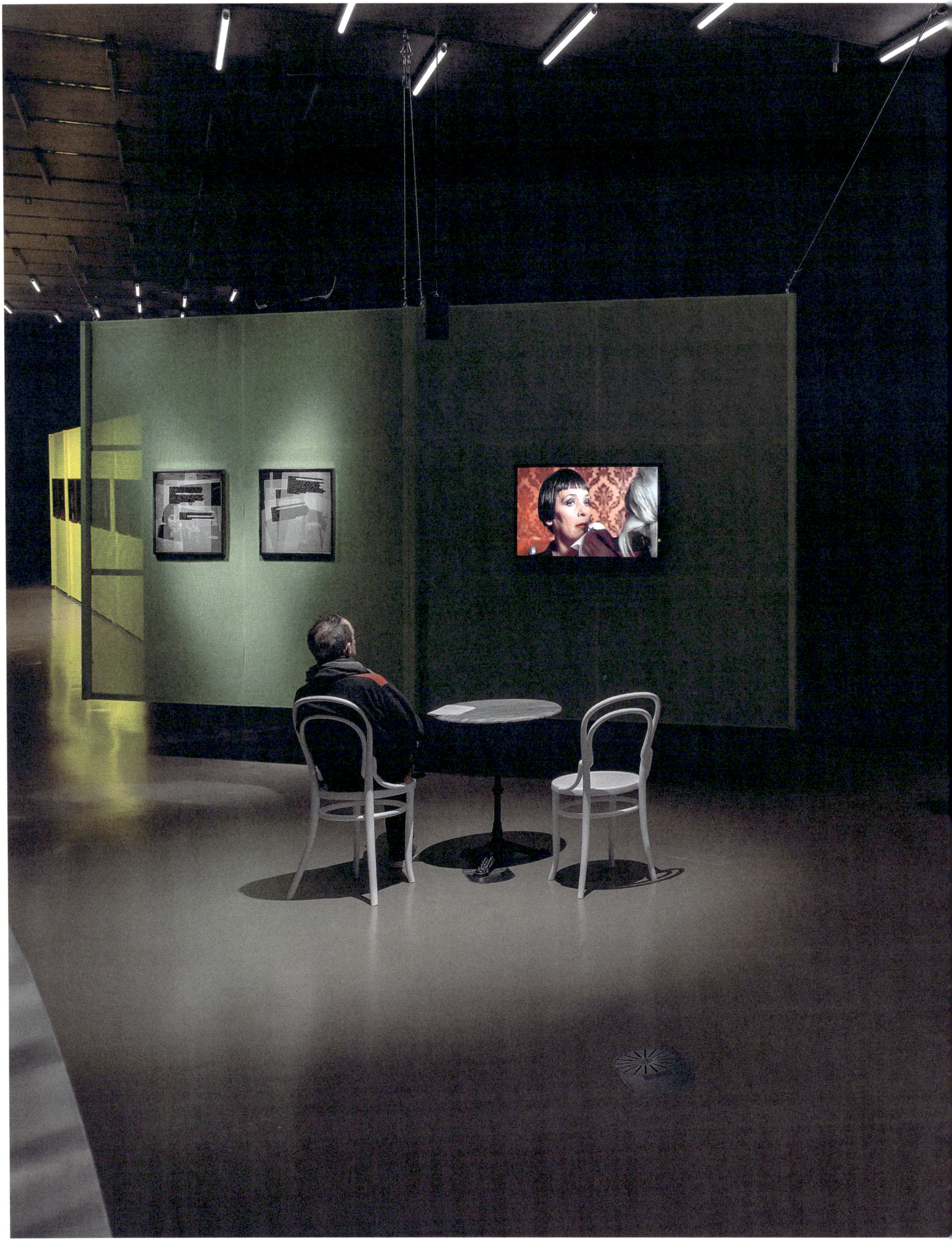

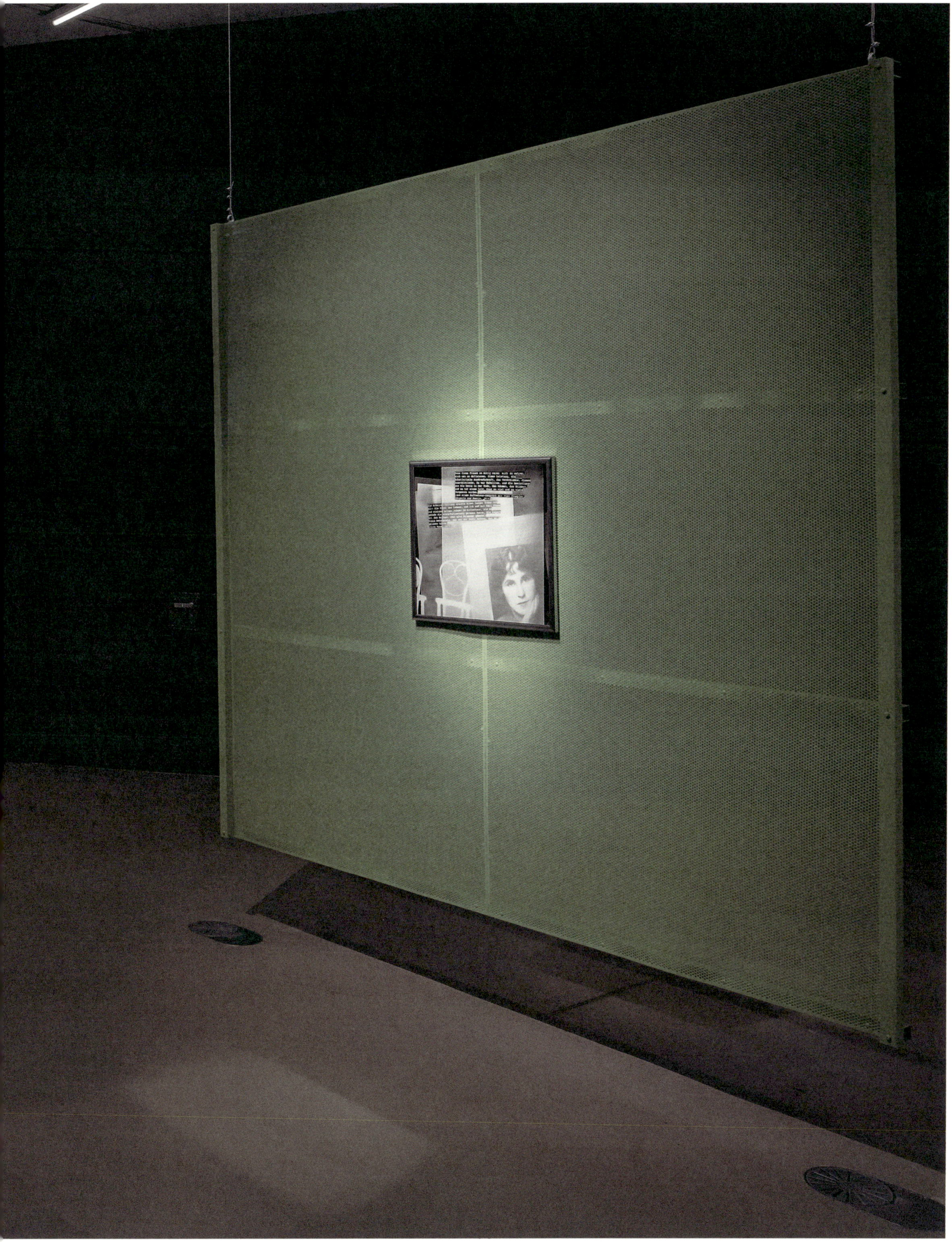

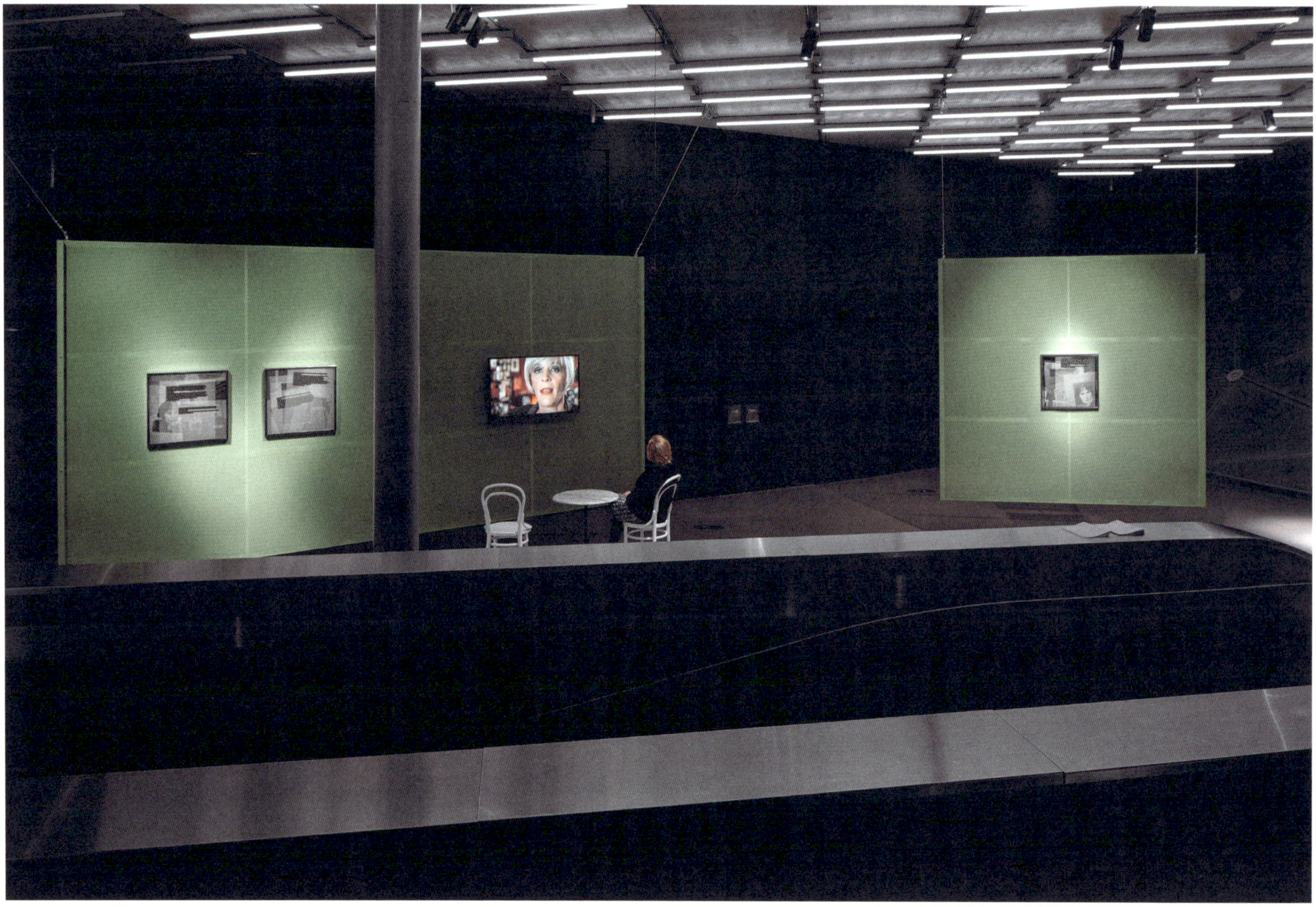

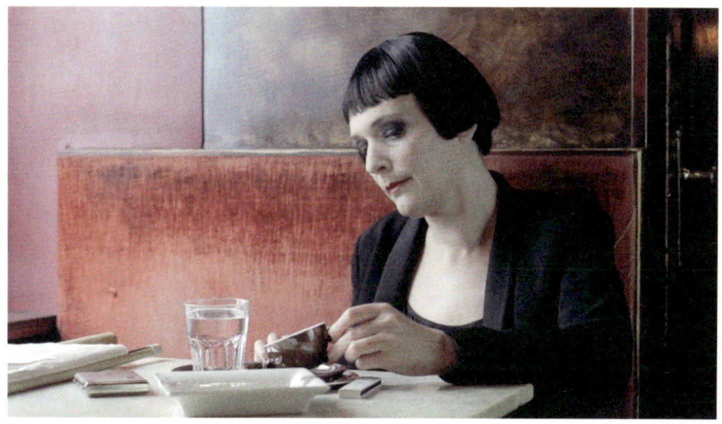

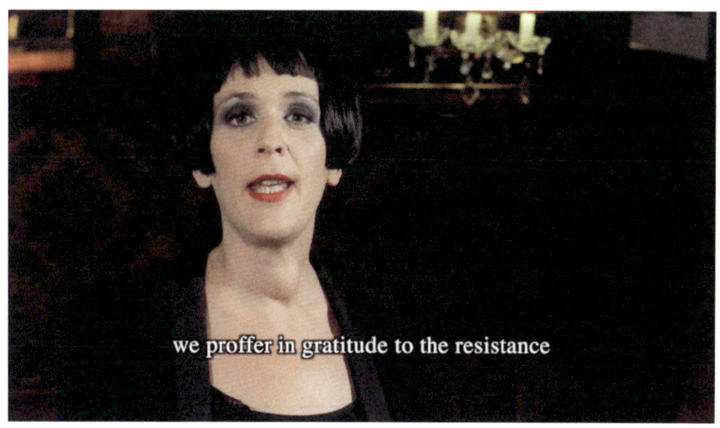

Videostills
Video stills

Videostills
Video stills

Café Vienne … full of spirits so free, Ausstellungsansicht, Charim Events, Wien, 2018
Café Vienne … full of spirits so free, Exhibition view, Charim Events, Vienna, 2018

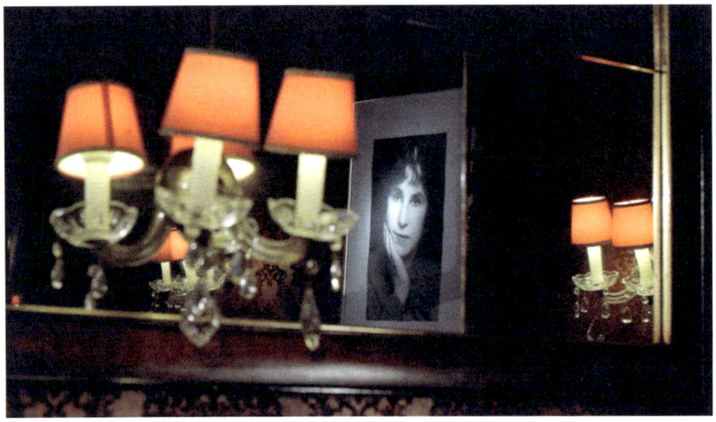

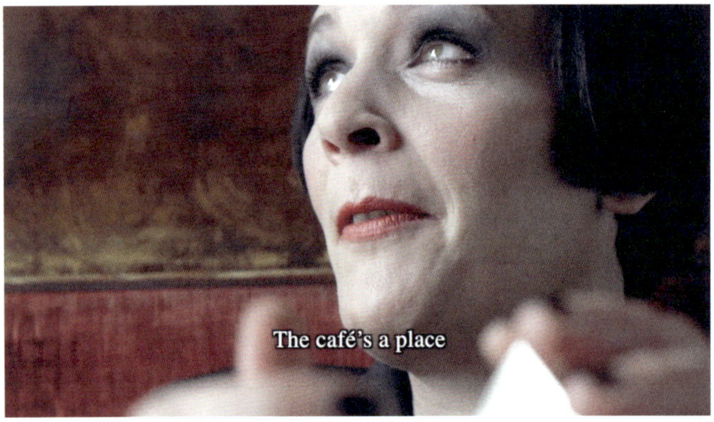

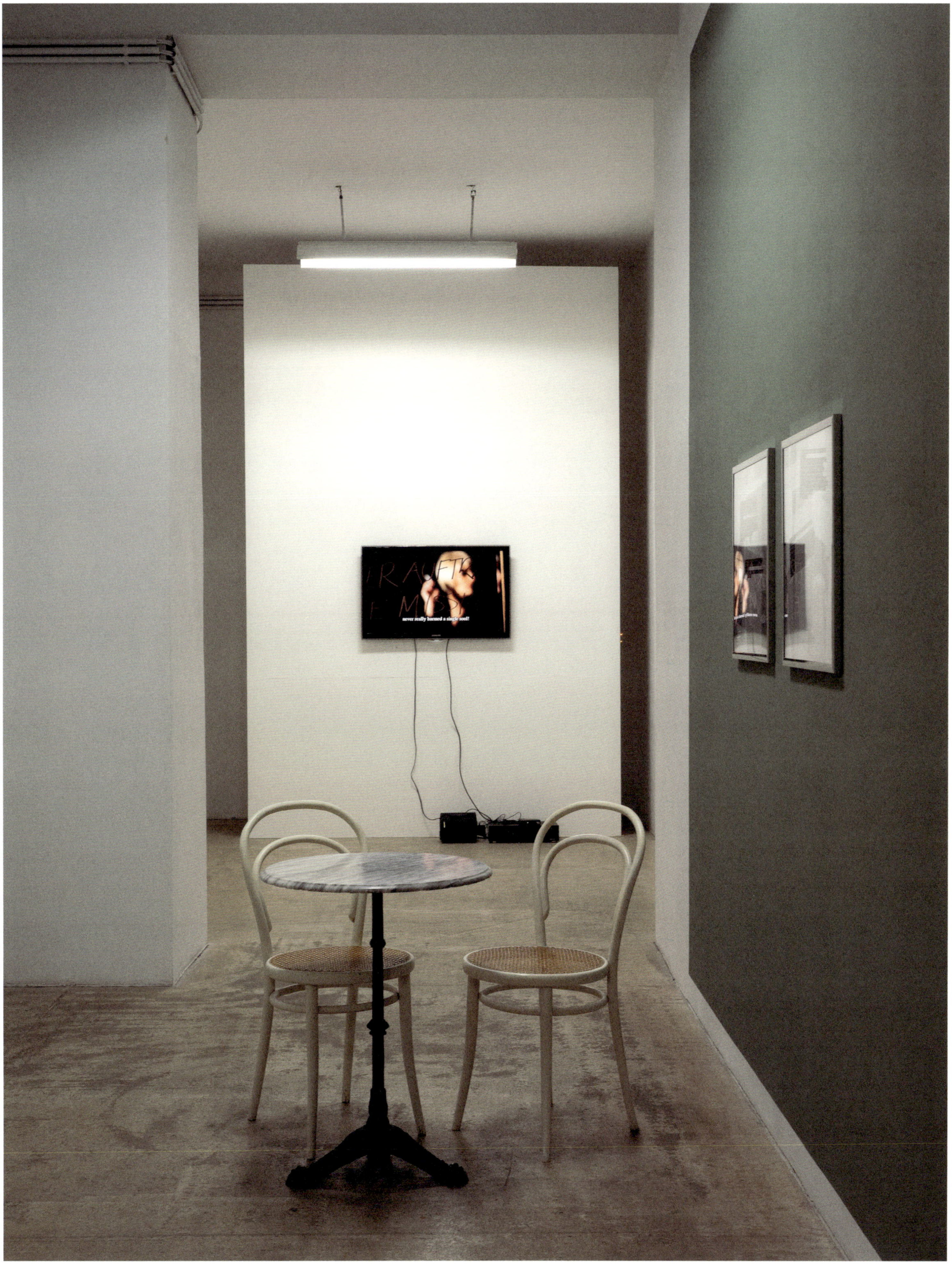
never really harmed a single soul!

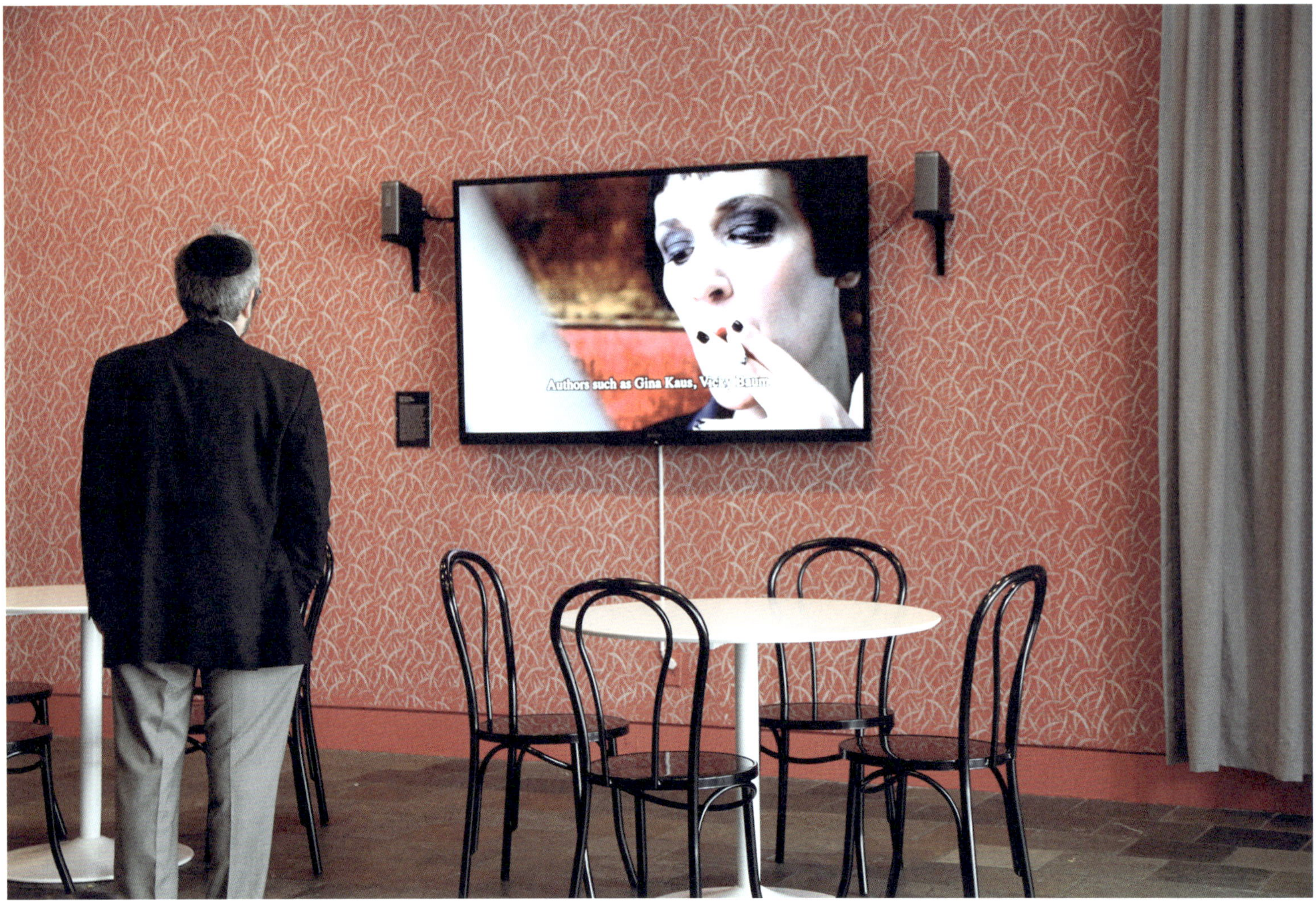

Café Vienne, Ausstellungs-
ansicht, Skirball Cultural Center,
Los Angeles, 2014
Café Vienne, Exhibition view,
Skirball Cultural Center,
Los Angeles, 2014

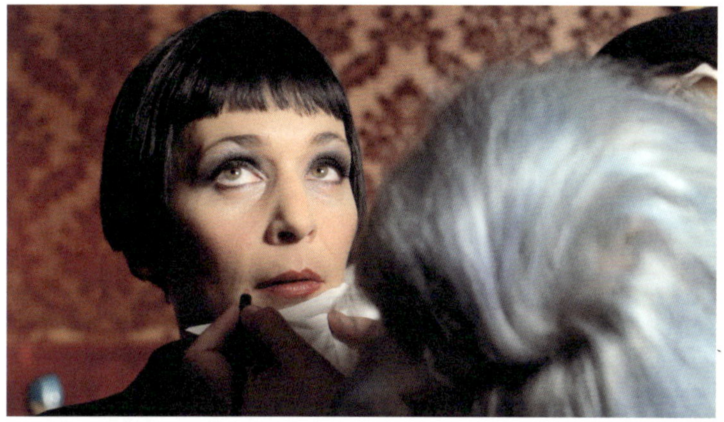

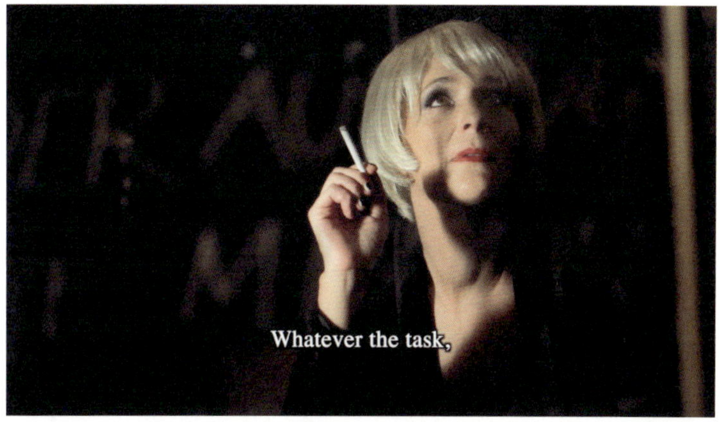

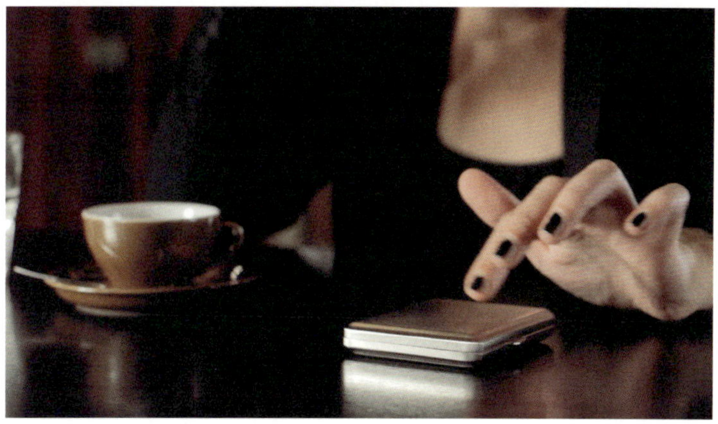

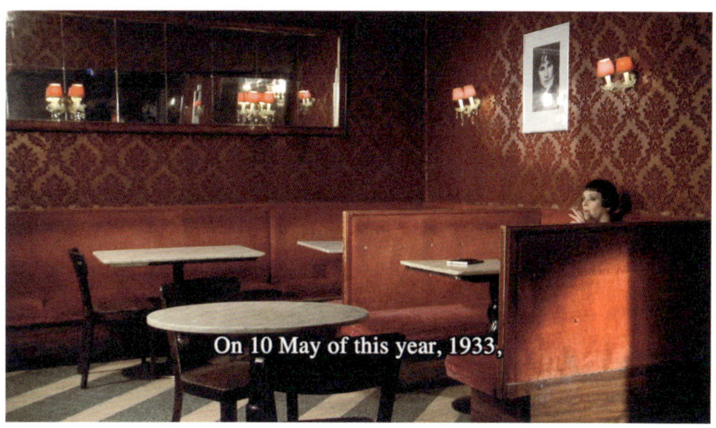

Videostills
Video stills

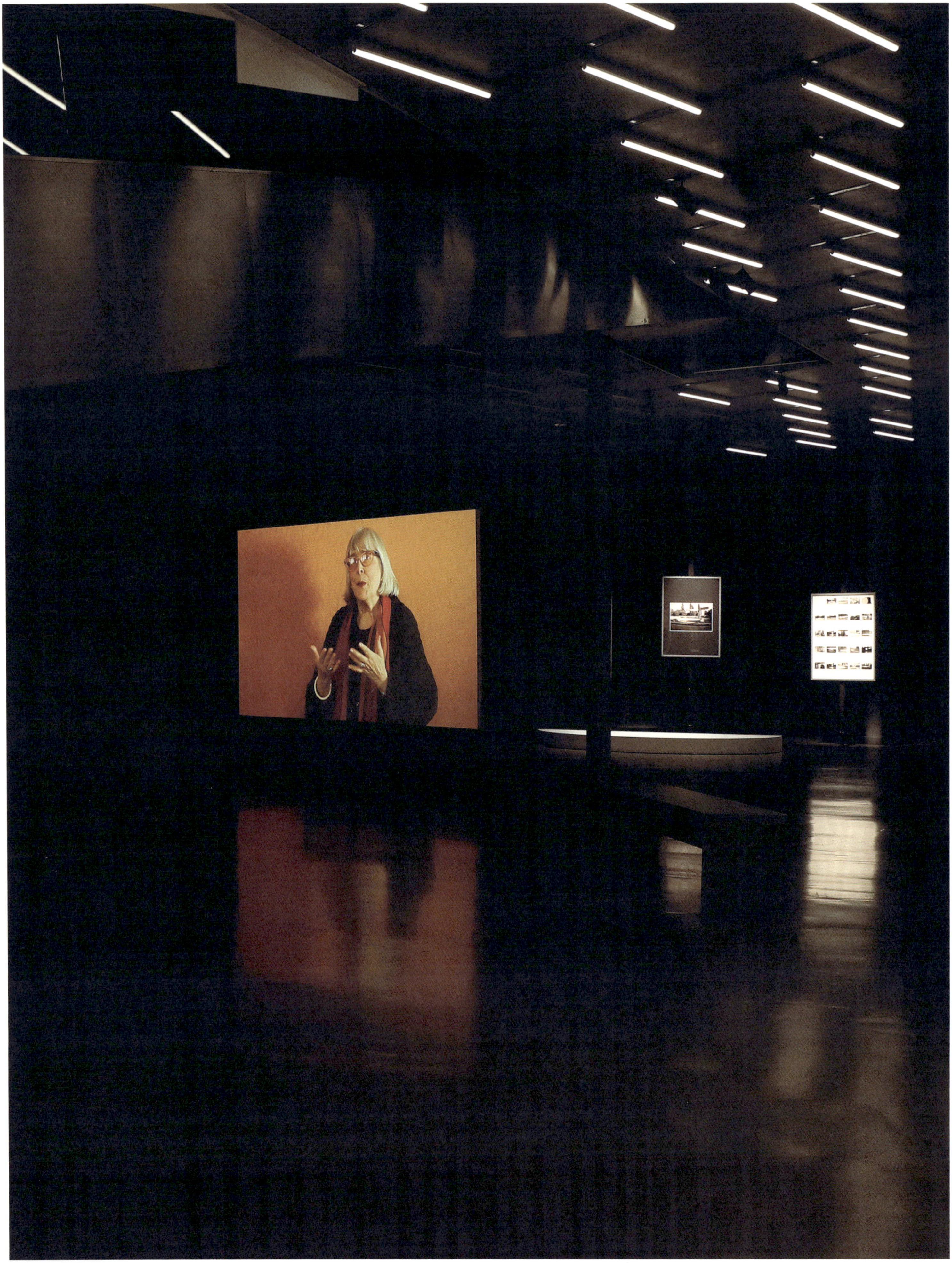

Courage

2015

Full-HD-Video
20:44 min
© 2015
Deutsch mit englischen Untertiteln

Mit Emmy Werner
Kamera: Reinhard Mayr
Ton: Stefan Voglsinger
Idee, Realisation und Schnitt: Isa Rosenberger
Musik: Ernst Krenek, Larghetto aus *Echos aus Österreich*, Op. 166 (1958) © Broude Brothers Limited, mit freundlicher Genehmigung des Verlages
Klavier: Stanislav Khristenko, aus: Ernst Krenek Piano Works, OC 422 (2012) © OehmsClassics Musikproduktion GmbH

Realisiert im Rahmen von *Hotel Metropole. Der Erinnerung eine Zukunft geben*, Into the City Wiener Festwochen 2015

Full-HD-Video
20:44 min
© 2015
German with English subtitles

With Emmy Werner
Camera: Reinhard Mayr
Sound: Stefan Voglsinger
Concept, realisation and editing: Isa Rosenberger
Music: Ernst Krenek, Larghetto from *Echoes from Austria*, Op. 166 (1958) © Broude Brothers Limited, with kind permission of the publisher
Piano: Stanislav Khristenko, from: Ernst Krenek Piano Works, OC 422 (2012) © OehmsClassics Musikproduktion GmbH

Realised within the framework of *Hotel Metropole. Der Erinnerung eine Zukunft geben*, Into the City, Wiener Festwochen 2015

Courage ist eine sehr persönliche filmische Annäherung an Stella Kadmon, Pionierin der Wiener Theaterszene und des politischen Theaters der Zwischen- und Nachkriegszeit, die schon damals engagiert für ein gleichberechtigtes und offenes Theater eintrat. Sie gründete 1931 im Keller eines Kaffeehauses das erste politische Kabaretttheater Wiens – Der liebe Augustin, dessen Programm zwischen politischer Provokation und Unterhaltung changierte –, bis sie 1938 als Jüdin gezwungen war, zu emigrieren. Nach ihrer Rückkehr aus dem Exil nach Wien gründete sie 1948 das Theater der Courage – von 1960 bis 1981 am Franz-Josefs-Kai –, ein dezidiert antifaschistisches, antirassistisches und pazifistisch-humanistisches Avantgardetheater.
In *Courage* begibt sich Emmy Werner, Schauspielerin, Regisseurin und langjährige Direktorin des Wiener Volkstheaters, für und mit Isa Rosenberger auf eine persönliche Spurensuche. Emmy Werner spielte lange selbst im Theater der Courage, bis sie dieses ab 1979 gemeinsam mit Stella Kadmon leitete. Auf der noch bestehenden Bühne des Theaters (heute: Komödie am Kai) erinnert sie sich – unterstützt durch Fotos und Gegenstände aus dem persönlichen Archiv – an Momente aus Kadmons Karriere und Privatleben und vergegenwärtigt uns diese stellenweise performativ. Gleichzeitig zeichnet sie ein Erinnerungsbild der österreichischen Nachkriegsgesellschaft nach, die von Rassismus und offenem Antisemitismus gezeichnet war.

Courage entstand als Auftragsarbeit für das Ausstellungsprojekt *Hotel Metropole. Der Erinnerung eine Zukunft geben* im Rahmen von Into the City der Wiener Festwochen 2015, das kuratierte Beiträge österreichischer und internationaler Künstler*innen zu Erinnerungskultur und Geschichtspolitik ausstellte. Das Hotel Metropol am Schwedenplatz in Wien, „einmal eines der besten Häuser" der Stadt, wurde 1938 von den Nationalsozialisten beschlagnahmt und als Gestapo-Leitstelle genutzt.

Gewidmet Stella Kadmon
und dem Theater der Courage
Dedicated to Stella Kadmon
and the Theater der Courage

Courage is a very personal cinematic approach to Stella Kadmon, pioneer of the Viennese theatre scene and political theatre of the interwar and post-war period, who even at that time was a committed advocate of equal and open theatre. She founded Vienna's first political cabaret theatre in the basement of a coffee house in 1931 – Der liebe Augustin, whose programme hovered between political provocation and entertainment – until as a Jew she was forced to emigrate in 1938. Following her return from exile to Vienna, in 1948 she founded the Theater der Courage – from 1960 to 1981 located on Franz-Josefs-Kai – a decidedly anti-fascist, anti-racist and pacifist-humanist avant-garde theatre. In *Courage*, the actor, director and long-time manager of the Vienna Volkstheater Emmy Werner joins Isa Rosenberger on a personal search for traces. Emmy Werner was an actor at the Theater der Courage herself for a long time, later running it with Stella Kadmon from 1979. On the surviving stage of the theatre (today Komödie am Kai) she remembers – helped by photos and objects from the personal archive – moments from Kadmon's career and private life and in places visualises these for us as a performance. At the same time, she traces a memory of post-war Austrian society, which was marked by racism and open anti-Semitism.

Courage was commissioned for the exhibition project *Hotel Metropole. Der Erinnerung eine Zukunft geben,* Into the City, as part of the Wiener Festwochen 2015, which presented curated contributions by Austrian and international artists on the culture of remembrance and the politics of history. The Hotel Metropol on Schwedenplatz in Vienna, 'once one of the best houses' in the city, was confiscated by the National Socialists in 1938 and used as a Gestapo headquarters.

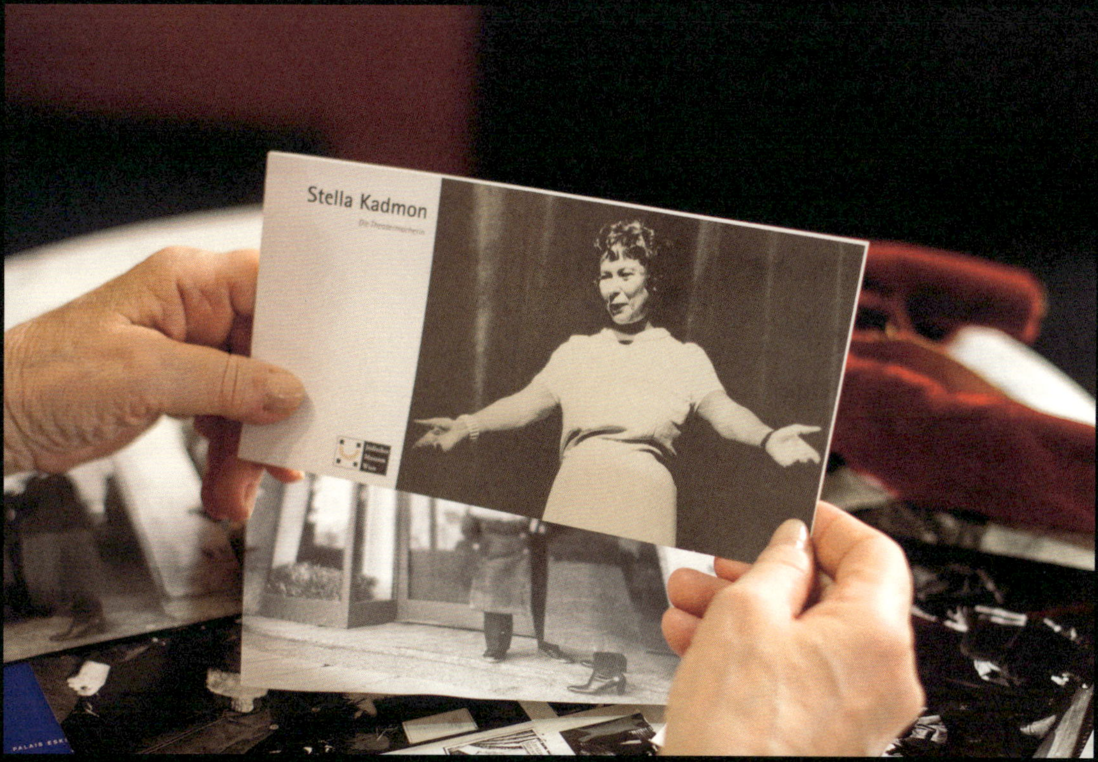

Setfotos
Set photos

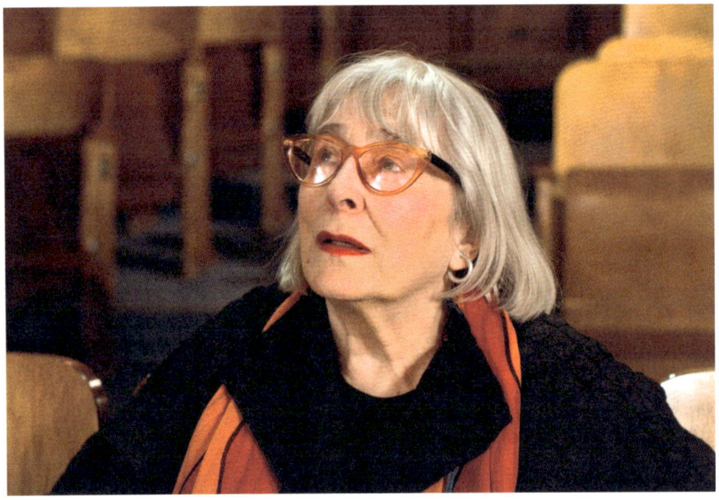

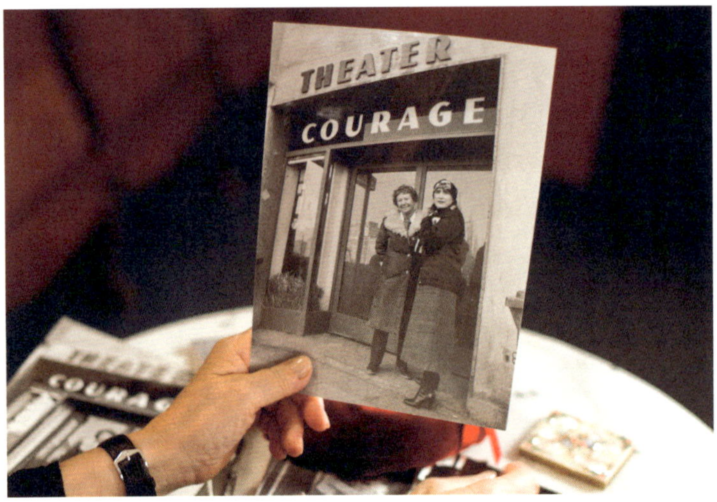
THEATER
COURAGE

I could

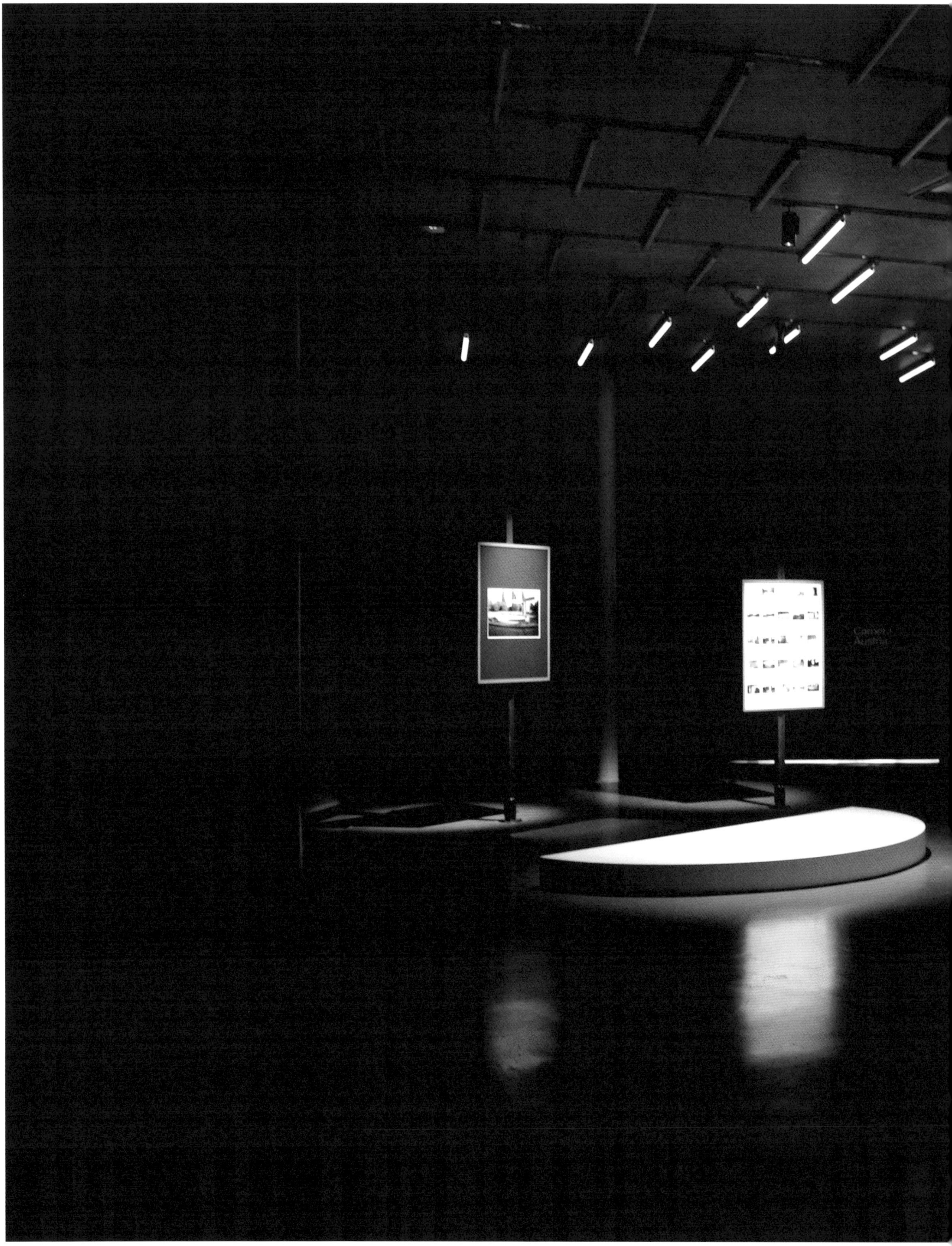

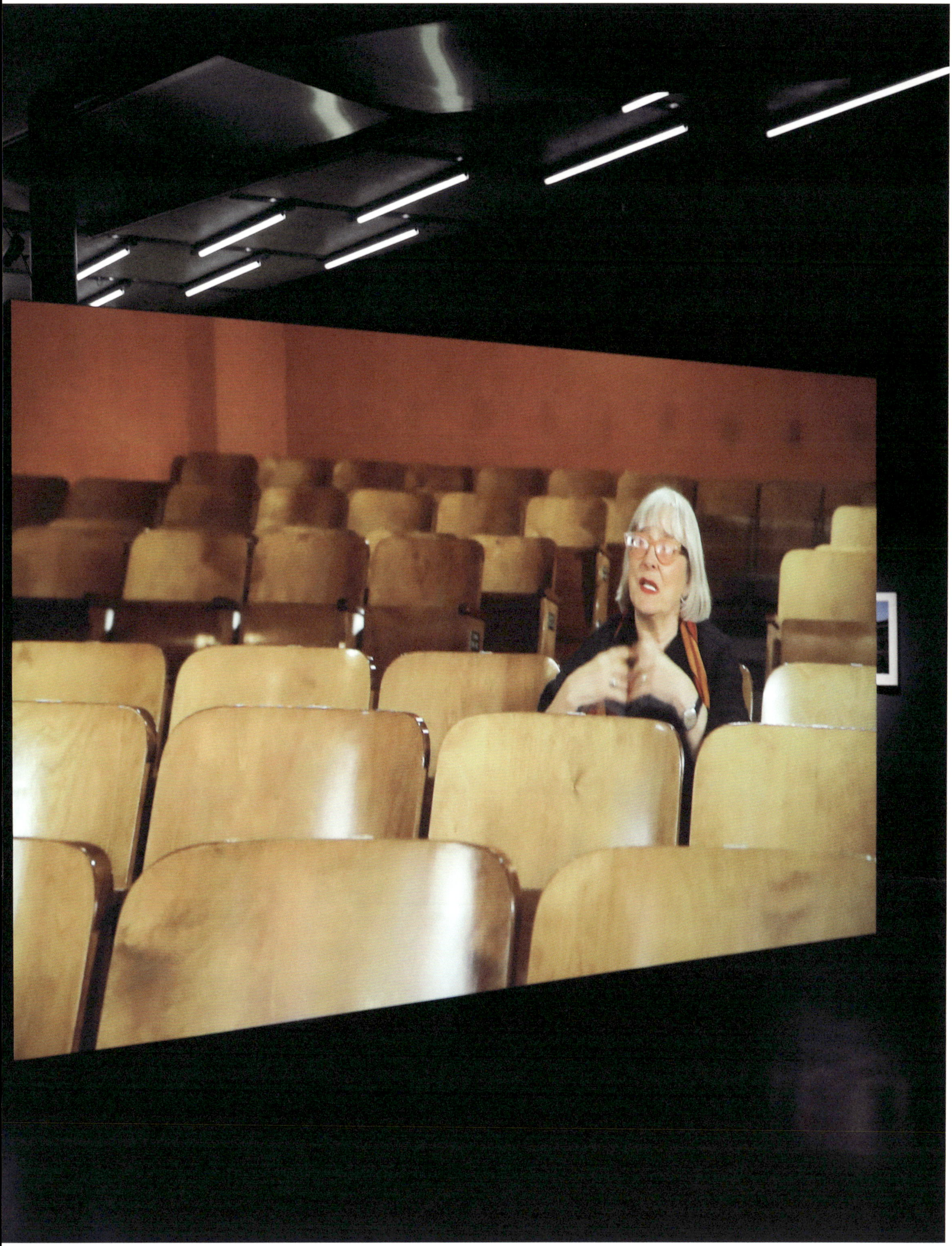

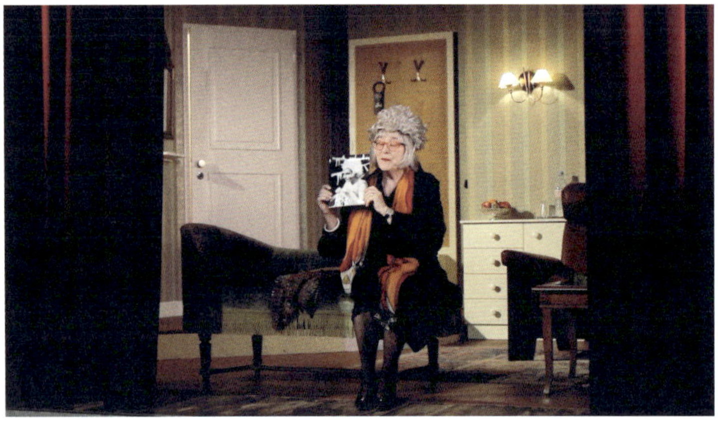
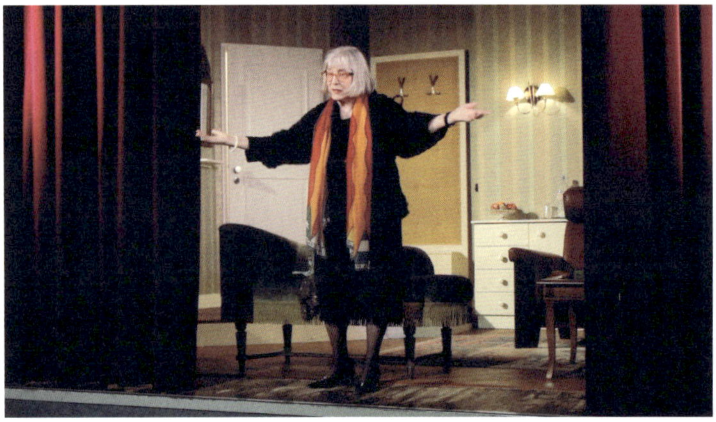
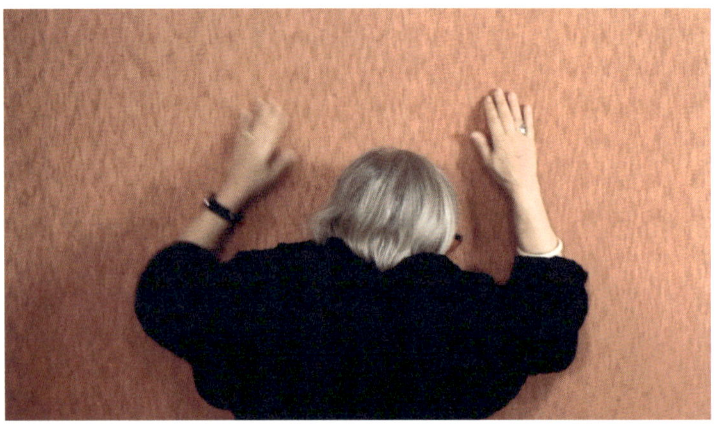
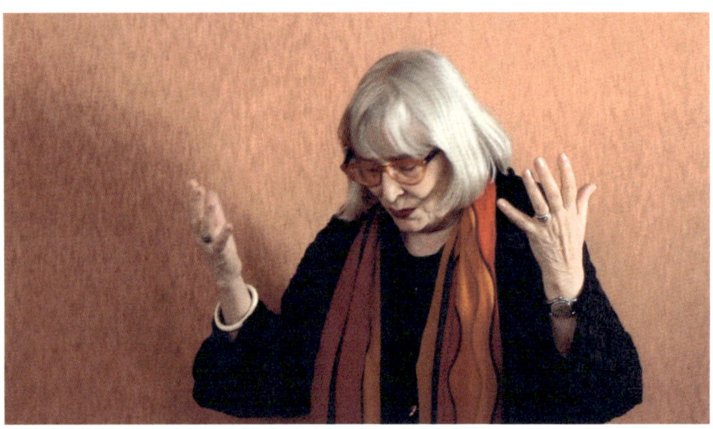

Videostills
Video stills

Hotel Metropole. Der Erinnerung eine Zukunft geben
Ausstellungsansicht, Into The City, Wiener Festwochen 2015
Hotel Metropole. Der Erinnerung Eine Zukunft Geben
Exhibition view, Into The City, Wiener Festwochen 2015

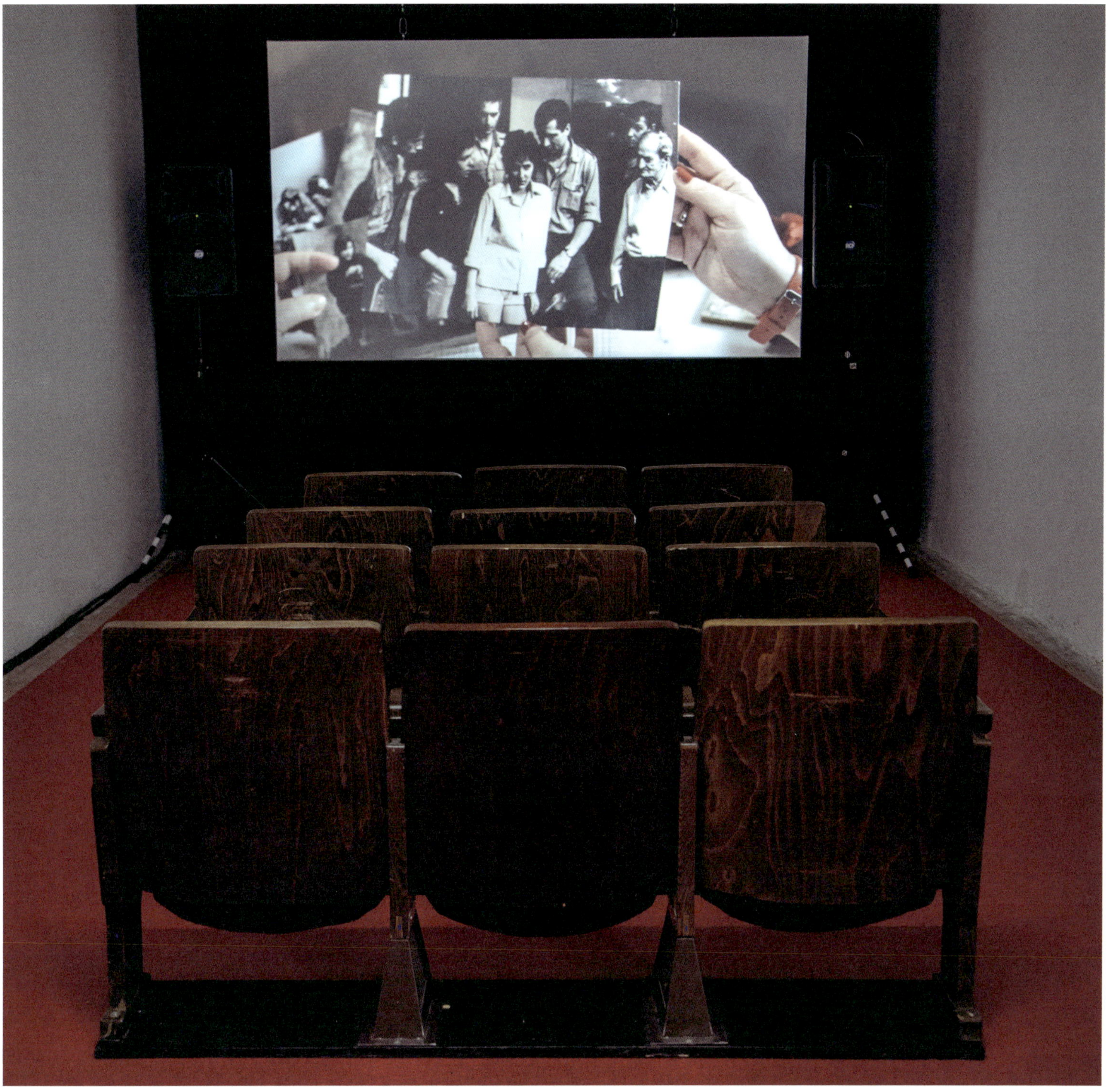

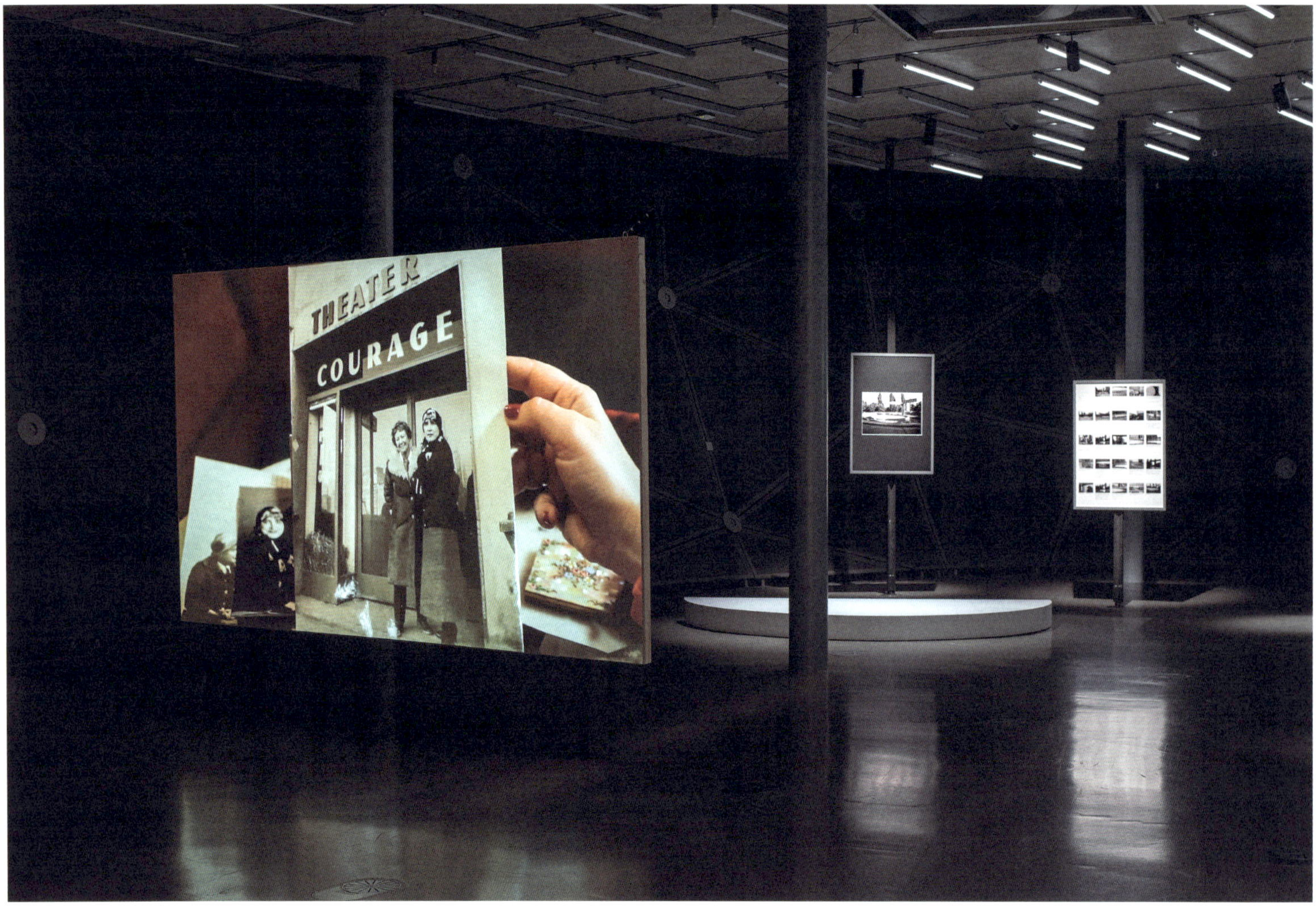
THEATER
COURAGE

Ružinov

2009–2010

2 S/W-Fotografien,
jeweils 118 × 79 cm, gerahmt

2 B/W photographs,
each 118 × 79 cm, framed

Schauplatz ist ein Brunnen aus den 1960er-Jahren in Bratislava, eine von zahlreichen postsozialistischen „Leerstellen“ im Stadtraum. Rosenbergers Fotoserie zeigt eine Plattform in einem Wasserbecken, die ehemals als Bühne diente, sowie zwei Betonbügel, aus denen Wasser rieselt und einen Vorhang bildet. Die Fotos werden durch ein „Theaterstück“ ergänzt: Darsteller*innen sind die Künstlerin und eine Übersetzerin, ein Beauftragter der Stadt, der den Brunnen reinigt, sowie Passant*innen, die Rosenberger zu dem Brunnen befragt – Jugendliche mit einem Ghettoblaster sowie eine ältere Dame. Während sich die Jugendlichen desinteressiert zeigen, erinnert sich die Frau an Konzerte des Sinfonieorchesters von Bratislava. Einmal, fährt sie fort, würde sie gerne auf dem Brunnen tanzen und ihn damit zu ihrer eigenen, ganz persönlichen Bühne machen. Und während sie dies äußert, wird die Musik von Iron Maiden – *Mother Russia* – aus dem Ghettoblaster immer lauter.

The setting is a 1960s fountain in Bratislava, one of many post-socialist 'voids' in urban space. Rosenberger's photo series shows a platform in a water basin that used to serve as a stage, together with two concrete brackets from which water trickles to create a curtain. The photos are accompanied by a 'play': the performers are the artist and a translator, a city employee who cleans the fountain, and passers-by whom Rosenberger asks about the fountain – young people with a ghetto blaster and an elderly lady. While the young people are indifferent, the woman remembers concerts given by the Bratislava Symphony Orchestra. One day, she adds, she would like to dance on the fountain and make it her own, very personal stage. While she says this, the ghettoblaster playing Iron Maiden – *Mother Russia* – gets louder and louder.

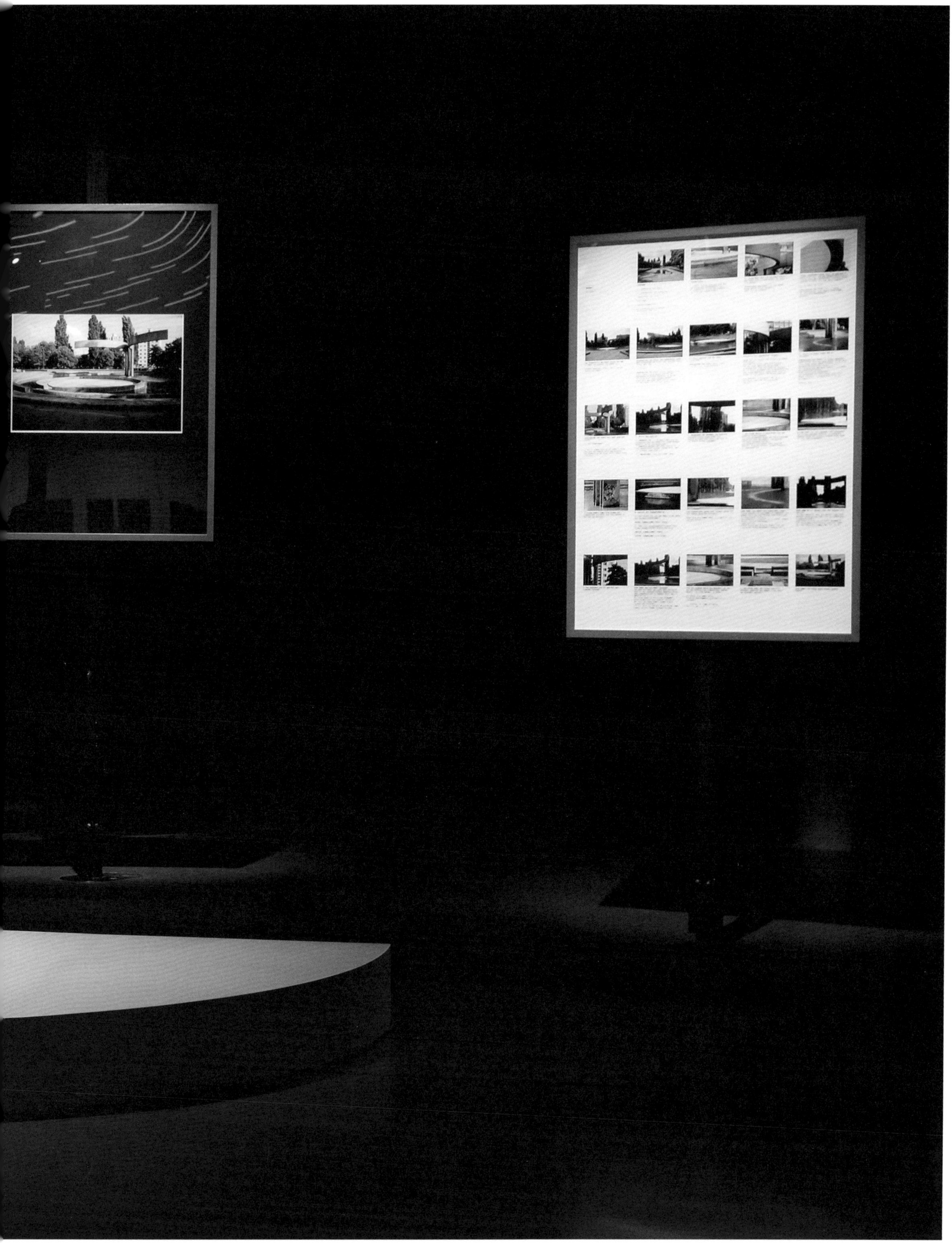

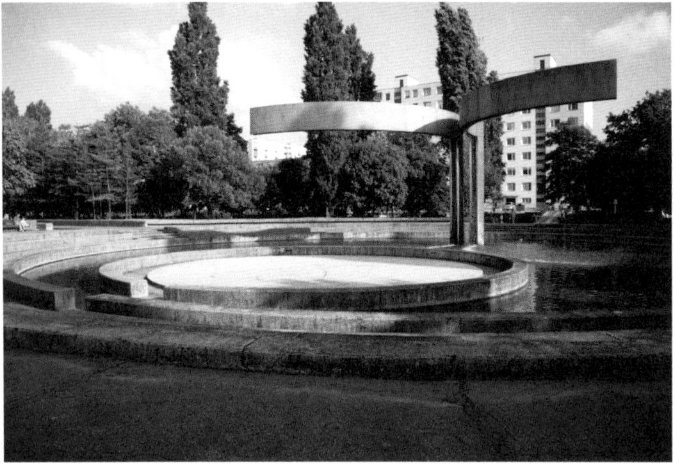

ALTE DAME: Ich würde gerne einmal darauf tanzen!

Espiral

2010–2013

Video DV
13:51 min (1-Kanalfassung)
Deutsch mit
englischen Untertiteln
3 Fotocollagen,
graviertes Glas, gerahmt,
je 51,5 × cm × 76,5 cm

Tänzerin: Amanda Piña
Kamera: Reinhard Mayr
Idee, Realisation und
Schnitt: Isa Rosenberger
Tischkonstruktion:
Michael Hieslmair

Video DV
13:51 min (1-channel setting)
German with English subtitles
3 photo collages, engraved glass,
framed, each 51.5 cm × 76.5 cm

Dancer: Amanda Piña
Camera: Reinhard Mayr
Concept, realisation and
editing: Isa Rosenberger
Table construction:
Michael Hieslmair

In *Espiral* setzt sich Isa Rosenberger mit Transformationsprozessen in Südosteuropa auseinander, mit einem speziellen Fokus auf die Geschichte und ökonomisch geleitete Expansionspolitik österreichischer Banken ebendort. Den Ausgangspunkt bildete der *Lübecker Totentanz* in der Reinszenierung von Kurt Jooss' berühmtem Tanztheaterstück *Der grüne Tisch* (1932).

Das Solo des Todes aus diesem Stück wird bei Isa Rosenberger von der chilenischen Tänzerin Amanda Piña vor der Österreichischen Nationalbank in Wien getanzt und reinterpretiert. Jooss' expressionistisches Antikriegsballett – entstanden im Kontext der Weimarer Republik und ersten Weltwirtschaftskrise – gilt als das erste „politische" Ballett mit sozialkritischer Choreografie: Jooss persönlich tanzte diese Rolle in seinem *Totentanz in acht Bildern* bei der Uraufführung in Paris. In *Espiral* ist es Piña, die symptomatisch den Tod tanzen lässt. Filmisch-inhaltlich verdichtet Isa Rosenberger ihre Arbeit mit Textelementen aus Hannes Hofbauers Abhandlung über die Rolle des österreichischen Finanzimperialismus. Performance und Recherche werden in einer situativen Interviewszene mit Amanda Piña verwoben, die selbst Schülerin des Centro de Danza Espiral war. Dieses wurde von Joan Jara und Patricio Bunster, einem Schüler von Jooss, in Santiago de Chile gegründet, um Kindern und Jugendlichen aus unterprivilegierten Verhältnissen eine Tanzausbildung zu ermöglichen.

Rosenbergers Installation zeigt neben der filmischen Projektion einen perspektivisch verkürzten grünen Tisch. Über Foto-Text-Bilder evoziert Rosenberger zudem den historischen Bezug der Arbeit. Der Werktitel ist gleichermaßen Zitat der Tanzschule in Santiago de Chile wie Anspielung auf global generierte, ökonomische Abhängigkeiten und beschreibt in Form einer Spirale kapitalistische Verwerfungen.

In *Espiral*, Isa Rosenberger explores transformation processes in South-Eastern Europe, with a special focus on the history and economically led expansion policy of Austrian banks there. The starting point was the *Lübeck Dance of Death* in the restaging of Kurt Jooss's famous dance theatre piece *The Green Table* (1932).

The solo of Death from this piece is danced and reinterpreted by the Chilean dancer Amanda Piña in front of the Austrian National Bank in Vienna. Jooss's expressionist anti-war ballet – created against the backdrop of the Weimar Republic and the first global economic crisis – is considered the first 'political' ballet with socially critical choreography: Jooss himself danced this role in his *Totentanz in acht Bildern* (Dance of Death in Eight Pictures) at the premiere in Paris. In *Espiral*, it is Piña who symptomatically dances Death. In terms of the film content, Isa Rosenberger condenses her work with textual elements from Hannes Hofbauer's treatise on the role of Austrian financial imperialism. Performance and research are interwoven in a situational interview scene with Amanda Piña, who was herself a student at the Centro de Danza Espiral. This school was founded by Joan Jara and Patricio Bunster, a student of Jooss, in Santiago de Chile to offer dance training for children and young people from underprivileged backgrounds.

Rosenberger's installation shows a perspectivally foreshortened green table positioned next to the film projection. Rosenberger also evokes the historical context of the work through photo-text images. The title is both a quotation from the dance school in Santiago de Chile and an allusion to globally generated economic dependencies and describes capitalist distortions in the form of a spiral.

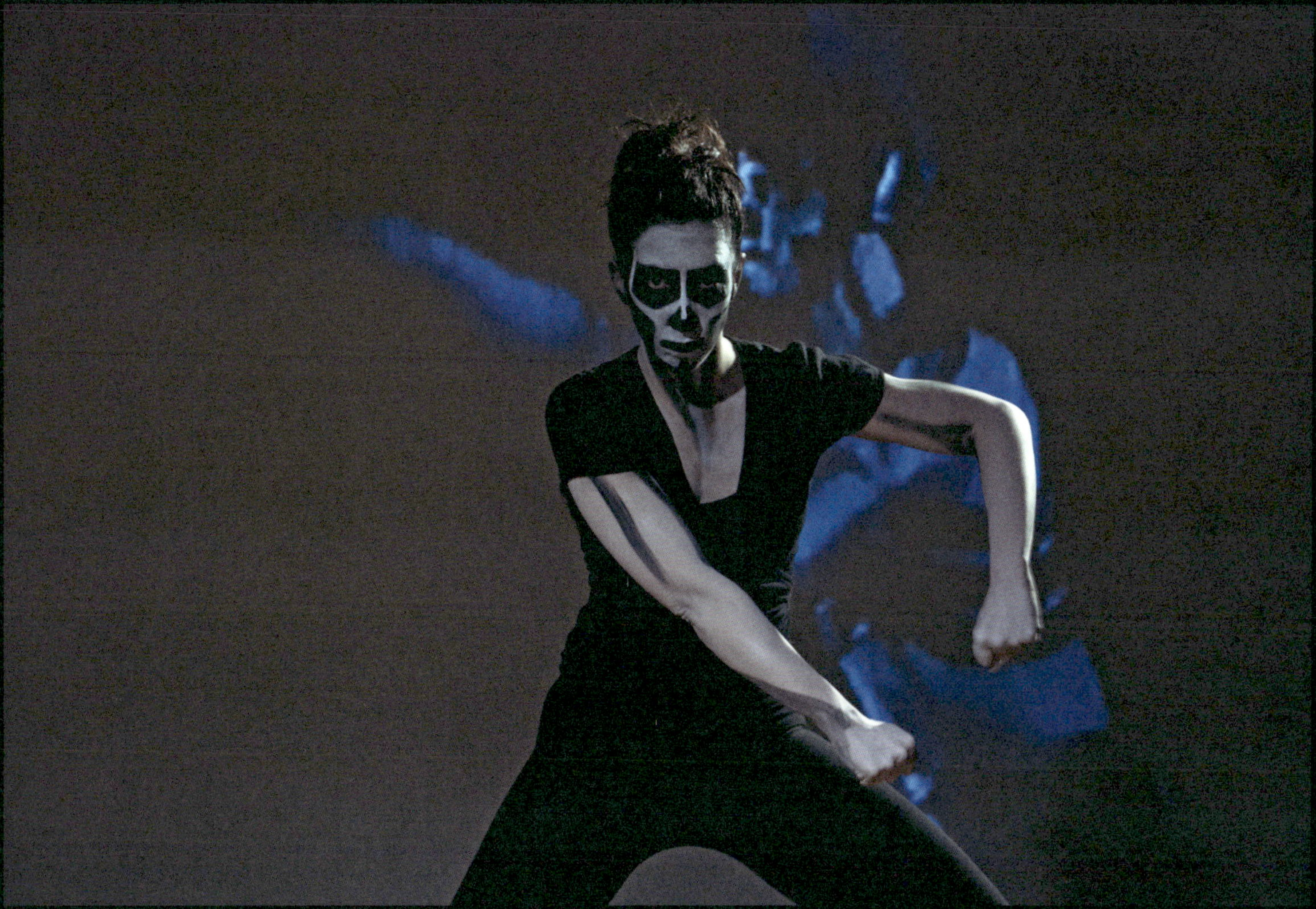

Setfoto
Set photo

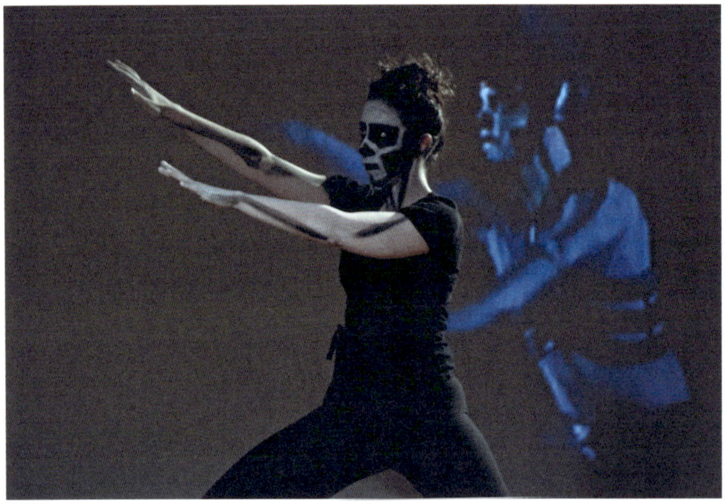

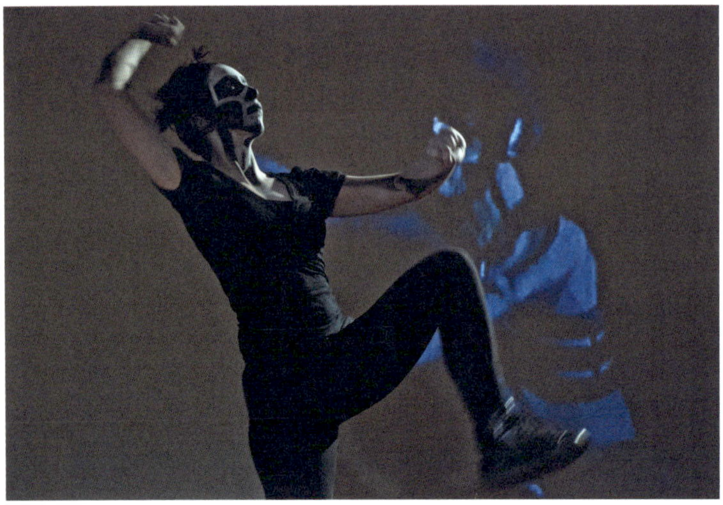

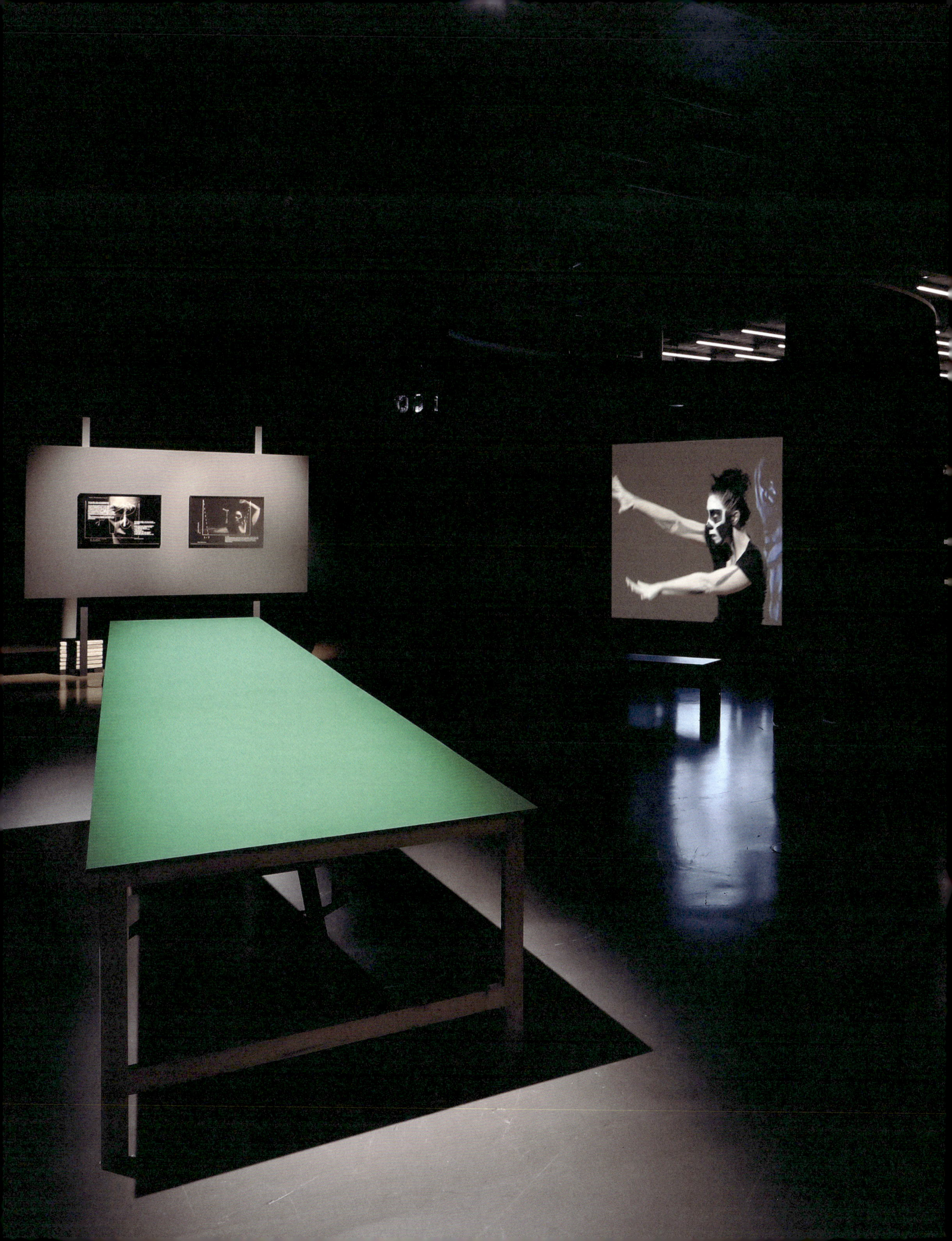

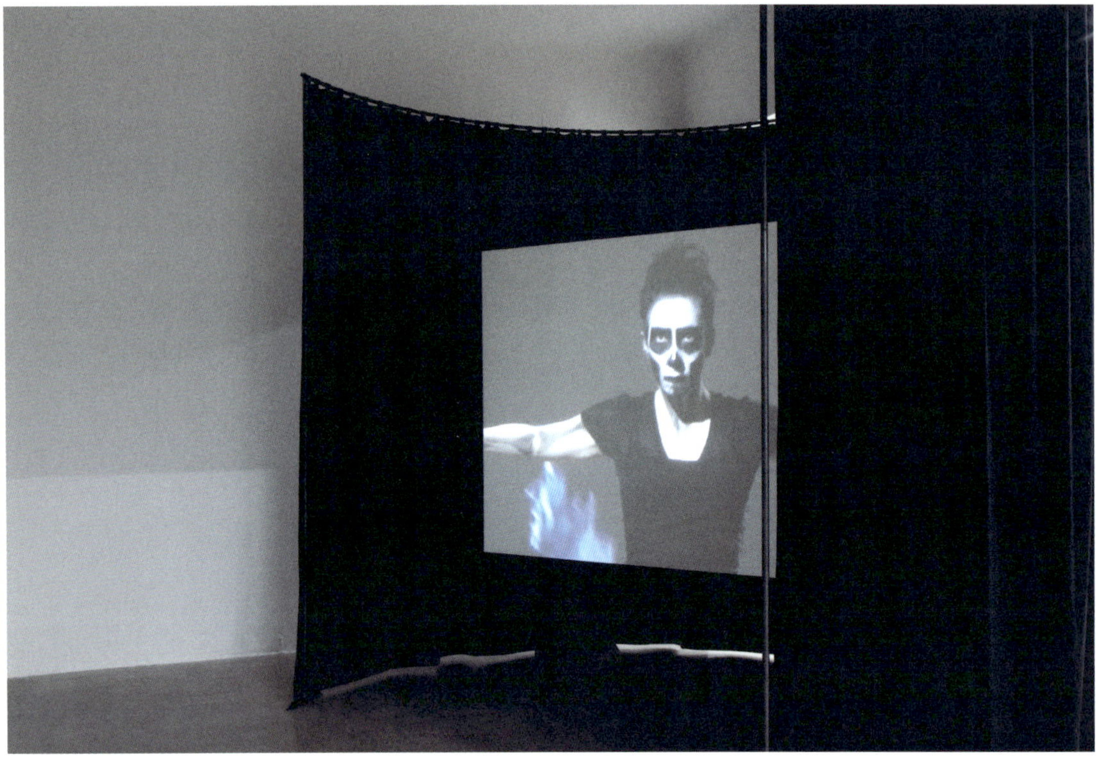

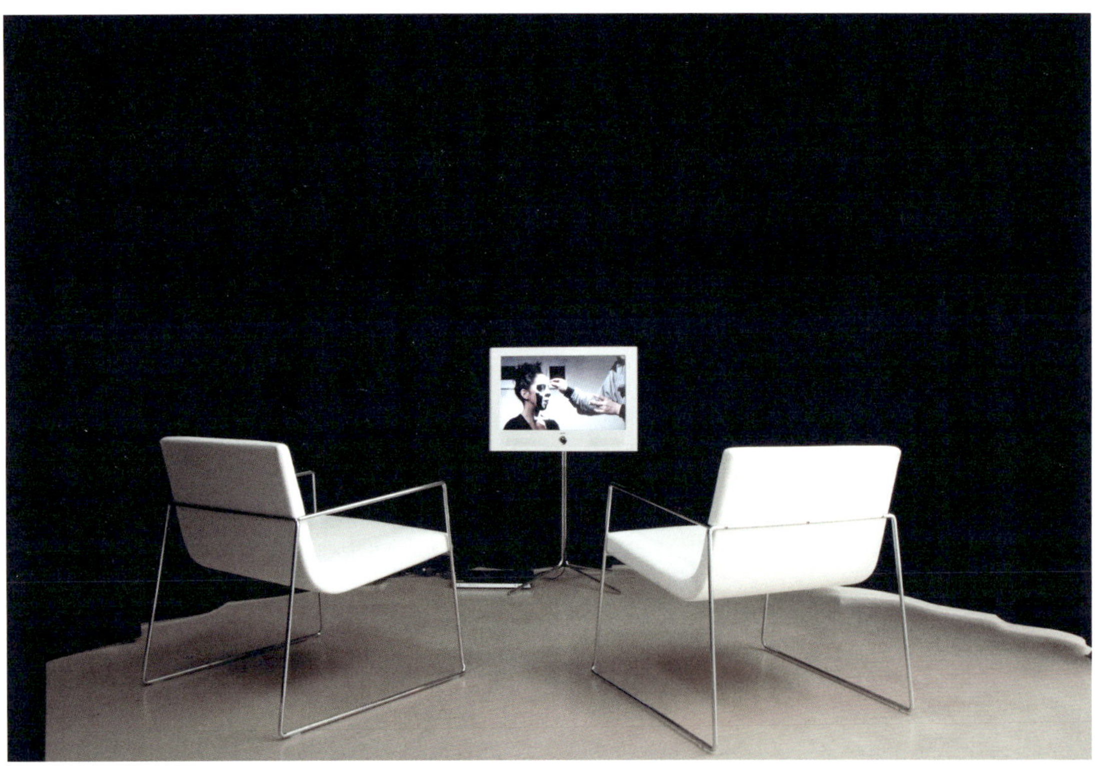

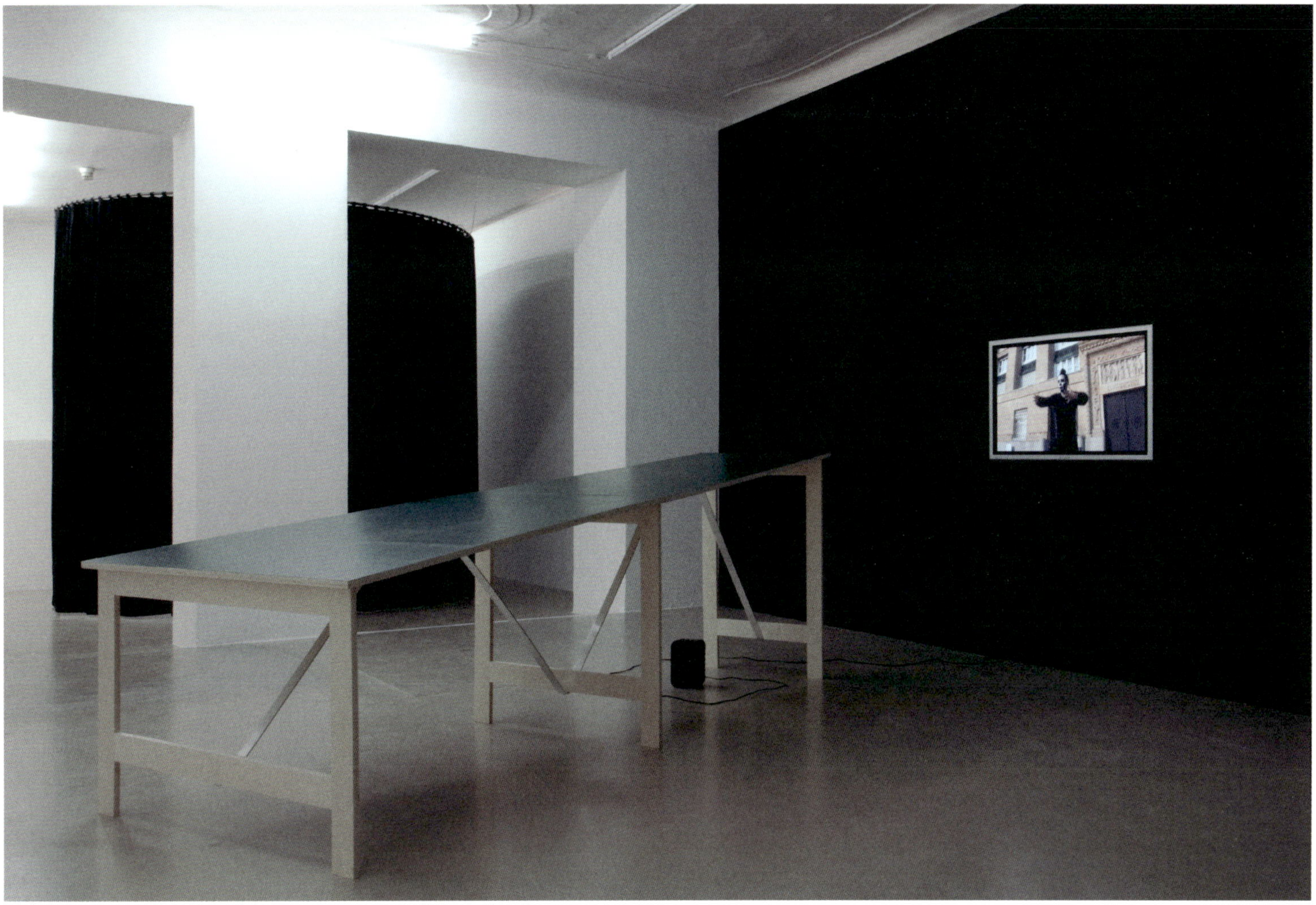

Espiral, Ausstellungsansichten, Grazer Kunstverein, 2011
Espiral, Exhibition views, Grazer Kunstverein, 2011

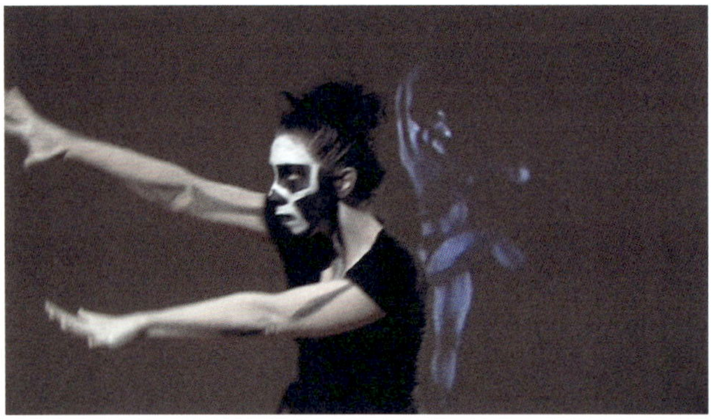

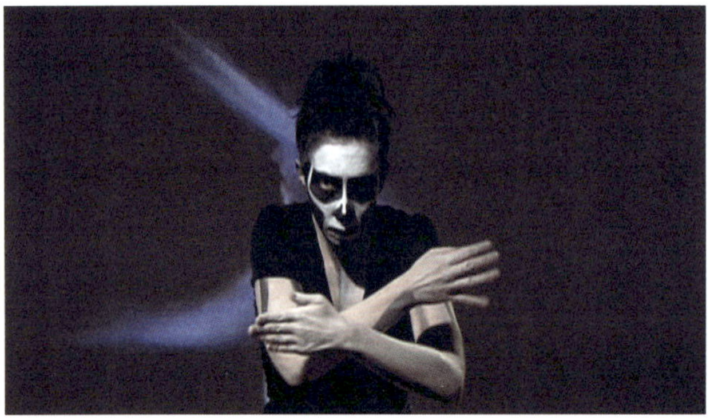

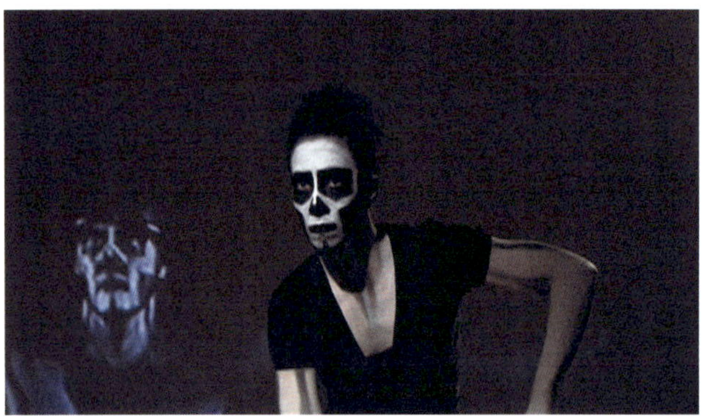

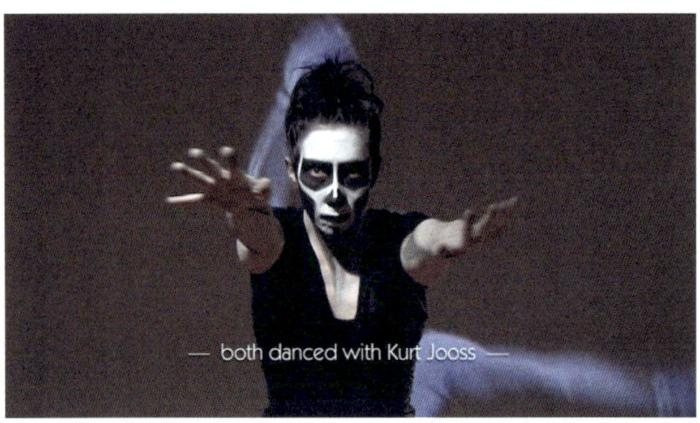

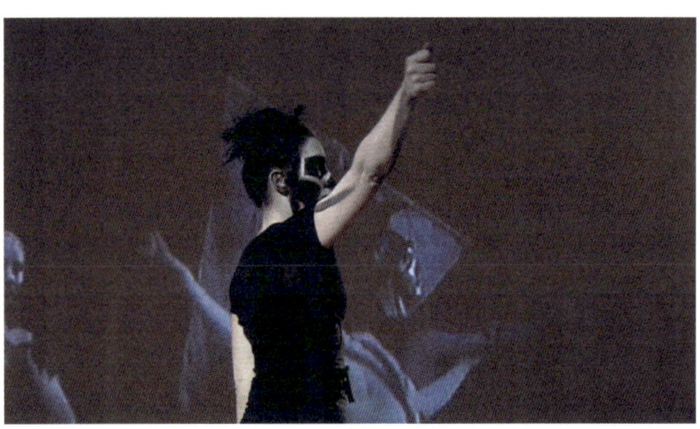

Videostills
Video stills

Üben in kreisenden Bewegungen

Isa Rosenbergers Installation *Espiral*

Sabeth Buchmann

Eine Tänzerin dreht Pirouetten vor dem neoklassizistischen Eingangsportal der Österreichischen Nationalbank. Totenmaskenschminke verleiht ihr einen starren Ausdruck, der durch phrasenreiche Bewegungsvarianz konterkariert wird. Mal macht es den Anschein, als reagierte ihr zackig-dynamisches Zusammenspiel aus Rhythmik und Gestik auf die geometrisch-rationale Ordnung des Bankgebäudes, mal hat man den Eindruck, als löste sich der um sich selbst drehende Körper aus seiner Umgebung. Die zwischen expressivem und (post)modernem Tanz changierende Choreografie ist mit Untertiteln versehen, die auf das monumentale Bankgebäude und somit auf eine ortsspezifische Situierung der Szene verweisen. So setzen die Untertitel mit einem ins Englische übersetzten Zitat aus einem im Mai 2005 in der österreichischen Tageszeitung *Die Presse* abgedruckten Interview mit dem ehemaligen Vorstandsvorsitzenden der Raiffeisen-Bank Herbert Stepic ein: „Eastern expansion has been a window of opportunity of galactic dimensions for Austria". Die Quellenangabe ist mit dem Hinweis versehen, dass das Interview am „Höhepunkt der Euphorie" geführt wurde. Während wir die Tanzperformance verfolgen, klären uns weitere Untertitel über die Machenschaften der österreichischen Geldinstitute – neben der Raiffeisen Centralbank die Bank Austria Creditanstalt/HVB und ERSTE Bank – auf. Demzufolge kamen die in ost- bzw. südosteuropäischen Ländern erzielten Gewinne zu einem hohen Prozentsatz westlichen Muttergesellschaften zugute. So habe das Abschöpfen der Profite über Jahre hinweg die Handelsbilanzen der neuen EU-Mitgliedstaaten massiv belastet. Ein daran anschließender Exkurs zu vergleichbaren Transaktionen der österreichischen Bankinstitute vor 1918 zeichnet den Weg bis zum Börsenkrach im Jahr 1929 nach und legt eine Analogie zur Weltfinanzkrise 2007/08 nahe. Schließlich sollte sich zeigen, dass es sich bei den österreichischen Banken und Wirtschaftsunternehmen trotz ihres neokolonialistischen Expansionsgebarens um vergleichsweise schwache Konkurrenten gehandelt habe. Sobald sie den osteuropäischen Markt in der Tasche gehabt hätte, sei die Bank Austria von der italienischen UniCredit übernommen worden. Wie als Widerlager nimmt Piña eine stabile Körperposition in dem Moment ein, als von dem Verlust der Balance osteuropäischer Volkswirtschaften die Rede ist.

Die hier nur skizzierte Szene gehört zu einer dreikanaligen, 2011 im Grazer Kunstverein gezeigten Videoinstallation *Espiral* der Künstlerin Isa Rosenberger. Die beiden anderen Screens zeigten einerseits eine Theaterbühne, auf der dieselbe Tänzerin vor der Projektion einer historischen Choreografie Posen und Bewegungen einstudiert. Der dritte Screen bestand aus einer Backstage-Szene, in der Rosenberger die Rolle einer Maskenbildnerin mimt: Während sie der Tänzerin mit Pinsel und Farbe eine Totenmaske aufs Gesicht malt, erfahren wir, dass es sich hierbei um die in Wien lebende Chilenin Amanda Piña handelt. Während des Make-ups erläutert sie die Hintergründe des von dem deutschen Choreografen Kurt Jooss (1901–1979) entworfenen und zu den politischen Werken des Expressionismus zählenden Ballettstücks *Der grüne Tisch*. Demnach wurde es 1932 in Paris uraufgeführt, wo es aufgrund seiner künstlerisch elaborierten Reflexion der Weltwirtschaftskrise von 1929 den von den Archives Internationales de la Danse verliehenen *Concours international de chorégraphie en souvenir de Jean Borlin* erhielt. Aus der Perspektive von Rosenbergers dreiteiliger Videoinstallation betrachtet, meint man in dem Stück Hinweise auf den zu diesem Zeitpunkt heraufziehenden Faschismus zu erkennen, liegt doch eine Analogie des spätmittelalterlichen Totentanzmotivs mit dem kriegslüsternen Naziregime nahe. Aufgrund des hohen Bekanntheitsgrades des sog. Lübecker Totentanzes[1] ist davon auszugehen, dass Jooss ein allgemein lesbares Motiv aufgegriffen hat, in dem sich christliche Ikonografie mit idealtypischen Darstellungen weltlicher und kirchlicher Würdenträger sowie Repräsentanten hierarchisch strukturierter Stände verbindet. Bezeichnenderweise zeigte das 1942 von einer Brandbombe zerstörte Werk nicht nur Bürgermeister, Arzt, Küster, Kaufmann und Handwerker, sondern auch den Wucherer. Bekanntlich geht dessen traditionell antisemitische Konnotation auf das Mittelalter zurück – ein Aspekt, der insofern für Rosenbergers Rekonstruktion von Jooss' *Grünem Tisch* von Bedeutung ist, als das von den Nazis auf brutalste Weise instrumentalisierte Stereotyp des „Geldjuden" in der bis heute verbreiteten Verschwörungstheorie eines global operierenden jüdischen Spekulantentums weiter fortlebt. Jooss' Inszenierung wirtschaftlicher Machthaber als Zylinder und Frack tragende Männer, die am buchstäblichen grünen Tisch die Anlagen und Ersparnisse der sog. kleinen Leute verzocken, evoziert, wie die Überblendung der historischen Aufführung mit Piñas Reenactment verdeutlicht, indes eine Komplizenschaft von imperialistischem (Kasino-)Kapitalismus und patriarchaler Autokratie. In den kantigen und fahrigen Bewegungen der um den grünen Tisch versammelten Männer sowie in einem martialisch anmutenden Krieger scheint sich dabei jene virile Apokalypse zu verkörpern, die Anfang der 1930er-Jahre zuerst über das deutsche Judentum, sodann über Ost- und Westeuropa und schließlich über weitere Kontinente hereinbrechen sollte – eine Apokalypse, die untrennbar mit dem Begriff des Holocausts verknüpft ist.

Nachdem Jooss, der 1927 die reformpädagogische Folkwangschule für Musik, Tanz und Sprechen sowie das experimentelle Folkwang Tanzstudio mitbegründet hatte, sich 1933 geweigert hat, jüdische Ensemblemitglieder zu entlassen[2], verließ er, wie Piña erzählt, Deutschland und reiste unter anderem nach Chile. Die Jooss-Leeder-Methode, so erfahren wir weiter, wurde von dem chilenischen Choreografen und Tänzer sowie einstigen Mitglied des Jooss-Ensembles Patricio Bunster aufgegriffen, der von 1954 bis 1957 mit der Choreografin, Tänzerin und Tanzlehrerin Joan Jara – der späteren Frau des 1973 von den militärischen Putschisten ermordeten Folksängers, Theaterregisseurs und marxistischen Sozialrevolutionärs Víctor Jara – verheiratet war. Die auf Jooss' Zusammenarbeit mit Sigurd Leeder basierende Integration der bewegungsanalytischen Methoden Rudolf von Labans in Bunsters Tanzunterricht zielt auf umgebungssensible Gestaltung von „Bewegungsübungen und -phrasen"[3], die auch den Tanzstil seiner 2009 verstorbenen Schülerin und Mitstreiterin Pina Bausch prägen sollte und die Piña in Bunsters 1985 noch unter Pinochets Militärregime in Santiago de Chile gegründetem Centro de Danza Espiral studiert hat. Das Tanzzentrum hat nicht zuletzt auch durch sein soziales Engagement Berühmtheit erlangt. So wurden und werden dort auch mittellose Schüler*innen angenommen, denen ansonsten keine Tanzausbildung möglich (gewesen) wäre.

Der Name des Zentrums bildet die titelgebende Referenz für Rosenbergers Installation: *Espiral,* in deutscher Übersetzung „Spirale", ruft bezeichnenderweise das Bild einer gleichförmigen, sich um eine zentrale Achse windenden Kurvenlinie auf. Diese meint man nicht nur in Piñas Tanz, sondern auch, wie an späterer Stelle deutlich wird, in Rosenbergers Verschränkung von narrativ-dramaturgischer und räumlich-installativer Form zu erkennen.

Auf inhaltlicher Ebene impliziert die Spirale einerseits die zyklische Wiederkehr historischer Zäsuren, die sich wie symbolische Eckdaten (1918, 1932, 1989, 2005) durch den Film ziehen; andererseits spiegelt sich das Motiv der Kurvenlinie in den geografisch und generationell übergreifenden Verbindungen zwischen den zentralen Protagonist*innen (Jooss, Bunster, Piña). Dem Totentanzmotiv kommt hierbei eine offenkundig transhistorische, sprich allegorische Funktion zu. So sehen wir, während Piña spricht und probt, im Hintergrund eine Projektion mit Auszügen einer Aufführung des *Grünen Tischs* des Joffrey Ballet of Chicago (1982). Immer dann, wenn die Projektion in den Vordergrund tritt, verschmilzt sie mit dem Hier und Jetzt ihrer Performance. Die projizierte Aufnahme stellt sich dabei als eine Art Score dar, die es Piña erlaubt, die historische Choreografie einzuüben und durch deren Reenactment vor dem Wiener Hauptsitz der Österreichischen Nationalbank zu aktualisieren. Die Tatsache, dass die Jooss-Leeder-Methode dank Bunsters Tanzzentrum gleichsam konserviert und weiterentwickelt wurde, ist mit Blick auf Rosenbergers Thematisierung österreichischer Bankendeals insofern bemerkenswert, als das von Pinochets Militärregime autokratisch unterjochte Chile einst als Versuchslabor für den inzwischen weltweit verbreiteten Neoliberalismus fungierte.[4] Bezeichnenderweise ist der aus Österreich stammende Ökonom Friedrich August von Hayek einer der Mitbegründer der Chicago School und der Mont Pelerin Society, d. h. der maßgeblichen Think Tanks des Neoliberalismus. Dieser wurde anfänglich in den zumeist von US-amerikanischen und westeuropäischen Regierungen gestützten Diktaturen etabliert. Die Durchsetzung einer auf Privatisierung, Deregulierung und Outsourcing in Billiglohnländer begründeten Wirtschaftsform sollte zu Anfang der 2000er-Jahre vor allem in westlichen Industrienationen erfolgen. Dementsprechend verschränken sich in *Espiral* Jooss' Veranschaulichung kapitalistischer Macht mit Rosenbergers Reflexionen auf neokoloniale Ausbeutung.

Die Weise also, in der die Künstlerin den zunehmend abstrakteren Charakter des Kapitalismus mit moderner Tanzgeschichte konfrontiert, verspannt zwei gegenläufige Narrative zu einer Spiralform, die von der Gleichzeitigkeit antidemokratischer Wirtschaftspolitik und politischer Ästhetik handelt.

Wenn wir Amanda Piña im Anschluss an das Gespräch mit Isa Rosenberger dabei zusehen, wie sie einzelne Bewegungselemente der Jooss'schen Choreografie einübt, so bringt uns dies nicht nur deren Machart nahe, sondern dokumentiert auch die Bedeutung, die hierbei der Tanzprobe als Aneignung einer im Geist des demokratischen Sozialismus gedachten Kunstform zukommt. Bezeichnenderweise besteht Piñas „Kostüm" aus einem aufgemalten Skelett, das an das allegorische Vanitas-Motiv denken lässt. Vor allem dann, wenn sich die Konturen Piñas mit jener der projizierten Figur vermischen, erscheint die körperliche Bewegung als Animation zyklischer, Leben und Tod amalgamierender Zeit. In den von Rosenberger zum Einsatz gebrachten Techniken der Überblendung, Verdopplung und Wiederholung zieht sich die spätmittelalterliche Todesallegorie wie ein roter Faden bis in die Gegenwart einer über Europa hinausweisenden Bildsprache. Auf diese Weise gelingt es *Espiral*, die Wahrnehmung der westlichen Moderne als Motor und Zentrum des universalistischen Humanismus buchstäblich zu dezentrieren, während der schneebedeckte Boden, auf dem Piña vor der Österreichischen Nationalbank tanzt, wie eine Allegorie auf gefrorene Zeit anmutet.

Wenn ich vor diesem Hintergrund in *Espiral* Resonanzen von Walter Benjamins geschichtsphilosophischem Denken erkenne, dann aus zweierlei Gründen: Einerseits aufgrund seines entscheidenden Einflusses auf den postmodernen Diskurs der Allegorie. So ist dieser auch nach seiner Hochzeit in den 1980er- und 1990er-Jahren für jene rezeptionsästhetischen Ansätze maßgeblich, die der Kritik und Überwindung warenförmiger Werk- und autoritärer Autor*innenschaftsbegriffe verpflichtet sind.[5] Diesem Anspruch kommt Benjamins Allegorie-Begriff insofern nahe, als er in der Werkproduktion Spuren und Effekte immer nur momenthafter und plötzlicher Vergegenwärtigungen fragmentarisch, diskontinuierlich und ephemer erfahrener Geschichtlichkeit erkennt. Benjamins Denken widersetzt sich somit der idealistischen Vorstellung eines linearen Kontinuums von Vergangenheit, Gegenwart und Zukunft. Autorschaft besteht demzufolge im kontingenten Aufspüren, (Neu-)Lesen und Übersetzen immer schon vorhandener Lektüren. Bezeichnenderweise findet Benjamins Allegorie-Begriff im probenverwandten Topos der Übung performative Entsprechung. So spricht der Philosoph in seinem nachgelassenen Fragment „Lernen und Üben" von „neuen", weil nicht vorhersehbaren Erfahrungen: „Lernen hat Stetigkeit (relative Stetigkeit der Fortschritte) Üben ist unstetig (der Fortschritt erfolgt ruckweise, plötzlich)".[6] Der Sprachwissenschaftler Daniel Cuonz zieht hieraus den Schluss, dass

> „(e)rfolgreich lernen [...] demnach [heiße]: das zu Erlernende fest im Blick behalten, erfolgreich üben dagegen: von wünschbaren Ergebnissen absehen, bis sie sich, genau deshalb, einstellen. Im Verhältnis zum Wissen, zur Fertigkeit oder Fähigkeit meint Lernen also die Stufenförmigkeit einer Folge entsprechender Einzelbegegnungen. Üben indes meint eine Begegnungs*qualität*, deren Erfolgsaussicht gerade darin besteht, sich nicht mit einer Summe zweckmässig [sic!] angeordneter Einzelbegegnungen aufrechnen zu lassen."[7]

Cuonz' Benjamin-Lektüre lässt sich nach meiner Einschätzung sowohl in inhaltlicher als auch in formaler Hinsicht auf *Espiral* übertragen: Zum einen, weil das übende Erproben jenem Geist-Körper-Dualismus widerspricht, der im schulmeisterlichen Lernen anklingt; zum anderen weist Rosenbergers Installation die von Benjamin hervorgehobene „Begegnungsqualität" auf, die ihren Dialog mit Amanda Piña ebenso kennzeichnet wie die hierin angelegte Betrachter*innenansprache: eine Qualität, die sich nicht in der Produktion von Wissen erschöpft, sondern deren soziale, körperliche und kommunikative Dimension miteinbezieht. Dementsprechend stellt sich auch das Auftragen des Make-ups als Bestandteil der ästhetischen Übung dar, in welcher der Aneignungscharakter jeglicher Repräsentation zutage tritt. Der Vorgang des Übens und Probens impliziert somit eine Form des suchenden, tastenden und einfühlenden Studiums. Wenn diese, wie in *Espiral,* auf verdrängte Traditionen linker und widerständiger Kapitalismus- und Herrschaftskritik zielen, so stehen damit nicht zuletzt die Dialektiken politischer und ästhetischer Moderne auf dem Prüfstand. Bezeichnenderweise kommt in Rosenbergers Arbeit eine praktizierende Tänzerin zu Wort: Indem sie die vorgeführte Tanzmethode immer wieder neu erprobt, erscheint sie nicht als Objekt, sondern als Subjekt der Betrachtung. Dies gilt zu einem gewissen Grad auch für die Filmemacherin selbst: So macht es den Anschein, dass Rosenbergers Rolle der Visagistin dazu angetan ist, die expressionistische Bildsprache als eine in moderner Maskenbildnerei konservierte mittelalterliche Ikonografie zu (re-)appropriieren.

Die Bedeutung einer solchen Praxis lässt sich einmal mehr an Cuonz' Benjamin-Lektüre, so an der „Erkenntniskritischen Vorrede" der 1928 publizierten Studie zum „Ursprung des deutschen Trauerspiels", festmachen:

> „Ist Übung im beschreibenden Entwurfe der Ideenwelt, dergestalt, dass die empirische von selber in sie eingeht und in ihr sich löst, die Aufgabe des Philosophen, so gewinnt er die erhobene Mitte zwischen dem Forscher und dem Künstler."[8]

Piñas Tanzprobe lässt sich somit auch als transdisziplinäres Scharnier zwischen wissenschaftlicher und ästhetischer Praxis, mithin als eine spezifische Positionierung zu moderner (Kunst-)Geschichtsschreibung deuten. Wie Cuonz ausführt, geht es Benjamin um einen spezifischen Begriff von „Modernität" im Sinne von „Erprobung und Reflexion der Darstellbarkeit von Diskontinuitäten im Verhältnis von Altem und Neuem." Nach Ansicht des Philosophen bringe „Baudelaires Dichtung [...] das Neue am Immerwiedergleichen und das Immerwiedergleiche am Neuen in Erscheinung", woraus die Folgerung hervorgeht,

> „dass das Neue bei Baudelaire keinerlei Beitrag zum Fortschritt leistet (I, 687). Im Gegenteil: Benjamin erachtet es als die ästhetische Leistung jener Moderne, die er durch Baudelaire exemplarisch vertreten sieht, dass diese sich aus dem Korsett der Dichotomie Tradition-Innovation zu befreien vermag und ihr Verhältnis zur Antike als eines der gegenseitigen Erhellung und Überblendung zwar nicht zu theoretisieren, wohl aber literarisch darzustellen vermag."[9]

Es liegt angesichts Rosenbergers Überblendung – so von neoklassizistischer Architektur und neoexpressivem Reenactment, von historischer Projektion und aktualisierender Probe – nahe, in der Spiralform eine Analogie zu Benjamins Dialektik des „Neuen im Immergleichen" zu erkennen: *Espiral* ließe sich somit auch als eine Allegorie auf die Ausweglosigkeit eskapistischer Nostalgie ebenso wie auf die Komplizenschaft modernistischer Fortschrittsgläubigkeit mit den tödlichen Gesetzen kapitalistischer Progression lesen.

Umso bezeichnender, dass die am Modell der Spirale orientierte Dramaturgie von *Espiral* aus ineinander changierenden Nah- und Fernperspektiven besteht. Dementsprechend stellt sich die Installation als eine von den Betrachter*innen zu leistende Einübung in ein doppeltes, zugleich rhythmisch strukturiertes und disruptives Sehen und Hören dar, das an die körperliche Bewegung gekoppelt ist. Synästhetische Raumästhetik bildet zwar eine inzwischen übliche Ausstellungsdisposition, begründet sich aber bei *Espiral* in der formalen Struktur des Inhalts: Insofern Rosenberger die Ausstellungsräume mittels einer schwarz gestrichenen Wand miteinander verband und somit klassische Theater- und Kinoästhetik assoziierte, erwies sich die Spiralform als ineinander changierende Wahrnehmung von szenografischer und bildlicher Repräsentation.[10] Die historischen Partituren und Notationen in Gestalt von Grafiken präsentierend, konnte nicht nur die Komposition, sondern auch der Probenprozess des *Grünen Tischs* im Moment seines Reenactments studiert werden.

Verbunden durch die immergleiche Originalklaviermusik Fritz Cohens stellten sich Dokumentation und Vergegenwärtigung, „reale“ und „fiktive“ Bühne, Rückprojektion und Probensequenz als voneinander untrennbares Wahrnehmungsgeschehen dar: Ein Geschehen, in welchem dem Topos der Übung auch insofern allegorischer Charakter zukommt, als er einer Spirale gleich dazu dient, historische Scores und Materialien zu studieren, um sie auf eine Weise zu „erneuern“, die eine Zukunft jenseits korrumpierter Zukunftsversprechen imaginieren lässt.

Womöglich ist es kein Zufall, dass der in *Espiral* exponierte Topos der Probe jene mäandernden Verläufe der historischen, u. a. mit dem Erbe von Jooss assoziierten Reformpädagogik fortschreibt, die Rosenberger in einer weiteren, 2020 realisierten Installation *... das weite Land, woher sie kommt* zum Thema macht: Hierin ging es um die Rekonstruktion einer Tanzaufführung im Jahr 1934 im Volksheim Ottakring, einer Art Volkshochschule in einem Wiener Arbeiter*innenviertel. Auch in dieser vor zwei Jahren realisierten Arbeit steht mit Gertrud Kraus eine Tänzerin im Zentrum, die auf Basis eines Textes von Maxim Gorki eine choreografische Adaption mit dem Titel *Die Stadt wartet* entwickelt hatte. Die Kunstvermittlerin und Kuratorin Nora Sternfeld schreibt über das „Kapitel expressionistischer Wiener Tanzgeschichte, das wesentlich von Frauen, wesentlich von Jüdinnen, getragen war“:

> „[W]ir erahnen etwas von der Avantgardegeschichte der Wiener Volksbildung, aber auch von dem, was fehlt, weil all dies mit den Nazis ein abruptes Ende fand und die Geschichte hier nicht weitergeschrieben werden konnte. Wir begegnen also auch einer Migrationsgeschichte, einer Geschichte der Brüche, des Exils und des Neuanfangs [...].“[11]

So macht es den Anschein, dass Rosenberger im expressionistischen Tanz ein transdisziplinäres Scharnier gefunden hat, das die verdrängten Seiten der ästhetischen Moderne in Arbeiter*innen- und diasporischen Kulturen unter gleichermaßen geschichts-, gegenwarts- und zukunftsgewandten Perspektiven zum Vorschein bringt.

1
Isa Rosenberger konnte, wie sie mir in einem textvorbereitenden Gespräch erklärte, die historische Referenz identifizieren: Demnach handelt es sich um den sog. Lübecker Totentanz von 1463, der 1701 überarbeitet wurde. Der Name geht auf die Lübecker Marienkirche zurück, wo er 1942, also 10 Jahre nach der Uraufführung von Jooss' Stück, zerstört wurde.

2
Diese Information verdanke ich Isa Rosenberger, mit der ich im Vorfeld zum vorliegenden Text ein Gespräch geführt habe.

3
Vgl. goethe.de/de/kul/tut/gen/tan/20364451.html (10.01.2023).

4
Vgl. hierzu Marina Martínez Mateo, „Autoritaritärer Neoliberalismus per Gesetz“, medico.de/blog/autoritaerer-neoliberalismus-per-gesetz-18737 (27.12.2022).

5
Vgl. etwa Craig Owens, „The Allegorical Impulse: Toward a Theory of Postmodernism“ (1980), Wiederabdruck in: Brian Wallis (Hg.), *Art after Modernism: Rethinking Representation*, Boston/Mass. 1984, S. 203–235.

6
Walter Benjamin, *Gesammelte Schriften* VI, unter Mitwirkung v. Theodor W. Adorno und Gershom Scholem, hg. v. Rolf Tiedemann und Hermann Schweppenhäuser, Frankfurt am Main 1985, S. 77.

7
Daniel Cuonz, „Der Denker auf der Probebühne. Walter Benjamins Theorie und Praxis der Übung“, ingentaconnect.com/content/plg/var/2007/00002007/00000015/art00008?crawler=true 28.12.2022). Cuonz weist darauf hin, dass Benjamin das Üben am Beispiel des Jongleurs veranschaulicht habe: „So rief Rastellis ausgestreckter kleiner Finger den Ball herbei, der wie ein Vogel auf ihn herauf hüpfte. Die Übung von Jahrzehnten, die dem voranging, hat in Wahrheit weder den Körper noch den Ball ‚unter seine Gewalt‘, sondern dies zustande gebracht: dass beide hinter seinem Rücken sich verständigten. Den Meister durch den Fleiss [sic!] und Mühe bis zur Grenze der Erschöpfung zu ermüden, so dass endlich der Körper und ein jedes seiner Glieder nach ihrer eigenen Vernunft handeln können – das nennt man üben. (IV, 406).“

8
Ebda.

9
Ebda.

10
Vgl. Barbara Kapusta, „Aufrollen der Spirale. Über Isa Rosenberger im Grazer Kunstverein, Graz“, textezurkunst.de/de/articles/kapusta-rosenberger-grazer-kunstverein/ (28.12.2022).

11
„Sich von den Lücken her das Material erschließen, ohne sie zu schließen, Isa Rosenbergers ‚... das weite Land, woher sie kommt‘“, in: Edition Camera Austria (Hg.), *Isa Rosenberger: ... das weite Land, woher sie kommt*, Graz 2020, S. 7–12, hier S. 7.

Practice in Circular Movements

Isa Rosenberger's Installation *Espiral*

Sabeth Buchmann

A dancer performs pirouettes in front of the neoclassical entrance portal of the Austrian National Bank. Her death-mask make-up creates a fixed expression, which is counteracted by a range of movement rich in phrases. At times it seems as if her jaggedly dynamic interplay of rhythm and gesture is reacting to the geometric and rational order of the bank building, while at other points you have the impression that the body, spinning around itself, is becoming detached from its surroundings. Oscillating between expressive and (post-)modern dance, the choreography is given subtitles that refer to the monumental bank building – and so a site-specific situating of the scene. The subtitles begin with a quote translated into English from an interview with the former CEO of Raiffeisen Bank Herbert Stepic, printed in the Austrian daily newspaper *Die Presse* in May 2005: 'Eastern expansion has been a window of opportunity of galactic dimensions for Austria.'

The source reference includes a note that the interview was conducted at the 'height of the euphoria'. While we follow the dance performance, further subtitles reveal the machinations of the Austrian financial institutions – in addition to Raiffeisen Centralbank, Bank Austria Creditanstalt/ HVB and ERSTE Bank. A high percentage of the profits made in Eastern and South-Eastern European countries benefitted Western parent companies. For example, the skimming of profits over the years put a massive strain on the trade balances of the new EU member states. A digression on comparable transactions by Austrian banking institutions before 1918 then traces the path to the 1929 Stock Market Crash and draws an analogy to the Global Financial Crisis of 2007/08. In the end, it would appear that Austrian banks and business enterprises were comparatively weak competitors despite their neo-colonialist expansionist behaviour. As soon as it had the Eastern European market in its pocket, Bank Austria was acquired by the Italian UniCredit. At the moment when there is mention of the loss of balance of the Eastern European economies, Piña assumes a stable body position, like an abutment.

Only briefly outlined here, the scene belongs to a three-channel video installation called *Espiral* by the artist Isa Rosenberger, presented in 2011 at the Grazer Kunstverein. The two other screens showed a theatre stage on which the same dancer rehearses poses and movements in front of the projection of a historical choreography. The third screen consists of a backstage scene in which Rosenberger mimes the role of a make-up artist. While she creates a death mask on the dancer's face with brush and paint, we learn that this is the Chilean Amanda Piña, who lives in Vienna. During the make-up session, she explains the background of the ballet *The Green Table*, created by the German choreographer Kurt Jooss (1901–1979) and considered one of the political works of Expressionism. The work premiered in Paris in 1932, where it received the *Concours international de chorégraphie en souvenir de Jean Borlin*, awarded by the Archives Internationales de la Danse, for its artistic elaboration of the Great Depression of 1929. Seen from the perspective of Rosenberger's three-part video installation, one might think that the work contains references to fascism, which was on the rise at the time, since an analogy between the late medieval Danse Macabre motif and the war-mongering Nazi regime seems obvious. Due to the high degree of familiarity with the Lübeck Dance of Death[1], it can be assumed that Jooss adopted a widely readable motif in which Christian iconography is combined with ideal-typical depictions of secular and ecclesiastical dignitaries as well as representatives of hierarchically structured classes. Significantly, the work – which was destroyed by an incendiary bomb in 1942 – showed not only the mayor, doctor, sexton, merchant and craftsman, but also the usurer. As is well known, the traditionally anti-Semitic connotation of the usurer goes back to the Middle Ages – an aspect that is significant for Rosenberger's reconstruction of Jooss's *Green Table* insofar as the stereotype of the 'Geldjude', or the equation of Jews with money and usury, which was instrumentalised by the Nazis in the most brutal way, lives on in the conspiracy theory of a globally operating Jewish speculation that remains widespread today. Jooss's staging of economic leaders as men in top hats and tails who quite literally gamble away the investments and savings of the so-called little people at the green table evokes a complicity of imperialist (casino) capitalism and patriarchal autocracy, as the blending of the historical performance and Piña's re-enactment makes clear. In the angular and jerky movements of the men gathered around the green table and in a martial-like warrior, the virile apocalypse seems to be embodied that will first descend on German Jewry in the early 1930s, then Eastern and Western Europe, and finally other continents – an apocalypse that is inextricably tied to the concept of the Holocaust.

Jooss, who co-founded the reform-pedagogical Folkwang School for Music, Dance and Speech together with the experimental Folkwang Dance Studio in 1927, refused to fire Jewish ensemble members in 1933.[2] Piña tells us how he then left Germany and travelled to Chile, among other places. The Jooss-Leeder method, we learn, was adopted by the Chilean choreographer, dancer and former member of the Joost ensemble Patricio Bunster, who from 1954 to 1957 was married to choreographer, dancer and dance teacher Joan Jara. She later became the wife of folk singer, theatre director and Marxist social revolutionary Víctor Jara, who was murdered by military putschists in 1973. The integration of Rudolf von Laban's movement-analytical methods into Bunster's dance classes, based on Jooss's collaboration with Sigurd Leeder, aimed to create 'movement exercises and phrases'[3] sensitive to the environment. This was also to shape the dance style of his student and comrade-in-arms Pina Bausch, who died in 2009, and whose work Piña studied at Bunster's Centro de Danza Espiral, founded in 1985 under Pinochet's military regime in Santiago de Chile. The dance centre achieved fame not least due to its social engagement – impoverished students who otherwise would not (have been able to) receive dance training were and still are accepted there.

The name of the centre forms the title reference for Rosenberger's installation: *Espiral*, which translates as 'Spiral', significantly evoking the image of a uniform curved line winding around a central axis. This is what we seem to recognise in Piña's dance, but also, as will become clear later, in Rosenberger's interweaving of narrative-dramaturgical and spatial-installation form.

On the one hand, in terms of content the spiral suggests the cyclical recurrence of historical caesurae that run through the film as symbolic key dates (1918, 1932, 1989,

2005); on the other hand, the curved line motif is reflected in the overlapping of geographical and generational connections between the central protagonists (Jooss, Bunster, Piña). The Dance of Death motif has an obviously trans-historical, that is to say allegorical, function. So while Piña speaks and rehearses, we see a projection in the background with excerpts from a performance of *The Green Table* by the Joffrey Ballet of Chicago (1982). Whenever the projection comes to the fore, it merges with the here-and-now of her performance. The projected recording is presented as a kind of score, allowing Piña to rehearse the historical choreography and revise it through its re-enactment in front of the Vienna headquarters of the Austrian National Bank. The fact that the Jooss-Leeder method was preserved and further developed, as it were, thanks to Bunster's dance centre is notable in view of Rosenberger's thematisation of Austrian banking deals, since Chile, autocratically subjugated by Pinochet's military regime, was once an experimental laboratory for the neoliberalism that has since spread across the globe.[4] Significantly, the Austrian economist Friedrich August von Hayek was one of the co-founders of the Chicago School and the Mont Pelerin Society, i.e. the leading think tanks of neoliberalism. This was initially established in dictatorships generally supported by US and Western European governments. The implementation of an economic form based on privatisation, deregulation and outsourcing to low-wage countries was to come to primarily Western industrialised countries at the beginning of the 2000s. In *Espiral*, Jooss's illustration of capitalist power accordingly intertwines with Rosenberger's reflections on neo-colonial exploitation.

The way in which the artist confronts the increasingly abstract character of capitalism with modern dance history therefore interlocks two opposing narratives into a spiral form that deals with the simultaneity of anti-democratic economic policy and political aesthetics.

When we watch Amanda Piña rehearse individual movement elements of Jooss's choreography after the conversation with Isa Rosenberger, this not only brings us closer to the way it is made, but also documents the importance of the dance rehearsal as an appropriation of an art form conceived in the spirit of democratic socialism. Significantly, Piña's 'costume' consists of a painted skeleton, reminiscent of the allegorical Vanitas motif. Especially when Piña's contours blend with those of the projected figure, physical movement appears as an animation of cyclical time amalgamating life and death. In the techniques of blending, doubling and repetition employed by Rosenberger, the late medieval allegory of death runs as a thread through to the present day of a visual language that points beyond Europe. In this way, *Espiral* succeeds in literally decentring the perception of Western modernity as the engine and centre of universalist humanism, while the snowy ground on which Piña dances in front of the Austrian National Bank seems like an allegory of frozen time.

Against this background, if I recognise resonances of Walter Benjamin's thinking on the philosophy of history in *Espiral*, it is for two reasons: firstly, because of his decisive influence on the postmodern discourse of allegory. Thus, even after its heyday in the 1980s and 90s, it is still relevant for those reception-aesthetic approaches that are committed to the critique and overcoming of commodified concepts of work and authoritative authorship.[5] Benjamin's concept of allegory comes close to this claim insofar as it recognises in the production of works the traces and effects of always only momentary and abrupt representations of fragmentary, discontinuous and ephemerally experienced historicity. Hence Benjamin's thinking rejects the idealistic notion of a linear continuum of past, present and future. Authorship consists in the contingent tracing, (re)reading and translating of always already existing readings. Significantly, Benjamin's concept of allegory finds performative correspondence in the rehearsal-related topos of the exercise. In his late fragment 'Lernen und Üben', learning and practising, the philosopher speaks of experiences that are 'new' because they are unpredictable: 'Learning has steadiness (relative steadiness of progress); practising is unsteady (progress occurs unevenly, suddenly).'[6] The linguist Daniel Cuonz concludes from this that

> 'successful learning (...) therefore (means): keeping the thing to be learned firmly in view, while successful practice: refraining from desirable results until they occur, precisely for that reason. In relation to knowledge, skill or ability, learning thus means the cascading nature of a sequence of corresponding individual encounters. Practising, however, means a quality of encounter whose prospect of success consists precisely in the fact that it cannot be counted up with a sum of functionally arranged individual encounters.'[7]

In my opinion, Cuonz's reading of Benjamin can be applied to *Espiral* both in terms of content and form. On the one hand, because the practice of trying things out contradicts the mind-body dualism echoed in schoolmasterly learning; on the other hand, Rosenberger's installation exhibits the 'quality of encounter' emphasised by Benjamin, which characterises her dialogue with Amanda Piña as well as the viewer address that is implicated here: a quality that is not exhausted in the production of knowledge, but includes its social, physical and communicative dimension. Accordingly, the application of the make-up is also a component of the aesthetic practice, in which the appropriation character of any representation comes to light. The process of practising and rehearsing thus implies a form of searching, tentative and sensitive study. If, as in *Espiral*, these aim at repressed traditions of leftist and resistant critique of capitalism and domination, then not least the dialectics of political and aesthetic modernity are put to the test in this way. Significantly, a practising dancer has her say in Rosenberger's work: by repeatedly trying out the dance method presented, she appears not as an object but as a subject of observation. To a certain extent, this also applies to the filmmaker herself: thus it appears that Rosenberger's role of make-up artist is conducive to (re)appropriating the expressionist visual language as a medieval iconography preserved in modern make-up artistry.

The importance of such a practice can once again be seen in Cuonz's reading of Benjamin, according to the 'Erkenntniskritische Vorrede' of the study on the 'Ursprung des deutschen Trauerspiels' published in 1928:

> 'If the philosopher's task is practice in the descriptive design of the world of ideas, in such a way that the empirical world enters into it by itself and dissolves in it, then he wins the elevated middle ground between the researcher and the artist.'[8]

Piña's dance rehearsal can thus also be interpreted as a transdisciplinary hinge between scientific and aesthetic practice, and thus as a specific positioning in relation to modern (art) historiography. As Cuonz states, Benjamin is concerned with a specific concept of 'modernity' in the sense of 'testing and reflecting on the representability of discontinuities in the relationship between the old and the new'. In the philosopher's view, 'Baudelaire's poetry (…) brings out the new in the same-old and the same-old in the new (…)', from which the conclusion emerges

> 'that the new in Baudelaire makes no contribution whatsoever to progres (I, 687). On the contrary, Benjamin considers it the aesthetic achievement of the modernity that he sees exemplified by Baudelaire that it is able to free itself from the corset of the tradition-innovation dichotomy and, while not theorising its relationship to antiquity as one of mutual illumination and blending, is able to present it in literary terms.'[9]

In view of Rosenberger's blending of neo-classical architecture and neo-expressive re-enactment, of historical projection and revising rehearsal, it seems obvious to recognise in the spiral form an analogy to Benjamin's dialectic of the 'new in the same old': *Espiral* could thus also be read as an allegory of the hopelessness of escapist nostalgia as well as of the complicity of modernist faith in progress with the deadly laws of capitalist progression.

It is all the more significant that *Espiral*'s dramaturgy, which is based on the model of the spiral, consists of interchanging close-up and distant perspectives. Accordingly, the installation presents itself as an exercise to be undertaken by the viewer in a double, simultaneously rhythmically structured and disruptive seeing and hearing that is coupled to physical movement. Although synaesthetic spatial aesthetics represent a now common exhibition disposition, *Espiral* is grounded in the formal structure of the content: insofar as Rosenberger connected the exhibition spaces by means of a black-painted wall, so associating them with classical theatre and cinema aesthetics, the spiral form proved to be an interchanging perception of scenographic and pictorial representation.[10] Presenting the historical scores and notations in the form of graphics, it was possible to study not only the composition but also the rehearsal process of *The Green Table* at the moment of its re-enactment. Linked by Fritz Cohen's original piano music, which was always the same, documentation and visualisation, 'real' and 'fictitious' stage, back projection and rehearsal sequence presented themselves as perceptual events that were inseparable from one another: An event in which the topos of the exercise also has an allegorical character in that it serves, like a spiral, both to study historical scores and materials in order to 'renew' them in a way that allows us to imagine a future beyond corrupted promises of the future.

It is perhaps no coincidence that the topos of the rehearsal exposed in *Espiral* perpetuates the meandering courses of the historical reform pedagogy associated, among other things, with the legacy of Jooss, which Rosenberger makes the subject of another installation realised in 2020, *… the vast land from which she comes*: This was the reconstruction of a dance performance in 1934 at the Volksheim Ottakring, a kind of adult education centre in a Viennese inner-city working-class district. This work, realised two years ago, also centres on a dancer, Gertrud Kraus, who developed a choreographic adaptation entitled *Die Stadt wartet* (The City Waits) based on a text by Maxim Gorky. The art mediator and curator Nora Sternfeld writes about the 'chapter of expressionist Viennese dance history that was essentially carried by women, essentially by Jewish women':

'We glimpse something of the avant-garde history of Viennese popular education, but also of what is missing because all this came to an abrupt end with the Nazis and history could not be written any further here. So we also encounter a history of migration, a history of ruptures, exile and new beginnings (...).'[11]

Thus it appears that Rosenberger has found in expressionist dance a transdisciplinary pivotal link that brings to light the repressed sides of aesthetic modernity in worker and diasporic cultures from perspectives that are equally turned towards history, the present and the future.

1
Isa Rosenberger was able to identify the historical reference, as she explained to me during a discussion in preparation for this text: it is the Lübeck Dance of Death from 1463, which was revised in 1701. The name goes back to Lübeck's Marienkirche, where it was destroyed in 1942, 10 years after the premiere of Jooss's piece.

2
I was given this information by Isa Rosenberger during a conversation in the run-up to this text.

3
See https://www.goethe.de/de/kul/tut/gen/tan/20364451.html

4
See here Marina Martínez Mateo, 'Autoritaritärer Neoliberalismus per Gesetz', https://www.medico.de/blog/autoritaerer-neoliberalismus-per-gesetz-18737, last accessed: 27.12.2022.

5
See e.g. Craig Owens: 'The Allegorical Impulse: Toward a Theory of Postmodernism' (1980), reprinted in: Brian Wallis (ed.): *Art after Modernism: Rethinking Representation*, Boston 1984, pp. 203–235

6
Walter Benjamin, *Gesammelte Schriften* VI, unter Mitwirkung v. Theodor W. Adorno und Gershom Scholem, eds. Rolf Tiedemann und Hermann Schweppenhäuser, Frankfurt am Main 1985, p. 77.

7
Daniel Cuonz, 'Der Denker auf der Probebühne Walter Benjamins Theorie und Praxis der Übung', https://www.ingentaconnect.com/content/plg/var/2007/00002007/00000015/art00008?crawler=true, last accessed: 28.12.2022; Cuonz points out that Benjamin illustrated the practice with the example of the juggler: 'Thus Rastelli's outstretched little finger summoned the ball, which bounced up at him like a bird. The exercise of decades that preceded this, in truth, neither the body nor the ball "under his power" but brought about this: that both communicated behind his back. To tire the master by diligence and effort to the limit of exhaustion, so that finally the body and each of its limbs can act according to their own reason – this is called practising. (IV, 406)'

8
Ibid.

9
Ibid.

10
See Barbara Kapusta, Aufrollen der Spirale. Über Isa Rosenberger im Grazer Kunstverein, Graz: https://www.textezurkunst.de/de/articles/kapusta-rosenberger-grazer-kunstverein/, last accessed 28.12.2022

11
Opening up the material from the gaps without closing them. 'Isa Rosenberger's ... the vast land from which she comes', in: Edition Camera Austria (ed.): *Isa Rosenberger: ...the vast land from which she comes*, Graz 2020, pp. 7–12, here: p. 7.

Morgenröte

Wenn die Gegenwart Licht und Schatten
in die Vergangenheit wirft.

Kurt Kladler

... full of spirits so free war der Titel einer Ausstellung von Isa Rosenberger, der uns gleich am Beginn in den Schwung und die Leichtigkeit mit einbezieht, wenn ihre Lust, andere Menschen kennenzulernen und zu involvieren, in ihrer künstlerischen Arbeit ihren Ausdruck findet. Alle Momente ihrer künstlerischen Arbeiten werden darin vereint, klingen an und eröffnen den Reigen. „Vorhang auf!", möchte ich fast sagen, aber damit würde ich schon vorgreifen, denn kein Welttheater beginnt ohne Vorspiel:

Die Abenddämmerung der letzten Tage der Menschheit
galt in Wien lange Zeit als Morgenröte.

Schatten: Im Hinblick auf die Werke von Isa Rosenberger stößt der Begriff „Schatten" Assoziationen an, die vorerst an etwaige „Schatten der Vergangenheit" denken lassen und bis in die Gegenwart reichen. Einer vormals sinkenden Sonne und der Nachtseite der Geschichte gilt gegenwärtig durchaus das Interesse der Erforschung von Ereignissen, welche das Vergangenheitsdunkel der Wahrnehmung bisher entzogen hat.

Dabei stehen nicht nur die Erhellung des Geschehenen, sondern auch die nachfolgenden Verdunkelungsinteressen im Fokus, und Täterschaft wird in den wissenschaftlichen Arbeiten klar benannt. Diesbezüglich leistet der Gebrauch von bildhafter Sprache eher wenig, dieser wirft zudem einen eigenen Schattenkreis, der mehr verunklärt als aufklärt. Fragen der Restitution oder auch die Diskussion, die derzeit eine Neugestaltung des Dr.-Karl-Lueger-Denkmals fordert und begleitet, bestimmen mit klaren Worten und Fakten die öffentlich geführte Auseinandersetzung. Im Falle Luegers ist es sein kalkulierender, rüder Antisemitismus, der durch sein Bürgermeisteramt in Wien (1897–1910) legitimierend und radikalisierend wirkte und so auch die Voraussetzungen für späteres unsagbares Leid durch die Schoah schuf. Auch der Bildhauer, der Luegers „Ehrenmal" 1926 gestaltete, war diesem Gedankengut verpflichtet.

Wenn demnach von „Schatten" in diesem Zusammenhang gesprochen werden soll, dann im Gebrauch eines therapeutischen Konzeptes, das C. G. Jung so benannt hat, um die aus dem Bewusstsein abgespaltenen und verdrängten Anteile kennzeichnen zu können. Im Zusammenhang mit der oben genannten Debatte sind demnach nicht nur die historischen Fakten von Interesse, sondern auch die Tatsache, dass es lange Zeit als ehrenrührig galt, diese öffentlich zu machen. Auch das „Ehrenmal" sollte ja für die Kaiserstadt Wien und eine Jahrhundertwende stehen, die von einer noch heute touristisch verklärten Kaffeehaus- und Walzerseeligkeit beschwingt worden sein soll.

Die Analyse dessen, was uns verdrängen lässt, und die so bewerkstelligte Benennung der verdrängten Anteile wird zur Gesellschaftsarbeit, wenn das, was durch diesen „Schatten" verborgen war, eine öffentliche Diskussion in Gang setzt. Die

Konfrontation, das Durcharbeiten und die Integration ins öffentliche Bewusstsein, auch mit symbolischen Akten, ermöglicht nicht nur die sichtbare Anerkennung von vormals ausgeschlossenen, verleugneten oder beschönigend verklärten Geschehnissen, sondern macht auch die Dynamik einer diesbezüglichen Verdunkelung und Geschichtsglättung offenbar. Auch diese muss angenommen und als gesellschaftliche Wirklichkeit verstanden werden, um nicht durch moralische Verdikte in ein Abseits des politisch Anstößigen und Verwerflichen gedrängt zu werden.

Hier vermag die Kunst oft mehr zu leisten
als die politische Debatte!

Diese Feststellung mag provokant wirken, Isa Rosenbergers künstlerische Arbeiten bestätigen sie in überzeugender Weise. Dies hat einerseits mit der Verfasstheit des Kunstfeldes zu tun, in dem Künstler*innen sich auch im Widerspruch, mitunter zu sich selbst, bewegen können. Diese Bewegung schafft den Raum, der es ermöglicht, zu widersprechen und Konventionen zu hinterfragen. Auch jene Anteile des gesellschaftlich nicht opportunen „Schattens“ finden hier Platz. Im politischen Diskurs, der Gegnerschaft argumentebildend produktiv macht, wird diese negativ wahrgenommene Schattenseite meist in ein moralisches Exil verbannt. In der Kunst ist die Co-Präsenz antagonierender Motive ein produktives Moment.

Wenn die Kunst hier mehr zu leisten vermag, ist das im konkreten Fall auch den grundlegenden Auffassungen der Künstlerin zu verdanken. Isa Rosenberger beschäftigt sich in ihrer künstlerischen Arbeit mit der Produktion von sozialer Wirklichkeit und dem Wandel von Wertvorstellungen, da „Geschichte nicht einfach vorhanden ist, sie wird produziert“ (aus einem Gespräch mit Isa Rosenberger). Auch „historische Wahrheit“ ist eine Konstruktion, die aus dem Blickwinkel der Gegenwart Vergangenheit gestaltet. Isa Rosenberger spricht auch von Leerstellen und jenem Geschichtsdunkel, das individuelle Schicksale dem Gesichtskreis der Gegenwart entzieht, zumal jene von Frauen, die als Künstlerinnen, Architektinnen, Autorinnen oder Tänzerinnen Wesentliches geleistet haben.

Indem sie Spuren aus den Archiven, Werkdokumentationen sowie individuelle Erinnerungsstücke oder auch biografisch wichtige Orte mit Affekten und Bedeutung besetzt, erzeugt sie eine „atmosphärische Wahrheit“, die durch die mediale Vermittlung und die Verwendung von mehrperspektivischen Erzählformen in ihren Kunstwerken eine Nähe zu Erfahrungen schaffen soll. Dies auch deshalb, um Geschichte in der Gegenwart produktiv werden zu lassen. Das intendiert durchaus auch die Suche nach Modellen jenseits der biografischen Mystifikation. Denn nicht nur die (historischen) Personen, sondern auch deren Wissen, ihre künstlerische Praxis sowie ihre Widerständigkeit sollen als Erfahrungen in unserer Jetztzeit nutzbar gemacht werden.

Wie? Indem sie individuellen Stimmen ein Gesicht gibt, um mediale und mentale Bilder wieder entstehen zu lassen. Indem sie Wissen einen Körper gibt.

Vorhang auf, Bühne frei: *... full of spirits so free*

Auch in der Recherche und Produktion des *Café Vienne* (2014/18) spielt das Wien der Jahrhundertwende und Nachkriegszeit eine Rolle, und die Sängerin Tini Trampler findet ihre Rolle in einem Wienerlied, das Gina Kaus, der Protagonistin von Isa Rosenbergers Arbeit, gewidmet ist:

„The coffeehouse gives you a space to dream“, heißt es in einer Liedzeile des *Coffeehouse Songs*, welcher für die „queen oft the coffee house“ Gina Kaus (Wien 1893–1985 Los Angeles, USA) erdichtet und gesungen wird. Die Eckpunkte ihrer Lebensdaten, mit der Geburt in Wien und dem Tod in Los Angeles, sind auch Symbolwerte, da sie für die Leben vieler Menschen stehen, die 1938 Wien verlassen mussten oder späterhin eben noch verlassen konnten, bevor Vertreibung und systematisches Morden Lebenswege abschnitten, Menschen und ihre Träume brutal zerstörten. Das Café Herrenhof, das in der Zwischenkriegszeit für Regina Kaus noch ein Ort des Träumens, der Begegnungen und beherzten Diskussionen gewesen war, ein Ort, an dem ihre Erfolge als Autorin gefeiert wurden, verblieb durch die historische Zäsur des „Anschlusses“ als ein Moment der Erinnerung, den Isa Rosenberger in ihrer Arbeit aufgreift. Sie hat den *Coffeehouse Song* initiiert, den Tini Trampler und Stephan Sperlich in Anspielung an das Wienerlied der 20er-Jahre realisierten. Er ertönt im *Café Vienne*, das Isa Rosenberger für Gina Kaus gestaltet hat.

Gina Kaus wird so erneut ins kulturelle Gedächtnis eingeschrieben; als österreichisch-jüdisch-amerikanische Freidenkerin, als eine unabhängige, emanzipierte Frau und Bestsellerautorin, die in Wien gemeinsam mit Franz Blei die Literaturzeitschrift *Summa* mitgegründet hat. Die als Autorin und Co-Autorin in den USA Drehbücher schrieb, wie beispielsweise *We are Not Married!* (1952, mit Marilyn Monroe in der Hauptrolle) oder *The Robe* (1953, mit Richard Burton), und die dann in Hollywood in Anspielung an ihre Rolle in der literarischen Zwischenkriegsavantgarde in Wien den Titel „queen of the coffee house“ bekam. Damit scheint sich der Kreis zu schließen, indem eine individuelle Lebensgeschichte in ihrer kulturellen Relevanz exemplarisch vorgestellt wird.

Isa Rosenberger erweitert diesen Kreis. Sie lagert andere Kreise an und erarbeitet eine Erzählweise unter Verwendung von Video, recherchiertem Material, Inszenierung, Musik und Collagen (*Vienna Circles*), die wie der *Coffeehouse Song* Form- und Stilelemente aus den 20er-Jahren zum Ausgangspunkt haben. Dabei reflektiert sie auch die Tatsache, dass Erinnerungen in wachsendem Maße durch Medien formatiert und vermittelt werden. Deshalb haben diese immer auch fiktionale Anteile, durch die – der sekundären Traumarbeit ähnlich – erst geschlossene Narrationen erzeugt werden. Der konkrete und fiktionale Erinnerungsraum ihrer Inszenierung ist deshalb bewusst der Gegenwart verpflichtet und keine historisierende Hommage, obgleich sich im Fall von Gina Kaus auch dies anböte, da sie mit einer Biografie über Katharina die Große einen Best- und Longseller geschrieben hat.

Isa Rosenbergers künstlerische Erinnerungsarbeit verfährt dagegen rekonstruktiv und geht multiperspektivisch von der Gegenwart aus, um Konstellationen zu erfassen. Sie hält ihr so entstandenes Werk möglichst frei von Erklärungen und Behauptungen und macht durch die medienpoetischen Präsentationsformen, die sie wählt, Geschichte ästhetisch erfahrbar. In diesem Sinne ereignet sich Kunst, und das Ensemble der Werke vermag Besucher*innen zu aktivieren, um dialogische Situationen zu ermöglichen. *Café Vienne* ist, so gesehen, einem realzeitlichen Bühnengeschehen ähnlich, versehen mit dem Anspruch, dass Erinnerungsräume auch Erfahrungsräume sein sollen, in denen wir unsere eigenen Rollen finden und bedenken können. Genau in der Weise, wie Lebensgeschichten ihre Differenzierungen und Bedeutungen als identitätsstiftende Sinnquellen aus den Bezügen zu vielgestaltigen Lebensmomenten gewinnen.

Weiße Schatten

Die Schatten der Vergangenheit können bei Isa Rosenberger durchaus auch *Weiße Schatten* (für Ella Briggs, 2012), so der Titel einer frühen Arbeit, sein. Auch hier interessiert sie das abwesende Bild und die verlorene Geschichte einer Frau, die als Architektin im „Roten Wien" der Zwischenkriegszeit den Pestalozzihof (1925–1927) errichten konnte. Sie war neben Margarete Schütte-Lihotzky die einzige Frau, die zu jener Zeit ihren Beruf in vollem Umfang ausübte, und sie war nicht, wie den damaligen Rollenvorstellungen entsprechend, nur für Innenausstattungen zuständig. Nach ihrer Flucht 1936 nach London verliert sich ihre Spur. Isa Rosenberger konnte kein einziges Foto ausfindig machen, um ihr ein Gesicht zu geben, und verwendet in Plexiglas eingravierte weiße Schatten, die Fotos des von Ella Briggs errichteten Gebäudes einrahmen, um an sie zu erinnern und den Verlust ihrer weiteren Lebensgeschichte bewusst zu machen.

In den frühen Werkserien von Rosenberger sind es oft architektonische Epochenzeugnisse wie beispielsweise die Nový-Most-Brücke in Bratislava (*Nový Most*, 2008) oder ein ebenfalls in dieser Stadt errichteter Brunnen aus den 1960er-Jahren, der in *Ružinov*, 2009/10, zur Bühne wird, die als Ansatzpunkte für ihre Werke fungieren. Als materielle und symbolische Manifestationen haben diese Architekturen einen Teil der Lebensrealitäten der Menschen in den damals vom Sowjetkommunismus dominierten Gesellschaften hinter dem „Eisernen Vorhang" geprägt. Durch die persönlichen Geschichten von Zeitzeug*innen aus verschiedenen Altersgruppen versucht Isa Rosenberger in diesen Werken deren Geschichten und mitunter die Schatten dieser Epoche gegenwärtig zu machen. Individuelle und gesellschaftliche Bedeutungskonstruktionen manifestieren sich so auf verschiedenen generationsbezogenen Zeitebenen als erlebte Geschichte. Für die jüngsten Protagonist*innen verbleiben meist nur die Schatten ihrer eigenen Körper und die Verheißungen der Gegenwart, die eine im Zenit stehende Sonne aufleuchten lässt.

Musik! Tanz! Bühne frei

Nicht nur der symbolische „Eiserne Vorhang" wird jetzt hochgezogen, nun heißt es erneut: Vorhang auf! Wir betreten mit neuen Werken die Bühnen des Theaters der Courage (*Courage*, 2015) oder des Volksheims in Wien Ottakring (*… das weite Land, woher sie kommt*, 2019/20) und finden uns auch im Archiv des Bauhauses Dessau ein, um MANDA (2023) beim Stäbetanz zu bewundern.

Der zuvor getätigte kurze Rückblick soll helfen, charakteristische Veränderungen und neue künstlerische Strategien zu verdeutlichen, welche den Arbeiten der letzten Jahre ein eigenes Gepräge gegeben haben und sie in ihren Präsentationsweisen formal erweiterten. Jetzt wird die Recherchearbeit im Archiv bedeutsamer, ebenso wie die Zusammenarbeit mit Künstler*innen aus den Metiers Tanz, Musik und Schauspiel. Auch die filmische Inszenierung und Umsetzung erhält einen neuen Stellenwert und die Ausstellungen bekommen einen inszenatorischen Charakter.

Es sind auch Kontinuitäten beobachtbar. So thematisiert Isa Rosenberger in der letzten Werkserie ebenfalls die Trennung des privaten biografischen Raumes vom öffentlichen Raum. Diese markiert bis in die jüngste Vergangenheit eine geschlechterspezifische Differenz und lässt nach den Machtverhältnissen und Geschichtskonstruktionen fragen, die eine derartige Geschlechtergrenze befestigten und die Marginalisierung von kulturellen Leistungen, die von Frauen erbracht wurden, nach wie vor bedingen. Weiterhin ist eine der handlungsleitenden Fragen: „Welche Struktur und Logik zeigt sich im Schicksal des Vergessens?“ Um neue Antworten zu finden, bedient sich Rosenberger nun zunehmend der Strategie der Wiederaneignung jenes spezifischen Wissens, das Frauen wie Gertrud Kraus, Gina Kaus, Stella Kadmon oder, in ihrer letzten Arbeit, jenes von Manda von Kreibig durch ihre künstlerische Arbeit erworben und vermittelt haben. Sie intendiert dabei auch die Umgestaltung dieser Sphären des Öffentlichen und des Privaten, um Modelle zu erarbeiten, die spezifisches Wissen in unser kulturelles Gedächtnis integrieren und uns zu Identifikationsmöglichkeiten verhelfen.

Isa Rosenbergers Inszenierungen appellieren nicht nur an unseren Verstand und unser gesellschaftspolitisches Bewusstsein, wir würden sogar Wesentliches verpassen, folgten wir nur dem Richtstrahl des Verstandes und jenem der hehren Absichten. Der Produktionszusammenhang ihrer letzten Zusammenarbeit für MANDA während ihrer Bauhaus-Residenz im August und September 2022, die sie im Haus Schlemmer verbrachte, verdeutlicht beispielhaft ihre Arbeitsweise. Diese ist selbst ein Modell dessen, was sie in ihren Werken vermitteln möchte, denn: „Es geht letztlich darum, die Kreativität dieser Frauen in unserer Gegenwart zu nutzen, um Widerständigkeit herzustellen.“ (Zitat Isa Rosenberger)

Und wer war Manda?

Oskar Schlemmer! Die Strahlkraft seines Namens lässt auch heute noch die Schatten tanzen und sie verdecken mitunter auch Leistungen von Frauen, die damals im Lampenlicht der neu geschaffenen Raumbühne standen. Schlemmer: Er wird 1920 ans Bauhaus berufen und nach der Etablierung einer Studiobühne 1921 entwickelt er gemeinsam mit Lothar Schreyer und László Moholoy-Nagy neue Konzepte einer raumorientierten Bewegungskunst. Diese Bemühungen waren Teil der am Bauhaus programmatischen Suche nach dem „zukünftigen Menschen“, für den es bedürfnisgerecht zu gestalten galt und dessen Lebensrealität Mechanisierung und Rationalisierung bestimmen würden. Das *Triadische Ballett* (1922) ist wohl das bekannteste Werk dieser raumorientierten Bewegungskunst.

Bewegungskunst? Die neu gestalteten, Volumen und Gesten abstrahierenden raumplastischen Bühnenkostüme schränkten die Darstellenden auch in erheblichem Maße in deren Bewegungsfreiheit ein! Was mitunter dann auch die gewünschte Künstlichkeit betonte und bestimmte Bewegungsabläufe vorgab. So auch beim Stäbetanz, der für Isa Rosenberger zum Ausgangspunkt ihrer Arbeit zu Manda von Kreibig (1901–1989) wurde.

Wer war Manda? Es gibt wenige und über verschiedene Archive verstreute Fotos, Negative sind nicht mehr vorhanden. Sie war Tänzerin und kam im Frühjahr 1928 als Ballettmeisterin ans Bauhaus, das belegen Fotografien und Plakate. Den Stäbetanz hat sie unter der Regie von Oskar Schlemmer beim Tänzerkongress in der Kammermatinée im Schauspielhaus Essen am 25.6.1928 zur Uraufführung gebracht. Der Tanz dauert 4 Minuten, lange, an Brust, Armen und Beinen befestigte Holzstäbe wurden bewegt. Sie vergrößerten und abstrahierten die Körperlinien der Gliedmaßen, die durch die Mechanik der Gelenke Bewegungen in den Raum zeichneten.

Isa Rosenberger folgt der Spur von Manda: Archivmaterialien aus dem Bauhaus in Dessau, noch vorhandene Medien und Quellen werden in einem Prozess der Aneignung und Darstellung zusammengeführt, neu organisiert und inszeniert. Die Erschließung des Wissens um die zeithistorischen Bedingungen und die daraus entwickelte Tanzsequenz sowie deren filmische Dokumentation sind Teil eines kollaborativen Prozesses, der auch wissenschaftliche Untersuchungen und Erkenntnisse einschließt. Biografisch referenzielle Elemente werden so zum Material einer neuen Geschichte, die mit den ästhetisch-stilistischen Erzählmitteln der Jetztzeit multiperspektivisch erzählt und dargeboten wird.

Die wissenschaftlichen Erkenntnisse umfangreicher Studien zu den Folgen der abwertenden und zerstörerischen Kulturpolitik der Nationalsozialisten machen deutlich, dass durch die Schließung des Bauhauses Schüler*innen und Lehrer*innen den Geist des Bauhauses durch Emigration in die Welt getragen haben und diese Kulturleistungen durch nachfolgende Generationen fortexistieren. Im Falle des Tanzes, der in den Werken der letzten Jahre für Isa Rosenberger zu einem dominierenden Inhaltsbezug wurde, lässt sich dies eindrucksvoll am Wirken von Kurt Jooss (1901–1979), einem Tanzpionier der Zwischenkriegszeit, zeigen.

Jooss war zwar kein „Bauhäusler", er war dennoch ein wegweisender Pionier des Tanzes und ein gefeierter, mit Preisen ausgezeichneter Künstler. Er gründete 1928 das Folkwang-Tanztheater-Experimentalstudio und wurde 1932 für seine Choreografie von *Der grüne Tisch* in Paris mit dem 1. Preis eines internationalen Wettbewerbs ausgezeichnet. Er weigerte sich 1933, ohne seine jüdischen Mitarbeiter*innen in Deutschland weiterzuarbeiten, und emigrierte.

Es ist es nun nicht nur metaphorisch gemeint, „dass Wissen verkörpert wird", wenn Isa Rosenberger die künstlerische Arbeit von Kurt Jooss zum Thema ihrer Arbeit *Espiral* (2010/13) macht. Der Titel spielt auf den Namen der Tanzschule Espiral in Santiago de Chile an, die durch Patricio Bunster – Tänzer, politischer Aktivist und ehemaliger Solist in Kurt Jooss' Ensemble – mitgegründet wurde. Amanda Piña trägt durch ihre Ausbildung an dieser Schule als Tänzerin das Wissen dieser Tanzpioniere in ihrem Körper und vermittelt es in ihrer Zusammenarbeit mit Isa Rosenberger. Sie tanzt und verwendet in einer Adaptation von *Der grüne Tisch* Elemente der Choreografie von Kurt Jooss. Das Video und die dazugehörigen bildnerischen Arbeiten sind keine historisierende Hommage, sondern ein nüchtern und raffiniert kalkuliertes Stück über die „Rolle der österreichischen Banken in der Zeit vor und nach dem Ersten Weltkrieg sowie während der Transformationsprozesse im postsozialistischen Osteuropa".

Die Subversion muss ihr eigenes Halbdunkel hervorbringen
Ich zitiere Roland Barthes (*Die Lust am Text*), um etwas zu benennen, was sich in diesem Zitat elegant ausdrücken lässt, aber nicht unbedingt in seinem Sinn gemeint sein muss. Und zwar die Tatsache, dass jede Praxis ihre unausgesprochenen Vorannahmen, Voraussetzungen, ihre Gebote, nicht gestellten Fragen und Akzeptanzbedingungen hat. In diesem Sinn sind Werke konventionell, haben ein (zeit)typisches Gepräge, formal wie inhaltlich. Sie muten trotzdem im besten Fall neu, aufregend, erhellend und inspirierend an. Um einen lauteren Umgang mit dieser Situation zu finden, wird das kritische, die eigenen Bedingungen reflektierende Arbeiten in den Rahmen einer „Metafiktion“ gestellt. Das bedingt zumeist formale Entscheidungen, indem Erzählpositionen ausgewiesen werden, die Konstruktion der Handlungs- und Performanceabläufe sichtbar bleibt, Kamerapositionen bedacht werden, und letztlich hat auch die Präsentationsweise (Display) dieser Aufgabe dienlich zu sein.

Dies alles und mehr findet sich in den Arbeiten von Isa Rosenberger und den mitwirkenden Akteur*innen. Mit ihren künstlerischen Gestaltungsmitteln generieren sie einen mehrdimensionalen Raum von Metafiktionen, in dem die Rückbezüglichkeit auf die verwendeten Erzähl- und Darstellungsweisen die Frage „Welche Instanz vermittelt die Geschichte?“ wachhält. Verwendete Werke und ihre Geschichte werden als Tatsachenbezug ausgewiesen und im Wechselverhältnis zur Fiktionalisierung nicht nur der Lebensgeschichte, sondern auch des Werkes und der Zeitumstände installativ konkretisiert.

Die Subversion und das so entstehende Halbdunkel bestehen auch darin, die eigenen Ansprüche mitunter zu unterlaufen. Manda von Kreibig betreffend lässt sich auch fragen, was nach den dokumentierten Auftritten und dem Verschwinden aus der öffentlich wahrnehmbaren Geschichte ihr weiteres Leben bestimmt hat? Ihre Lebensdaten (1901–1989) verdeutlichen, dass sie nach der NS-Herrschaft und dem Ende des Zweiten Weltkrieges noch mehr als 40 Jahre gelebt hat.

Der Versuch einer Antwort ließe uns in eine Richtung abbiegen, in der wir unsere Ziele, die kulturelle Leistung, Innovation und das Wissen dieser Frauen als subversive Praxis erfahrbar und beispielhaft werden zu lassen, nicht oder nur auf langen Umwegen erreichen könnten.

Zudem sinkt fast jede Lebensgeschichte in ein historisches Dunkel, wenn sich die Schattenlinie des Todes unerbittlich durch die Zeit bewegt. Die Leerstellen, die Isa Rosenberger in ihrer Rekonstruktionsarbeit interessieren, machen eine Leere auf, wo früher Leben war, und lassen sich in konkreter Weise mit dem Tod assoziieren. Unwiederbringliche Erinnerung, Verlust, Nichts, nur das Wissen, dass etwas gewesen sein muss.

Durch die Frage „Und wer war Manda?“ wird auch deutlich, dass dokumentierte Sichtbarkeit zu Lebzeiten, erhaltene Artefakte, ein Werk, das überdauern konnte, Spuren der Erinnerung und ein motiviertes und motivierendes Interesse von Personen, die aus der Jetztzeit heraus Vergangenes gegenwärtig machen, Bedingungen für das kulturelle Weiterleben sind. Wie wechselhaft und zeittypisch ein allgemeines Interesse ist, das Wertschätzung und damit Sichtbarkeit schaffen könnte, lässt sich in zahlreichen Biografien von Kulturarbeiter*innen finden. „Nicht zeitgemäß“, „entspricht nicht den Ansprüchen“, „dafür lässt sich kein Markt finden“, „veraltetes Gedankengut“ etc. Was eine Gesellschaft jeweils als wertvoll für die Aufbewahrung im kulturellen Gedächtnis erachtet, charakterisiert diese, und wir schaffen mit unseren Entscheidungen selbst immer auch Inklusionen und Exklusionen – einfach aufgrund unserer internalisierten Wertvorstellungen und Erwartungshaltungen. Das kulturelle Feld ist sogar konstitutiv geprägt von der kompetitiven Dynamik aufgrund des Widerstreits von etablierter und nach Etablierung strebender Individuen, Gruppen und Institutionen. Und was die Gegenwart betrifft, die ihre Schatten in die Vergangenheit wirft, überdecken diese zuweilen das, was lückenhaft bleiben muss und sich nicht rekonstruieren lässt. So sind auch sie mit Teil jener Logik des Vergessens, die uns hier beschäftigt.

Die Erschließung von Wissen, von Zeitumständen und die dadurch möglichen Teilantworten auf die nun schon insistierende Frage „Und wer war Manda?" erhellen auch das nicht zu befriedigende Frageinteresse. Die Dringlichkeit dieses Insistierens, so legitim es ist, darf sich ruhig im oben genannten Halbdunkel verlieren und beflissen die Fackel der Vernunft und Gerechtigkeit im Geschichtsdunkel vorantragen. Wir hingegen werden dadurch von manchen Ansprüchen entlastet und können uns der Kunst zuwenden. Denn nüchtern betrachtet geht es um Kunst, und die muss aufgrund der künstlerischen Eigenleistung für sich stehen und überzeugen können.

Isa Rosenberger macht ihr Frageinteresse produktiv! Es ermöglicht ihr Begegnungen, die Teilhabe an anderen Lebensgeschichten und den Austausch von Erfahrungen. Es erlaubt ihr, inspirierenden Hinweisen nachzuforschen und die Zusammenarbeit mit anderen Kulturschaffenden zu verwirklichen. Im semantischen Dreiklang des Wortes „eintreten" schwingen die Bedeutungen „für etwas eintreten", eintreten im Sinn von „geschehen" und „eintreten!" als Geste der Aufforderung, einzutreten, mit. Das Klangbild vereint wesentliche Anliegen und Aspekte der Werke von Isa Rosenberger.

ZUGABE!!! Ein letztes Mal, Vorhang auf!
Ein Nachspiel:
Wien, Volksheim Ottakring, 29. April 1934. Gertrud Kraus führt mit ihrer Compagnie *Die Stadt wartet* auf. Ein heute weitgehend unbekanntes Stück von Maxim Gorki, *Musik der Großstadt*, diente als Vorlage für Marchel Rubin, der diese zu einem Musik- und Tanzstück umgearbeitet hat, zu dem Elias Canetti einen verbindenden Text beisteuerte. Die Aufführung war eine großartige Veranstaltung, wie aus der damaligen Presse zu erfahren ist.

Graz, Camera Austria, 2020, *… das weite Land, woher sie kommt*. Wir erfahren noch viel mehr. Denn die Partitur der Ausstellung von Isa Rosenberger in den Räumen der Camera Austria umfasst nicht nur umfangreiches Archivmaterial, sondern auch die Stimmen von Ruth Eshel, sie ist Tanzforscherin in Tel Aviv und Zeitzeugin, jene der Tanzhistorikerin Andrea Amort sowie jene der Tänzerin und Musikerin Loulou Omer. Nachspielen lässt sich das originale Tanzstück nicht, da keine Aufzeichnungen zur Choreografie erhalten geblieben sind. Dennoch hat diese Aufführung ein Nachspiel, das Isa Rosenberger in gedankenvoller Weise im historischen Aufführungssaal in Wien-Ottakring inszeniert. Auch die als spitzes Dreieck in den Zuschauer*innenraum ragende Bühne hat sich noch erhalten. Loulou Omer übernimmt darauf die Rolle der Erzählerin und Tänzerin. Das so entstandene Video ist der Mittelpunkt und Drehpunkt der Ausstellung, welche auch über die Lebensgeschichte von Gertrud Kraus Auskunft gibt.

Wer war Gertrud Kraus? Ihr Leben ist im Vergleich zu jenem von Manda von Kreibig gut dokumentiert und auch in der Erinnerung von Loulou Omers Mutter lebendig geblieben. Kraus emigrierte nach dem Putschversuch der Nazis 1934 nach Israel und war eine prägende Tänzerin und Lehrende in der neu entstehenden israelischen Tanztheaterszene. In einem Interview, das Isa Rosenberger mit Ruth Eshel in Tel Aviv führte, erfahren wir zudem auch etwas über Zeitumstände und Erfordernisse während der Aufbauphase eines neuen Staates, die den sozialistischen Idealen einer zionistischen Pioniergeneration verpflichtet war. Diese wirkten verändernd auf die künstlerischen Zielsetzungen und Choreografien ein und berühren damit auch die Fragen nach der „Logik des Vergessens". Expressionistischer Tanz und die formalen Experimente avantgardistischer Großstadtmilieus waren in dem weiten Land, in dem Gertrud Kraus ihre neue Heimat fand, nicht mehr zeitgemäß, beziehungsweise veränderten sich die künstlerischen Zielsetzungen. Kunst sollte nun konkret dem zukünftigen Menschen und dem zukünftigen Staat formen und auch dienen. Auch viele Ideen des Bauhauses fanden ihre Umsetzung, vor allem in der architektonischen Gestaltung der neu entstehenden Städte. Der Aufbruch im Licht einer tatsächlichen Morgenröte ermöglicht es heute, die Geschichte von Gertrud Kraus weiterzuerzählen und ihr künstlerisches Erbe lebendig zu erhalten.

Isa Rosenberger macht in ihren Werken Individualität, Originalität und Innovation erfahrbar und belässt diese künstlerischen Leistungen bei den historischen Personen. Im Mittelpunkt stehen Menschen, die nicht als Opfer vorgestellt werden, denn ihre Lebensgeschichten und ihre Werke sind ihr Vermächtnis. Durch die künstlerisch-empathische Anteilnahme in ihrem kollaborativen Produktionsprozess schafft es Isa Rosenberger, ihre Begeisterung und Lust zu vermitteln, die dem Werk erhalten bleibt, es trägt und uns daran Anteil nehmen lässt.

Dawn

When the Present Casts Light and Shadow on the Past

Kurt Kladler

... *full of spirits so free* was the title of an exhibition by Isa Rosenberger, which from the start draws us into the impetus and lightness, when her desire to get to know and involve other people finds expression in her work. All moments of her artistic work are united in it, resonate and open the round dance. 'Curtain up!,' I would almost like to say, but that would already be getting ahead of ourselves, because no world theatre begins without a prelude:

The dusk of the last days of humankind was long considered dawn in Vienna.

Shadow: In relation to Isa Rosenberger's work, the term 'shadow' triggers associations that, for the time being, bring to mind possible 'shadows of the past' and reach into the present. A previously sinking sun and the night side of history is currently very much the focus of interest in the exploration of events that the darkness of the past has so far withdrawn from perception.

In the spotlight is not only what happened but also the subsequent obscuring interests, and perpetrators are clearly named in the scientific works. In this regard, the use of figurative language accomplishes very little – additionally, it casts its own circle of shadows that obscures more than it enlightens. Questions of restitution or the discussion currently calling for and supporting a redesign of the Dr. Karl Lueger Monument determine the public debate with clear words and facts. In the case of Lueger, it is his calculating, crude anti-Semitism, which had a legitimising and radicalising effect through his position as mayor in Vienna (1897–1910), and thus also created the conditions for the later unspeakable suffering of the Shoah. The sculptor who designed Lueger's 'memorial' in 1926 was also committed to this body of thought.

If we speak of 'shadows' in this context, we do so in the use of a therapeutic concept that was so named by C. G. Jung in order to be able to identify the parts that have been split off and repressed from the consciousness. In relation to the debate mentioned above, it is not only the historical facts that are of interest, but also the fact that for a long time it was considered defamatory to make them public. After all, the 'memorial' was supposed to represent the imperial city of Vienna at the turn of the century, in thrall to the heady delight of coffee houses and waltzes, as still glorified for tourists today.

The analysis of what makes us repress and the naming of the repressed parts achieved in this way becomes community work if what was concealed by this 'shadow' initiates a public discussion. The confrontation, the working through and the integration into the public consciousness, also with symbolic acts, not only enables the visible recognition of events that were previously excluded, denied or glossed over, but also reveals the dynamics of an obscuration and smoothing of history in this relation. This, too, must be accepted and understood as a social reality in order not to be pushed into a sideline of the politically offensive and reprehensible by moral verdicts.

Here, art can often achieve more than political debate!

This statement may seem provocative, and yet Isa Rosenberger's work confirms it in a convincing way. On the one hand, this has to do with the constitution of the art field, in which artists can also move in contradiction, occasionally to themselves. This movement creates the space that allows them to contradict and challenge conventions. Even those parts of the socially inopportune 'shadow' find a place here. In political discourse, which makes enmity argumentatively productive, this negatively perceived shadow side is usually banished into moral exile. In art, the co-presence of antagonistic motifs is a productive moment.

If art can achieve more here, in this specific case it is also thanks to the fundamental views of the artist. In her artistic work, Isa Rosenberger explores the production of social reality and the change in value concepts, since 'history does not simply exist, it is produced' (from a conversation with Isa Rosenberger). 'Historical truth' is also a construction that shapes the past from the perspective of the present. Isa Rosenberger speaks of voids and that darkness of history that removes individual destinies from the view of the present, especially those of women who have made important contributions as artists, architects, authors and dancers.

By assigning affects and meaning to traces from the archives, documentation of works, as well as individual relics or biographically important places, she creates an 'atmospheric truth' that is intended to create a closeness to experience through medial communication and the use of multi-perspective narrative forms in her artworks. This is in order to make history productive in the present and is certainly also directed at the search for models beyond biographical mystification. It is not simply the (historical) persons, but also their knowledge, their artistic practice and also their resistance that are to be made usable as experiences in our present time.

How? By giving a face to individual voices in order to recreate medial and mental images. By giving knowledge a body.

Curtain up, stage clear: ... *full of spirits so free*

Turn-of-the-century and post-war Vienna also play a role in the research and production of *Café Vienne* (2014/18), and singer Tini Trampler finds her role in a Viennese song dedicated to Gina Kaus, the protagonist of Isa Rosenberger's work:

'The coffeehouse gives you a space to dream,' reads a line of the *Coffeehouse Song*, which is composed and sung for the 'queen of the coffee house', Gina Kaus (Vienna 1893–1985 Los Angeles, USA). The cornerstones of her life, her birth in Vienna and death in Los Angeles, are also symbolic values, as they stand for the lives of many people who had to leave Vienna in 1938, or were able to leave later, before expulsion and systematic murder cut off lives and brutally destroyed people and their dreams. The Café Herrenhof, which in the interwar period had still been a place of dreams, encounters and spirited discussions for Regina Kaus, a place where her successes as an author were celebrated, remained through the historical caesura of the Anschluss as a moment of memory, which Isa Rosenberger takes up in her work. She initiated the *Coffeehouse Song*, which Tini Trampler and Stephan Sperlich realised in allusion to the Viennese Song of the 1920s. It can be heard in *Café Vienne*, created by Isa Rosenberger for Gina Kaus.

In this way Gina Kaus is once again inscribed in cultural memory; as an Austrian-Jewish-American free thinker, as an independent, emancipated woman and best-selling author who co-founded the literary magazine *Summa* in Vienna with Franz Blei. Who wrote screenplays as an author and co-author in the USA, such as *We are Not Married!* (1952, starring Marilyn Monroe), or *The Robe* (1953, with Richard Burton), and who was then given the title of 'queen of the coffee house' in Hollywood, in allusion to her role in the literary interwar avant-garde in Vienna. This seems to close the circle by presenting an individual life story in its cultural relevance as an example.

Isa Rosenberger expands this circle. She adds other circles, and elaborates a narrative style using video, researched material, staging, music, and collages (*Vienna Circles*) that, like *Coffeehouse Song*, take elements of form and style from the 1920s as their starting point. In doing so, she also reflects on the fact that memories are increasingly formatted and communicated by media. For this reason they always have fictional components as well, through which, similar to secondary dream work, closed narratives are produced in the first place. The concrete and fictional memory space of her staging is therefore consciously committed to the present and not a historicising homage, although in the case of Gina Kaus this would also be fitting, since she wrote a bestseller and longseller with her biography of Catherine the Great.

Isa Rosenberger's artistic memory work, on the other hand, takes a reconstructive approach, with a multi-perspective view of the present in order to capture constellations. As far as possible she keeps her work free from explanations and assertions and makes history aesthetically tangible through the media-poetic forms of presentation she chooses. In this sense, art happens and the ensemble of works is able to activate visitors in order to facilitate dialogical situations. *Café Vienne* is, in this respect, similar to a real-time stage event, ensuring the claim that spaces of memory should also be spaces of experience in which we can find and consider our own roles. Precisely in the way that life stories gain their differentiations and meanings as identity-forming sources of meaning from references to diverse life moments.

White Shadows

For Isa Rosenberger, the shadows of the past may well also be *White Shadows* (for Ella Briggs, 2012), the title of an early work. Here, too, she is interested in the absent image and lost history of a woman who, as an architect in the 'Red Vienna' of the interwar period, built the Pestalozzihof (1925–1927). Apart from Margarete Schütte-Lihotzky, Briggs was the only woman who practised her profession fully at that time and was not, in line with the gender expectations of the time, responsible only for interior design. After her escape to London in 1936, her trail is lost. Isa Rosenberger was unable to locate a single photograph to put a face to her, and uses white shadows engraved in Plexiglas that frame photographs of the building constructed by Ella Briggs, commemorating her and making us aware of the loss of her wider life story.

In Rosenberger's early series of works, it is often architectural testimonies to epochs – such as the Nový Most Bridge in Bratislava (*Nový Most*, 2008) or a 1960s fountain, also erected in that city, which becomes a stage in *Ružinov*, 2009/10 – that offer her starting points. As material and symbolic manifestations, these architectural designs have shaped some of the realities of life for the people behind the Iron Curtain, the societies dominated by Soviet Communism at that time. Through the personal stories of contemporary witnesses from different age groups, Isa Rosenberger aims to make their stories, and sometimes the shadows of this era, present in these works. In this way, individual and social constructions of meaning manifest themselves as experienced history on different generational time levels. For the youngest protagonists, what remains is mostly only the shadows of their own bodies and the promises of the present illuminated by a sun at its zenith.

Music! Dance! Clear the stage

It is not just the symbolic Iron Curtain that is now raised, it's curtain up again now! We enter the stages of the Theater der Courage (*Courage*, 2015) or the Volksheim in Vienna Ottakring (*... the vast land from which she comes*, 2019/20) with new works and also find ourselves in the archive of the Bauhaus Dessau to admire MANDA (2023) in the Stick Dance.

The brief retrospective above should help to clarify the characteristic changes and new artistic strategies that have given works of recent years their own character and formally expanded them in their modes of presentation. Now research work in the archive becomes more important, as well as collaboration with artists from the professions of dance, music and acting. The cinematic production and realisation take on a new significance and the exhibitions acquire a staged character.

Continuities can also be observed. In the last series of works, for example, Isa Rosenberger explores the separation of private, biographical space from public space. This marks a gender-specific difference until the recent past and makes us question the power relations and historical constructions that consolidate this kind of gender boundary and perpetuate the marginalisation of cultural achievements made by women. Additionally, one of the guiding questions is: 'What structure and logic is reflected in the fate of forgetting?' In order to find new answers, Rosenberger increasingly employs the strategy of re-appropriating that specific knowledge which women such as Gertrud Kraus, Gina Kaus, Stella Kadmon, or, in her most recent work, Manda von Kreibig, gained and conveyed through their artistic work. In doing so, she also aims to transform these spheres of the public and the private in order to develop models that integrate specific knowledge into our cultural memory and open up ways for us to identify.

Not only do Isa Rosenberger's stagings appeal to our intellect and our sociopolitical consciousness – we would in fact miss essential aspects if we simply followed the directional beam of intellect and of pious intentions. The production context of her last collaboration for MANDA during her Bauhaus residency in August and September 2022, which she spent in the Schlemmer House, is a good example of her working method. This is itself a model of what she wants to convey in her works, because: 'Ultimately, it's about using the creativity of these women in our present to create resistance.' (quote Isa Rosenberger)

And who was Manda?

Oskar Schlemmer! The brilliance of his name still makes the shadows dance today, and they sometimes obscure achievements by women who were then in the lamplight of the newly created space stage. Schlemmer: appointed to the Bauhaus in 1920, after a studio stage was established in 1921 he developed new concepts of a space-oriented art of movement with Lothar Schreyer and László Moholoy-Nagy. These efforts were part of the programmatic search at the Bauhaus for the 'future man', the aim being to design in line with his needs and whose reality of life would be determined by mechanisation and rationalisation. The *Triadische Ballett* (Triadic Ballet, 1922) is probably the best-known work to come from this space-oriented art of movement.

Art of movement? While abstracting volumes and gestures, the newly designed sculptural costumes also, to a large extent, restricted the performers' freedom of movement! Which then at times also emphasised the desired artificiality and prescribed certain movement sequences. This was also the case with the Stäbetanz (Stick Dance) which became the starting point for Isa Rosenberger's work on Manda von Kreibig (1901–1989).

Who was Manda? There are few photos scattered across various archives, the negatives no longer exist. She was a dancer and came to the Bauhaus in the spring of 1928 as a ballet mistress, photographs and posters confirm. She premiered the Stäbetanz under the direction of Oskar Schlemmer at the Dancers' Congress in the chamber matinée at the Schauspielhaus Essen on 25 June, 1928. The dance lasts four minutes. Long wooden sticks attached to the chest, arms and legs are moved. They enlarge and abstract the body lines of the limbs, which draw movements in space through the mechanics of the joints.

Isa Rosenberger follows Manda's trail: archive materials from the Bauhaus in Dessau and surviving media and sources are brought together in a process of appropriation and representation, reorganised and staged. The opening up of knowledge about the contemporary historical conditions and the dance sequence that developed from it, like its film documentation, are part of a collaborative process that also includes scientific research and findings. Biographical referential elements become the material of a new story, which is told and presented with the aesthetic stylistic narrative means of the present time, in a multi-perspective approach.

The scientific findings of extensive studies on the consequences of the devaluing and destructive cultural policy of the National Socialists make it clear that due to the closure of the Bauhaus, students and teachers carried the spirit of the Bauhaus into the world through emigration and that these cultural achievements have continued to exist through later generations. In the case of dance, which has become a dominant content reference for Isa Rosenberger in her works of recent years, this can be strikingly demonstrated by the work of Kurt Jooss (1901–1979), a dance pioneer of the interwar period.

Although Jooss was not a 'Bauhäusler', he was nonetheless a ground-breaking pioneer of dance and a celebrated, award-winning artist. He founded the Folkwang Dance Theatre Experimental Studio in 1928 and was awarded first prize in an international competition in Paris in 1932 for his choreography of *The Green Table*. In 1933 he refused to continue working in Germany without his Jewish colleagues and emigrated.

It is not just in the metaphorical sense that 'knowledge is embodied' when Isa Rosenberger makes Kurt Jooss the subject of her work *Espiral*, 2010/13. The title alludes to the name of the dance school Espiral in Santiago de Chile, co-founded by Patricio Bunster – dancer, political activist and former soloist in Kurt Jooss's ensemble. Through her training at the school as a dancer, Amanda Piña carries the knowledge of these dance pioneers in her body and conveys it in her collaboration with Isa Rosenberger. She dances and uses elements of Kurt Jooss's choreography in an adaptation of *The Green Table*. The video and accompanying visual works are not a historicising homage but a sober, refined and calculated piece on the 'role of Austrian banks in the period before and after World War I and during the transformation processes in post-socialist Eastern Europe.'

Subversion must produce its own chiaroscuro

I quote Roland Barthes (*The Pleasure of the Text*) to name something that can be elegantly expressed in this quote, yet not necessarily meant in its sense. That is, the fact that every practice has its unspoken presuppositions, prerequisites, its precepts, unasked questions, and conditions of acceptance. In this sense, works are conventional and have a (time-) typical character, in form as well as in content. Nevertheless, in the best case they seem new, exciting, enlightening and inspiring. In order to find a louder treatment of this situation, the critical work, reflecting its own conditions, is placed within the framework of a 'metafiction'. This usually involves formal decisions, in that narrative positions are identified, the construction of the action and performance sequences remains visible, camera positions are considered, and ultimately the mode of presentation (display) must also serve this purpose. All this and more can be found in the works of Isa Rosenberger and the participating actors. With their artistic creative elements, they generate a multidimensional space of metafictions, in which the reference back to the narrative and presentation methods keeps alive the question: 'Which instance conveys the story?' The works used and their history are identified as factual references and are concretised in an installative way in interrelation to the fictionalisation, not only of the life story, but also of the work and the circumstances of the time.

The subversion and resulting chiaroscuro also consist in sometimes undermining one's own claims. Concerning Manda von Kreibig, we can also ask what determined her further life after the documented appearances and her disappearance from publicly perceptible history? Her life dates (1901–1989) reveal that she lived for more than 40 years after the Nazi regime and the end of the Second World War.

Attempting an answer would leave us branching off in a direction where we could not achieve our goals of allowing the cultural achievement, innovation and knowledge of these women to be experienced and exemplified as subversive practice, or only by taking long detours.

Moreover, almost every life story sinks into historical obscurity as the shadow line of death moves inexorably through time. The voids that interest Isa Rosenberger in her reconstruction open up an emptiness where there used to be life and can be associated with death in a concrete way. Irretrievable memory, loss, nothingness, only the knowledge that something must have been.

What also becomes clear through the question 'And who was Manda?' is that documented visibility during a lifetime, preserved artefacts, a body of work that endured, traces of memory, and a motivated and motivating interest of people who make the past present from the present time are conditions for cultural survival. How changeable and time-typical a general interest is, which could create appreciation and thus visibility, can be found in numerous biographies of cultural workers. 'Not current', 'does not correspond to demands', 'no market for it', 'outdated ideas', etc. What a society considers valuable for preservation in cultural memory characterises it, and we ourselves always create inclusions and exclusions with our decisions. Purely because of our internalised values and expectations. The cultural field is even constitutively characterised by the competitive dynamic due to the contestation of established and striving-to-become-established individuals, groups and institutions. And as for the present, which casts its shadows into the past, these sometimes cover what must remain incomplete and cannot be reconstructed. Thus, they too are part of that logic of forgetting that concerns us here.

The opening up of knowledge, the circumstances of the time and the partial answers to the now already insistent question 'And who was Manda?' also illuminate the unsatisfiable interest in the question. The urgency of this insistence, as legitimate as it is, may quietly get lost in the chiaroscuro mentioned above and assiduously carry forward the torch of reason and justice in the historical darkness. We, on the other hand, are in this way relieved of some claims and can turn to art. Because, objectively viewed, it is about art, and it must stand for itself and be able to convince on the basis of its own artistic achievement.

Isa Rosenberger makes her interest in questions productive! It allows her to have encounters, share other life stories and exchange experiences. It allows her to investigate inspiring clues and to carry out collaborations with other cultural professionals. In the semantic triad of the word 'enter' resonate the meanings: 'to enter into something', to commit to; enter in the sense of 'embark upon'; and 'Enter!' as a gesture of invitation to come in. The sound pattern combines key concerns and aspects of Isa Rosenberger's work.

ENCORE!!! One last time, curtain up!
An epilogue:

Vienna, Volksheim Ottakring, April 29, 1934. Gertrud Kraus performs *Die Stadt wartet* (The City Waits) with her company. A play by Maxim Gorky, *Musik der Großstadt* (Music of the Big City), largely unknown today, served as the basis for Marcel Rubin, who reworked it into a music and dance piece to which Elias Canetti contributed a connecting text. The performance was a magnificent event, according to the press of the time.

Graz, Camera Austria, 2020, … *the vast land from which she comes*. We learn much more. The score of Isa Rosenberger's exhibition in the space of Camera Austria includes not only extensive archival material, but also the voices of Ruth Eshel, a dance researcher in Tel Aviv and a contemporary witness, of dance historian Andrea Amort, and of dancer and musician Loulou Omer. The original dance piece cannot be re-enacted since no records of the choreography have survived. Nevertheless, this performance has an epilogue, which Isa Rosenberger stages in a thoughtful manner at the historical performance hall in Vienna Ottakring. The stage, which extends out into the auditorium as a pointed triangle, has still been preserved. Loulou Omer takes on the role of narrator and dancer. The resulting video is the centre and fulcrum of the exhibition, which also provides information about the life story of Gertrud Kraus.

Who was Gertrud Kraus? Compared to Manda von Kreibig, her life is well documented and has also survived in the memory of Loulou Omer's mother. Kraus emigrated to Israel after the Nazi coup attempt in 1934 and was an influential dancer and teacher in the newly emerging Israeli dance theatre scene. In an interview conducted by Isa Rosenberger with Ruth Eshel in Tel Aviv, we also learn something about the contemporary circumstances and needs during the establishment of a New State, which was committed to the socialist ideals of a pioneering Zionist generation. These led to changes in the artistic objectives and choreographies and thus also touch on the questions of the 'logic of forgetting'. Expressionist dance and the formal experiments of avant-garde big-city milieus were no longer timely in the vast land where Gertrud Kraus found her new home, or rather the artistic objectives changed. Art now specifically aimed to shape and also serve the future man and the future state. Many ideas from the Bauhaus were also implemented, especially in the architectural design of the newly emerging cities. The awakening in the light of an actual dawn makes it possible today to continue telling the story of Gertrud Kraus and to keep her artistic legacy alive.

Isa Rosenberger makes individuality, originality and innovation tangible in her works and leaves these artistic achievements with the historical persons. The focus is on people who are not presented as victims, because their life stories and works are their legacy. Through artistic, empathic participation in her collaborative production process, Isa Rosenberger manages to convey her enthusiasm and desire, which remains with the work, carries it and allows us to share in it.

Got it rough 'cause I'm a She

2021

Full-HD-Video
11 min
Deutsch mit englischen Untertiteln
3 C-Prints, 60 × 80 cm, gerahmt

In Zusammenarbeit mit Martina Berisha, Margaret Carter, Martha Vollnhofer & VinziRast Wien

Im Kunsthaus Graz ergänzt durch ein Poster zum Mitnehmen, mit einem Bild von der Aktion am Heldenplatz sowie einem Text zu Frauenarmut in Österreich von Michaela Moser (Österreichische Armutskonferenz).

Full-HD-Video
11 min
German with English subtitles
3 C-Prints, 60 × 80 cm, framed

In collaboration with Martina Berisha, Margaret Carter, Martha Vollnhofer & VinziRast Wien

With take-away posters in Kunsthaus Graz, with a picture of the action at the Heldenplatz and a text on women's poverty in Austria by Michaela Moser (Österreichische Armutskonferenz).

Der Film entstand 2021 als Auftragsarbeit für die Ausstellung *arm & reich* im Dom Museum Wien, die sich den Facetten sozioökonomischer Ungleichheiten anhand von künstlerischen Positionen widmete.

Von systemisch-struktureller Benachteiligung – wie etwa der Arbeit in Niedriglohnbranchen, Teilzeitarbeit und un- bis schlecht bezahlter Care-Arbeit – sind Frauen noch immer überproportional betroffen. Corona hat die Belastungen für viele Frauen noch verschärft, auch die häusliche Gewalt hat zugenommen.

Für *Got it rough 'cause I'm a She* arbeitete Isa Rosenberger über mehrere Monate lang mit drei von Obdachlosigkeit bedrohten und nun in der VinziRast in Wien lebenden Frauen zusammen. Ausgehend von persönlichen Erfahrungen entwickelten die Frauen kollaborativ ein Manifest, das sich dem Thema der Frauenarmut aus unterschiedlichen Perspektiven näherte und dann in Auszügen und in Form von Protestplakaten von den drei Protagonistinnen zum Wiener Heldenplatz und somit sichtbar in den öffentlichen Raum getragen wurde. Szenen der Aktion im Stadtraum verwebt Rosenberger mit solchen gemeinsamer Diskussionen sowie faktischen und kreativ-performativen Ebenen – wie dem Wordrap von Margaret Carter – zu einer multiperspektivischen Filmcollage über Frauen und Armut.

Got it rough
'cause I'm a She

This film was made in 2021 as a commissioned work for the exhibition *arm & reich* (poor & rich) at the Dom Museum Vienna, which examined the facets of socio-economic inequalities through artistic positions.

Women are still disproportionately affected by systemic-structural disadvantages – such as work in low-wage industries, part-time work and unpaid to poorly paid care work. Corona has exacerbated the burdens for many women, and domestic violence has also increased.

For *Got it rough 'cause I'm a She*, Isa Rosenberger worked for several months with three women threatened by homelessness and now living at the VinziRast shelter in Vienna. Based on personal experiences, the women collaboratively developed a manifesto that addressed the issue of women's poverty from different perspectives. This was then carried in excerpts and in the form of protest posters by the three protagonists to the Heldenplatz in Vienna – and so taken visibly into public space. Rosenberger interweaves scenes of the action in urban space with joint discussions as well as factual and associative-performative levels – such as the wordrap by Margaret Carter – to create a multi-perspective film collage about women and poverty.

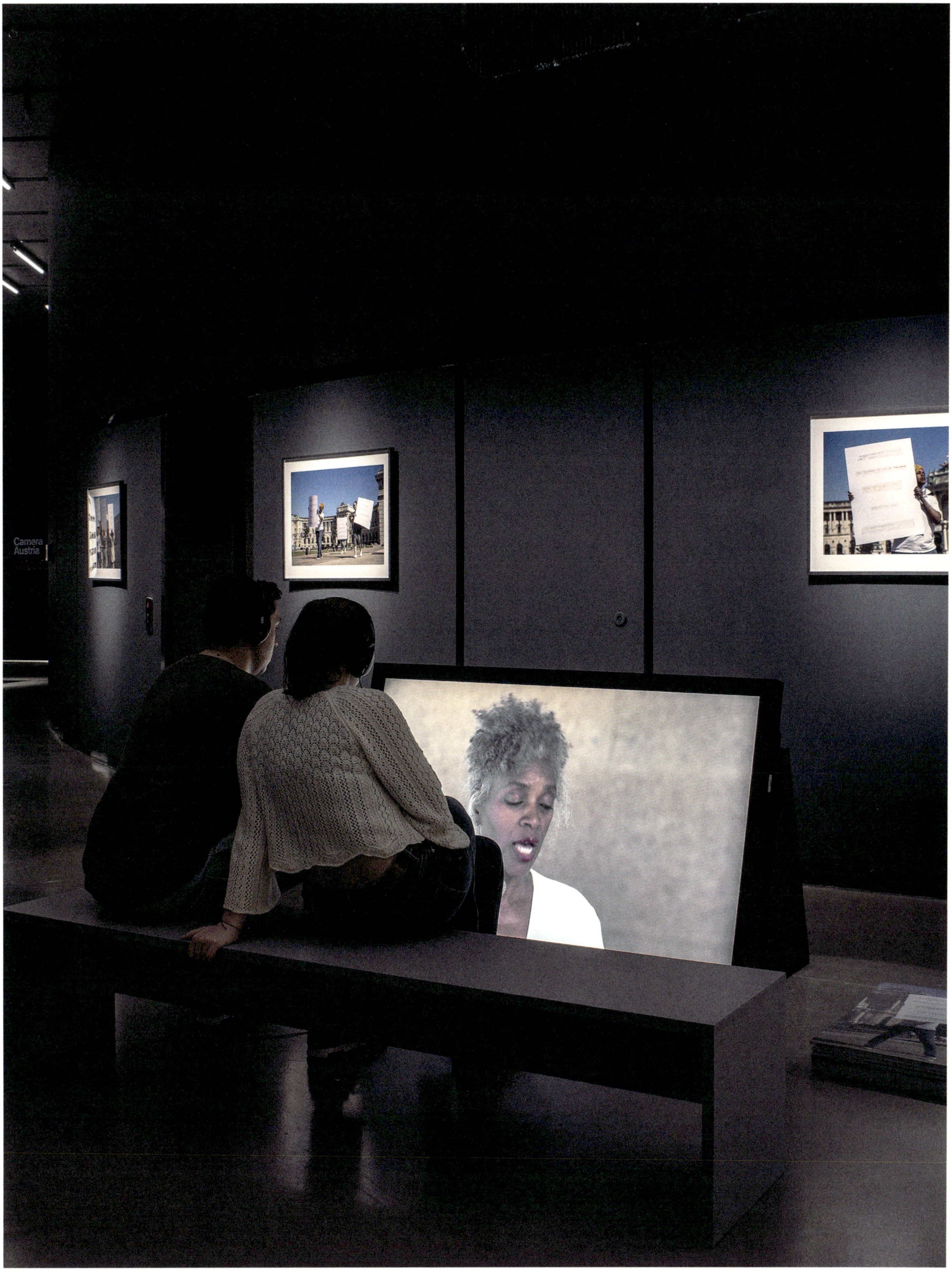
Camera
Austria

Videostills
Video stills

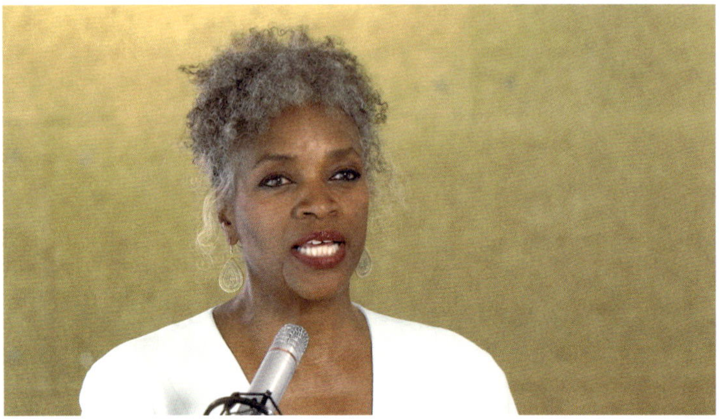

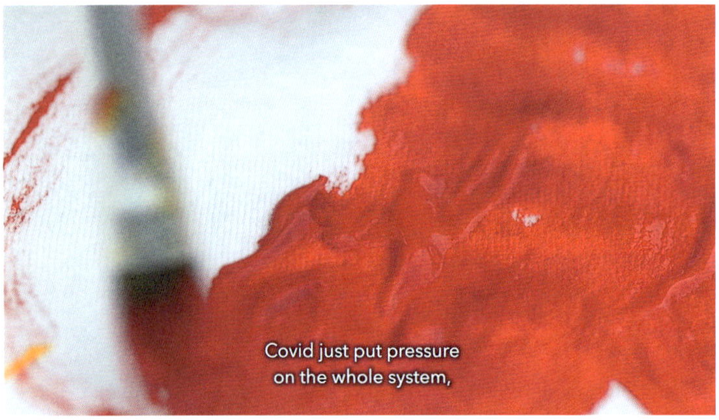

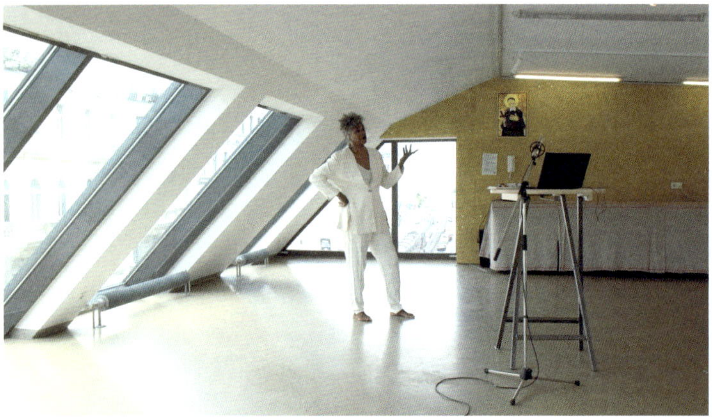

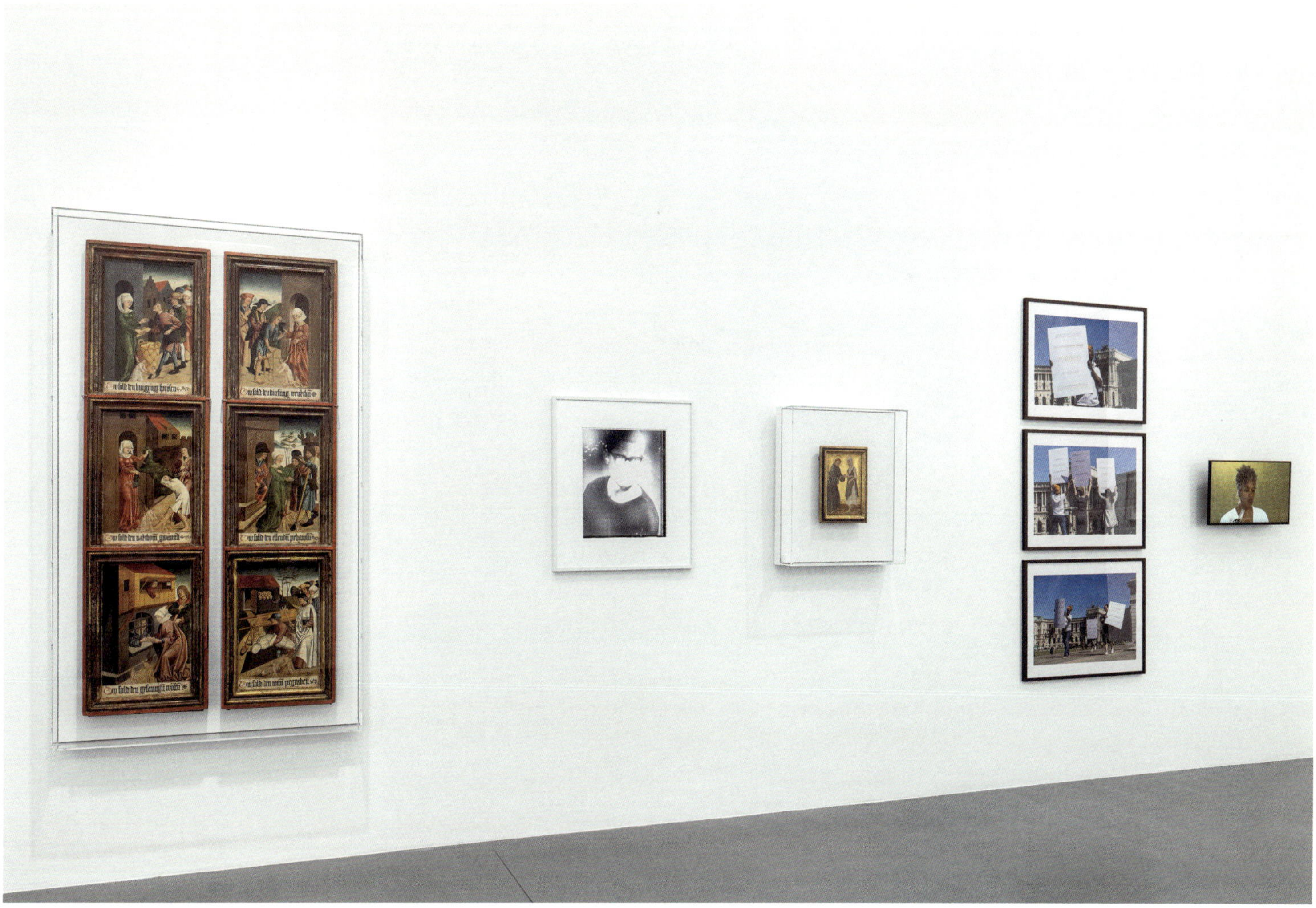

arm & reich, Ausstellungsansicht,
Dom Museum Wien, 2021
poor & rich, Exhibition views,
Dom Museum Vienna, 2021

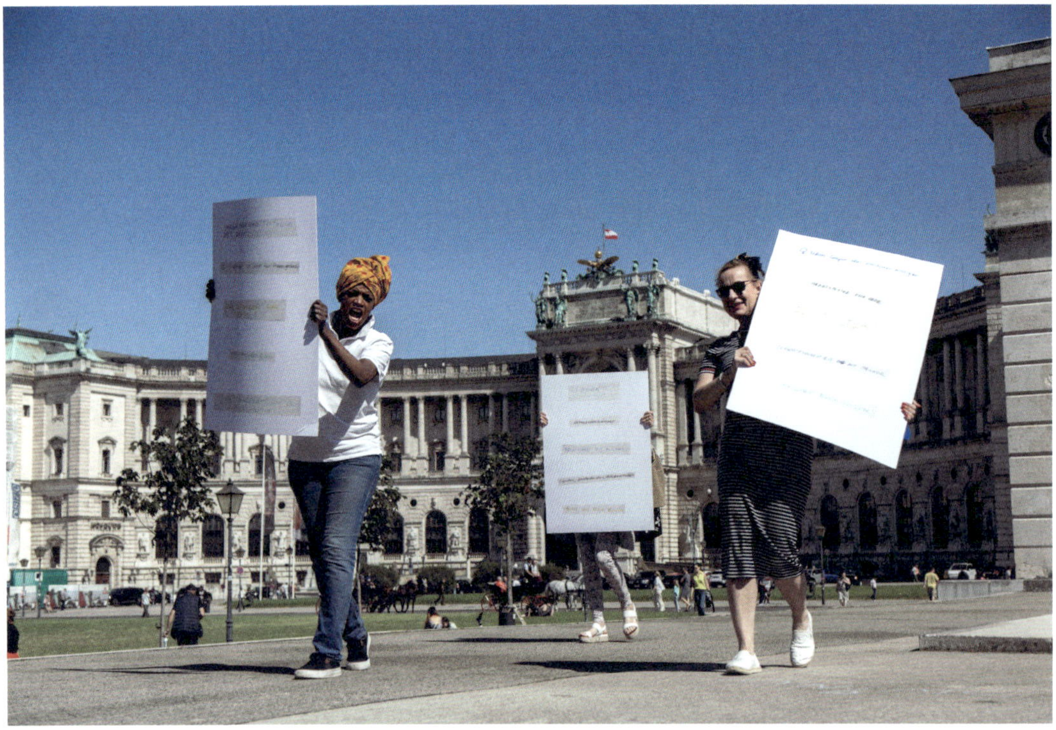

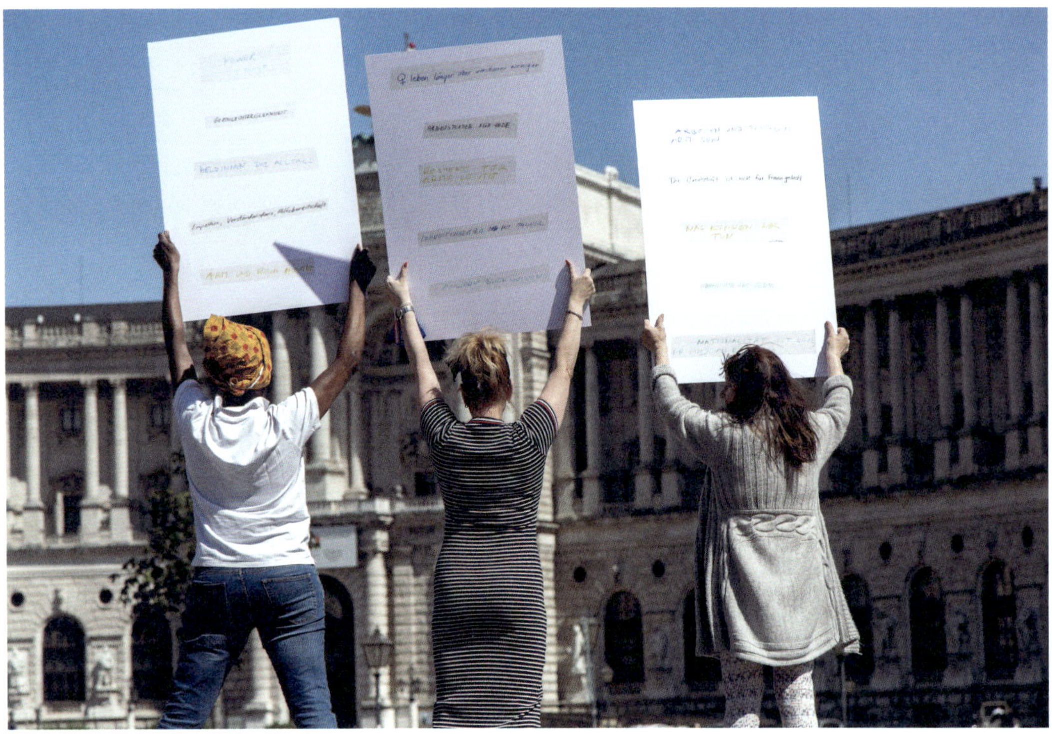

Armut von Frauen und feministische künstlerische Praxis

Überlegungen zu epistemischer Ethik und visueller Solidarität

Elke Krasny

Sekunde Null, erste Einstellung: zwei Frauen; sie sind in Vorwärts-Bewegung; einer ihrer Füße ist jeweils mit der ganzen Sohle auf dem Boden aufgesetzt; der andere Fuß ist vom Boden abgehoben; nur die Spitze des zweiten Fußes berührt den Boden. Vor ihren Körpern halten die Frauen große weiße Papierbögen von hoher Grammatur. Von den beiden Händen der beiden Frauen sind diese Papierbögen fest umklammert. Die Arme sind leicht angewinkelt neben dem Körper; nach vorne hin sind ihre Arme ausgestreckt. Zwischen den beiden Frauen, etwas hinter ihnen, ist eine dritte Person zu sehen; ihr Oberkörper und ihr Gesicht sind von dem großen weißen Papierbogen, den auch sie mit beiden Händen festhält, verdeckt. Auch diese dritte Person ist in Bewegung, ein Fuß mit der ganzen Sohle fest auf dem Boden, der andere Fuß abgehoben. Alle drei Personen bewegen sich auf die*den Betrachter*in zu. Auf den drei Papierbögen sind jeweils, über den ganzen Bogen verteilt, mittig platziert, in unterschiedlicher Länge und Breite, fünf Papierstreifen aufgeklebt. Auf einem der Papierbögen ist ganz oben folgender Satz zu lesen: „♀ leben länger aber verdienen weniger." Die weißen Papierbögen mit den aufgeklebten handschriftlichen Sätzen sind selbstgemachte Plakate. Solche Protestplakate, selbstgemacht, handgemacht, haben in der Geschichte von Demonstrationen und Versammlungen im öffentlichen Raum eine lange Tradition. Sie bestimmen das öffentliche Erscheinen der Forderungen und Ziele von Demonstrationen. Sie verbinden die Forderungen und Ziele direkt mit den Körpern der Demonstrierenden, die sie gleichzeitig öffentlich sichtbar machen und aufs Engste mit ihrem Körper und ihrem Eintreten für die Anliegen verbinden. Oft werden solche Protestplakate gemeinsam vorbereitet, in kleineren Gruppen. Dann kommen die Plakate, von Einzelnen gehalten, zusammen und tragen die Anliegen, Forderungen und Ziele von Demonstrierenden in die Öffentlichkeit. Zusammenkunft und Zusammenhalt sind konstitutiv für dieses In-die-Öffentlichkeit-Tragen.

Die erste Einstellung des Films *Got it rough 'cause I'm a She* von Isa Rosenberger in Zusammenarbeit mit Martina Berisha, Margaret Carter und Martha Vollnhofer behauptet mit den Mitteln der zeitgenössischen Kunst die reale Möglichkeit einer öffentlichen Demonstration für die gesellschaftlichen und politischen Anliegen, die mit der Armut von Frauen verbunden ist. Insbesondere macht der Film darauf aufmerksam, dass keine umfassende kulturtheoretische oder kunstwissenschaftliche Untersuchung zu Armut von Frauen als Gegenstand feministischer Kunst vorliegt und dass feministische Kunst, die sich mit Armut von Frauen befasst, immer gefordert ist, sich mit komplexen Widersprüchen auseinanderzusetzen. Die Eingangssequenz wirft daher viele Fragen auf, die sich feministische Kulturtheorie und Vermittlung von zeitgenössischer Kunst – die sich selbst wiederum ebenso wie feministische Kunst als Teil von sozialer, emanzipatorischer und transformativer Praxis begreifen – anhand des hier Gezeigten stellen sollten. Wie wird von Armut bestimmtes Leben ein öffentliches Anliegen? Wie wird deutlich gemacht, dass Armut weiblich ist? Welche künstlerischen Mittel gibt es, Frauenarmut sichtbar und hörbar zu machen? Welche künstlerischen Verfahren werden entwickelt, die im öffentlichen Sichtbar- und Hörbarmachen von gesellschaftlichen, politischen und ökonomischen Realitäten von Frauenarmut die Problematik von Restigmatisierung, die Reproduktion von Marginalisierung und die Gefahren von visueller Gewalt und Ausbeutung zum Gegenstand der künstlerischen Auseinandersetzung machen? Wie können arme Frauen sprechen? Diese Frage ist ein Echo der Frage „Can the Subaltern Speak?", die von der postkolonialen feministischen Theoretikerin Gayatri Chakravorty Spviak in einem 1988 erstmals veröffentlichten Text gestellt wurde, um nach der Artikulationsmacht derjenigen, die sich in einer marginalisierten Position befinden, zu fragen und zugleich die epistemische und reale politische Gewalt aufzuzeigen, die darin besteht, dass nicht das Sprechen-Können infrage steht, sondern das Gehör-Finden. Darüber hinaus führt der vor über drei Jahrzehnten von Spivak vorgelegte Text, der seit seiner Veröffentlichung auch im Zusammenhang von gesellschaftspolitischer Kunst, deren Produktion sowie deren Vermittlung und kulturtheoretischer Analyse intensiv rezipiert wurde, zentral den Begriff der Repräsentation ein. Dieser Begriff ist geeignet, um Wechselwirkung und Verschränkung der politischen Dimension und der Dimension der künstlerischen Mittel und Verfahren von gesellschaftspolitischer Kunst aufzuzeigen. Spivak unterscheidet „Repräsentation als ‚sprechen für', wie in der Politik, und Repräsentation als ‚Repräsentation', als ‚Dar-stellung' bzw. ‚Vorstellung', wie in der Kunst oder der Philosophie".[1] Wiewohl intensiv rezipiert, stellt sich die Frage nach Repräsentation, nach Vertretung und Darstellung ebenso wie die Fragen nach Artikulationsmacht und epistemischer, aber auch visueller Gewalt in jeder künstlerischen Arbeit aufs Neue. Daher sind künstlerische Arbeiten, insbesondere feministische künstlerische Praxen, gefordert, epistemische Ethik und visuelle Solidarität zu erarbeiten.

Insbesondere politische Anliegen im Kontext feministischer Repräsentation in künstlerischen Arbeiten sind von dem ethischen Aushandlungsverhältnis zwischen Vertretung und Darstellung gefordert. Innerhalb feministischer, vor allem in Zusammenhang mit gesellschaftspolitischem feministischem Aktivismus entstandenen kritischen Denktraditionen wird die Frage nach politischer und ökonomischer Hegemonie gestellt. Diese kann kritisch gefasst werden durch die Analyse der Schwarzen feministischen Aktivistin und Denkerin bell hooks, die vom „imperialistischen, rassistischen [white supremacist], kapitalistischen Patriarchat" spricht, oder durch die Befundung der feministischen Anthropologin Rita Segato, die den Status quo bis heute als „patriarchale Vorgeschichte der Menschheit" bezeichnet und damit die Möglichkeit der Transformation in den Raum stellt.[2] Feministische Repräsentation und im spezifischen Fall die Repräsentation von Armut als Lebensrealität in dem 2021 erarbeiteten Film *Got it rough 'cause I'm a She* – also zu einem historischen Zeitpunkt, als im Zusammenhang mit den Auswirkungen der globalen Covid-19-Pandemie durch Armut bedingte prekäre Lebenssituationen vor allem bei Frauen rasant zunahmen – ist auch gefordert, über die ethischen Dimensionen künstlerischer Verantwortung und die Bedingungen der Möglichkeiten von visueller Solidarität hinsichtlich historischer und gegenwärtiger Ungleichheitsverhältnisse zwischen Frauen nachzudenken. Dies ist hinsichtlich der Frage von Armut von Frauen, und wie feministische

Künstler*innen diese Armut zum Gegenstand ihrer Arbeit machen, von besonderer Relevanz. Es stellt sich die Frage, wie in diesem Zusammenhang die Hierarchien und Exklusionen, die durch hegemoniale Feminismen hervorgebracht wurden und werden, zum Thema gemacht werden. Beispielsweise ist hier zu denken an den von der afrodiasporischen französischen Denkerin und Aktivistin Françoise Vergès kritisch diagnostizierten „zivilisatorischen Feminismus" oder an den „imperialen Feminismus", den Rita Segato analysiert. Darüber hinaus ist vor allem aus einer Perspektive der politischen feministischen Ökonomie die Frage zu stellen, wie sich die Verstrickung feministischer Forderungen in kapitalistische Werthaltungen und Karrierelogiken, wie sie zum Beispiel im kapitalistischen Imperativ des Lean-In-Feminismus, wie er von Sheryl Sandberg proklamiert wurde, zu Fragen der Armut von Frauen verhält, die nicht zuletzt global durch hegemonial innerhalb einer kapitalistischen Ökonomie agierende Frauen, welche andere Frauen durch schlecht bezahlte Reproduktionsarbeit ausbeuten, hervorgerufen wird.[3] Insbesondere für feministische Künstler*innen wie Isa Rosenberger, die ihr künstlerisches Arbeiten aus „intersektionaler" Perspektive, das heißt aus dem Bewusstsein um ineinander verschränkte Ungleichheiten, Ungerechtigkeiten und Diskriminierungen wie Klassismus, Sexismus und Rassismus praktizieren und reflektieren, bleibt die Frage nach der zwischenmenschlichen und künstlerischen Aushandlung von Repräsentation, von Vertretung und Darstellung eine immer komplexe ethische Dimension ihres Arbeitens und eine politische Herausforderung.

Genau diese hier dargelegten Ausführungen zu feministischer Praxis, visueller Solidarität und epistemischer Ethik in zeitgenössischer Kunst haben mich dazu geführt, die erste Einstellung von Isa Rosenbergers Film am Anfang dieses Texts ausführlich und nahsichtig zu beschreiben, um näherzubringen, wie sich der Film zu dem Verhältnis der Repräsentation zwischen Vertretung und Darstellung artikuliert. Die drei Frauen Martina Berisha, Margaret Carter und Martha Vollnhofer demonstrieren mit ihren selbstgemachten Plakaten, um Armut von Frauen als ihr eigenes Anliegen und als gesamtgesellschaftliches öffentliches Anliegen sichtbar zu machen. Vertretung und Darstellung fällt in eins. Sie sind diejenigen, um deren Lebensrealität es geht und zu der sie sprechen. Auf der Ebene der Kollaboration hat Rosenberger nicht nur die Praxis von visueller Solidarität als erklärtes Ziel, sondern auch ökonomische Dimensionen. Kollaboration ist hier nicht exploitativer Voluntarismus, sondern Mitarbeit, die bezahlt wird und zugleich emanzipatorische Ziele gemeinsam geteilter Artikulationsmacht verfolgt.

Ich werde mich im Folgenden für meine abschließenden Überlegungen weiterhin auf die erste Einstellung des Films, die visuelle und räumliche feministische Politik der Demonstration von Armut, beziehen. Die drei Protagonist*innen, die in ihrer Vorwärtsbewegung ins Bild gesetzt sind, befinden sich auf dem Heldenplatz in Wien. Sie verwenden, um die Analyse von Rita Segato aufzugreifen, „das Imperium der öffentlichen Sphäre", um ihre Anliegen in die Öffentlichkeit zu tragen. Zusammenhalt und Zusammenkunft werden durch die drei Personen dargestellt. Ihre Anliegen sind handschriftlich auf den weißen Papierbögen repräsentiert. Sie tragen die Armut in den öffentlichen Raum. Damit vollziehen sie den Schritt aus den Ökonomien des sogenannten Privaten und des Häuslichen in die Öffentlichkeit. Zugleich wird damit verdeutlicht, dass Armut und der Verlust des Zuhauses, Obdachlosigkeit, aufs Engste miteinander zusammenhängen und dass die Folgen der Trennung von öffentlich und privat, welche die kolonial-kapitalistische Industriemoderne vollzogen hat, vor allem im Zusammenhang mit der Armut von Frauen mehrfach virulent wird. Frauen waren nicht nur historisch von der patriarchalen öffentlichen Sphäre ausgeschlossen und die öffentlichen Räume moderner imperialer Metropolen, wie repräsentative Plätze, waren nicht für die öffentliche Präsenz weiblicher Körper gedacht, sondern Armut, und insbesondere Armut von Frauen, wurde zur Privatangelegenheit gemacht, die sich in den sogenannten eigenen vier Wänden, solange es diese gibt und sie nicht durch Armut verloren wurden, vollzieht und versteckt. Der Schritt in die Öffentlichkeit, der hier von den drei Frauen vollzogen wird, ist ein feministischer Akt, den öffentlichen Raum mit der Existenz der Armut von Frauen zu konfrontieren und zugleich zu verhindern, dass die Armut von Frauen dazu führt, diese als „arme Frauen" zu restigmatisieren. Die Protagonist*innen leisten demonstrativ die Arbeit, auf Armut aufmerksam zu machen. Mit ihrem Auftritt verschaffen sie sich Präsenz und Gehör. Der Heldenplatz ist für diese demonstrative Aktion strategisch ausgewählt. Er hat eine lange Geschichte imperialer, patriarchaler, faschistischer Machtdemonstration hinter sich und wird durch Demonstrationen wie diese, die in diesem Fall als künstlerisches Verfahren eingesetzt wird, für emanzipatorische Ziele verwendet. Die eigene Situation zu repräsentieren und zugleich für die Armut von Frauen als gesamtgesellschaftliches Verhältnis einzutreten, wird durch die erste Einstellung des Films eröffnet, als Einstellung, als ethische Haltung und als Form der künstlerischen Solidarität, die sich im öffentlichen Raum zeigt und dies filmisch dokumentiert. Diese Haltung zeichnet den gesamten Film *Got it rough 'cause I'm a She* aus. Aus diesem Grund hat sich dieser Text der ersten Einstellung gewidmet und von dieser ausgehend Überlegungen zu epistemischer Ethik und visueller Solidarität angestellt.

1
Gayatri Chakravorty Spivak, *Can the Subaltern Speak? Postkolonialität und subalterne Artikulation*, übers. v. Alexander Joskowicz, Stefan Nowotny, Wien 2008, S. 29.

2
bell hooks, „Das Patriarchat verstehen", 26.07.2019, in: kaos.noblogs.org/post/2019/07/26/bell-hooks-das-patriarchat-verstehen (26.01.2023); Rita Segato, *Femizid. Der Frauenkörper als Territorium des Krieges*, übers. v. Sandra Schmidt, Münster 2022, S. 27.

3
Vgl. Sheryl Sandberg, *Lean In: Frauen und der Wille zum Erfolg*, übers. v. Barbara Kunz, Berlin 2015. Eine kritische Untersuchung globalisierter feminisierter Arbeitsverhältnisse bieten Barbara Ehrenreich, Arlie Russell Hochschild, *Global Woman: Nannies, Maids, and Sex Workers in the New Economy*, New York 2004.

Women's Poverty and Feminist Artistic Practice

Reflections on Epistemic Ethics and Visual Solidarity

Elke Krasny

Second zero, first shot: two women; they are in forward motion; each of them has one foot with the whole sole placed on the ground; the other foot is lifted; only the tip of the second foot is touching the ground. In front of their bodies the women hold large sheets of white high-grammage paper. These sheets of paper are tightly grasped in both hands of both women. Their arms are slightly bent beside their bodies; their arms are stretched forwards. Between the two women, a little behind them, a third person can be seen; her upper body and face are hidden by the large sheet of white paper that she is also gripping with both hands. This third person is also in motion, one foot with the whole sole firmly on the ground, the other foot lifted. All three are moving towards the viewer. Stuck on each of the three sheets of paper, spread over the entire sheet, positioned centrally, in different lengths and widths, are five strips of paper. At the top of one of the sheets of paper the following sentence can be read: ♀ live longer but earn less. The white sheets of paper with the handwritten sentences stuck on them are homemade posters. Such protest posters, homemade, handmade, have a long tradition in the history of demonstrations and gatherings in public space. They determine the public appearance of the demands and goals of demonstrations. They connect these demands and goals directly with the bodies of the demonstrators, who at the same time make them publicly visible and closely connected to their bodies and their advocacy for the causes. Often these protest posters are made together beforehand, in smaller groups. Then the posters, held by individuals, come together and bring the causes, demands and goals of demonstrators into the public eye. Gathering and solidarity are constitutive for this bringing-into-the-public-eye.

The first shot of the film *Got it rough 'cause I'm a She* by Isa Rosenberger in collaboration with Martina Berisha, Margaret Carter and Martha Vollnhofer, uses the medium of contemporary art to assert the real possibility of a public demonstration for the social and political causes connected with women's poverty. In particular, the film draws attention to the fact that there is no comprehensive cultural theoretical or art historical study of women's poverty as an object of feminist art, and that feminist art dealing with women's poverty is always required to address complex contradictions. The opening sequence therefore raises many questions that feminist cultural theory and mediation of contemporary art – which, like feminist art, in turn sees itself as part of social, emancipatory and transformative practice – should ask on the basis of what is shown here. How does a life defined by poverty become a public cause? How is it made clear that poverty is female? What artistic means exist to make women's poverty visible and audible? What artistic processes are being developed that in making the social, political and economic realities of women's poverty visible and audible to the public, make the problem of re-stigmatisation, the reproduction of marginalisation and the dangers of visual violence and exploitation the subject of artistic examination? How can poor women speak? This question is an echo of the question 'Can the Subaltern Speak?' posed by the postcolonial feminist theorist Gayatri Chakravorty Spivak in a text first published in 1988. Spivak examines the power of articulation of those who find themselves in a marginalised position, while at the same time identifying the epistemic and real political violence that consists in the fact that it is not 'being able to speak' that is at issue here, but 'being heard'. Since its publication more than three decades ago, Spivak's text has had an intensive reception in the context of socio-political art, its production as well as its mediation and cultural-theoretical analysis. Crucially, it introduces the concept of representation. This concept is useful to demonstrate the interaction and entanglement of the political dimension and the dimension of the artistic means and procedures of socio-political art. Spivak distinguishes between representation as 'speaking for', as in politics; and representation as 're-presentation,' as 'portraying' or 'staging', as in art or philosophy.[1] Although intensively received, the question of representation, of proxy and portrait together with the questions of articulation of power and epistemic, but also visual violence, arise in a new way in each work of art. Hence works of art, especially feminist artistic practices, are required to develop epistemic ethics and visual solidarity.

In particular, political causes in the context of feminist representation in works of art are required by the ethical negotiation relationship between proxy and portrait. Within the feminist critical thinking traditions that have emerged, especially in the context of socio-political feminist activism, the question of political and economic hegemony is raised. This can be critically framed through the analysis of the Black feminist activist and thinker bell hooks, who speaks of 'imperialist white-supremacist capitalist patriarchy', or through the findings of the feminist anthropologist Rita Segato, who refers to the status quo to date as the 'patriarchal prehistory of humanity' and in doing so opens up the possibility of transformation.[2]

Feminist representation, and in the specific case of the representation of poverty as a reality of life in the 2021 film *Got it rough 'cause I'm a She*, i.e. at a historical moment when poverty-related precarious living situations were rapidly increasing, especially among women, in the context of the effects of the global Covid-19 pandemic, is also required to consider the ethical dimensions of artistic responsibility and the conditions of the possibilities of visual solidarity with regard to historical and current inequalities among women. This is of particular relevance with regard to the question of women's poverty and how feminist artists make this poverty the subject of their work. The question arises as to how the hierarchies and exclusions that were and are produced by hegemonic feminisms are examined in this context. For example, the 'civilisational feminism' critically detected by the Afro-diasporic French thinker and activist Françoise Vergès or the 'imperial feminism' analysed by Rita Segato.

Furthermore, especially from a perspective of political feminist economics, the question must be asked as to how the entanglement of feminist demands in capitalist values and career logics – as for example the capitalist imperative of lean-in feminism proclaimed by Sheryl Sandberg – relates to issues of women's poverty, which, not least, is caused globally by women acting hegemonically within a capitalist economy and exploiting other women through poorly paid reproductive work.[3] Especially for feminist artists, such as Isa Rosenberger, who practise and reflect on their artistic work from an 'intersectional' perspective, that is to say from an awareness of entangled inequalities, injustices and discriminations such as classism, sexism and racism, the question of the interpersonal and artistic negotiation of representation, of proxy and portrait, remains an ever complex ethical dimension of their work and a political challenge.

It is precisely the remarks I have presented here on feminist practice, visual solidarity and epistemic ethics in contemporary art that led me to describe at the beginning of this text the first shot of Isa Rosenberger's film in detail and close-up, in order to focus on how the film articulates its position on the relationship of representation between proxy and portrait. The three women, Martina Berisha, Margaret Carter and Martha Vollnhofer, demonstrate with their self-made posters in order to make women's poverty visible as their own cause and as a public cause for society as a whole. Proxy and portrait converge. They are the ones whose life reality is at stake, and to whom they speak. On the level of collaboration, Rosenberger not only has the practice of visual solidarity as a declared goal, but also economic dimensions. Collaboration here is not exploitative voluntarism, but cooperation that is paid and at the same time pursues emancipatory goals of jointly shared power of articulation.

In the following, I will continue to refer to the first shot of the film, the visual and spatial feminist politics of the demonstration of poverty, for my concluding reflections. Shown in their forward movement, the three protagonists are on Heldenplatz in Vienna. They use, to take up Rita Segato's analysis, 'the empire of the public sphere' to bring their cause to the public. Solidarity and gathering are portrayed by the three people. Their causes are represented in handwriting on the white sheets of paper. They bring poverty into the public eye. In doing so, they make the step out of the economies of the so-called private and the domestic and move into the public sphere. At the same time, it is made clear that poverty and the loss of home, homelessness, are closely interconnected, and that the consequences of the separation of public and private, which colonial-capitalist industrial modernity has implemented, become virulent many times over particularly in the context of women's poverty. Not only were women historically excluded from the patriarchal public sphere and the public spaces of modern imperial metropolises, such as representative squares, not meant for the public presence of female bodies, but poverty, and especially women's poverty, was made a private affair that takes place and is hidden within one's own four walls, as long as these do still exist and have not been lost due to poverty. The step into the public sphere implemented here by the three women is a feminist act of confronting the public space with the existence of women's poverty while at the same time preventing women's poverty from leading to their being re-stigmatised as 'poor women'. The protagonists demonstratively do the work of drawing attention to poverty. With their appearance, they create a presence and make themselves heard. The choice of Heldenplatz for this demonstrative action is strategic. It has a long history of imperial, patriarchal, fascist demonstrations of power behind it and is used for emancipatory goals by demonstrations like this, which in this case is employed as an artistic process. Representing one's own situation and at the same time standing up against women's poverty in relation to society as a whole is opened up by the positioning of the film's first shot, as a position, as an ethical stance and as a form of artistic solidarity that is shown in public space and documents this as a film. This stance characterises the whole of *Got it rough 'cause I'm a She*. That is why this text has been devoted to the first shot and, on that basis, has offered reflections on epistemic ethics and visual solidarity.

1
Gayatri Chakravorty Spivak, *Can the Subaltern Speak?*, (ed. Rosalind C. Morris), New York 2010, p. 91.

2
bell hooks, *Understanding Patriarchy*, Louisville 2010; Rita Segato, Femizid. Der Frauenkörper als Territorium des Krieges, German trans. Sandra Schmidt, Münster 2022, 27.

3
See: Sheryl Sandberg, *Lean In: Women, Work and the Will to Lead*, New York 2013. A critical examination of globalised feminised labour relations is offered by the following book: Barbara Ehrenreich and Arlie Russell Hochschild, *Global Woman: Nannies, Maids, and Sex Workers in the New Economy*, New York 2004.

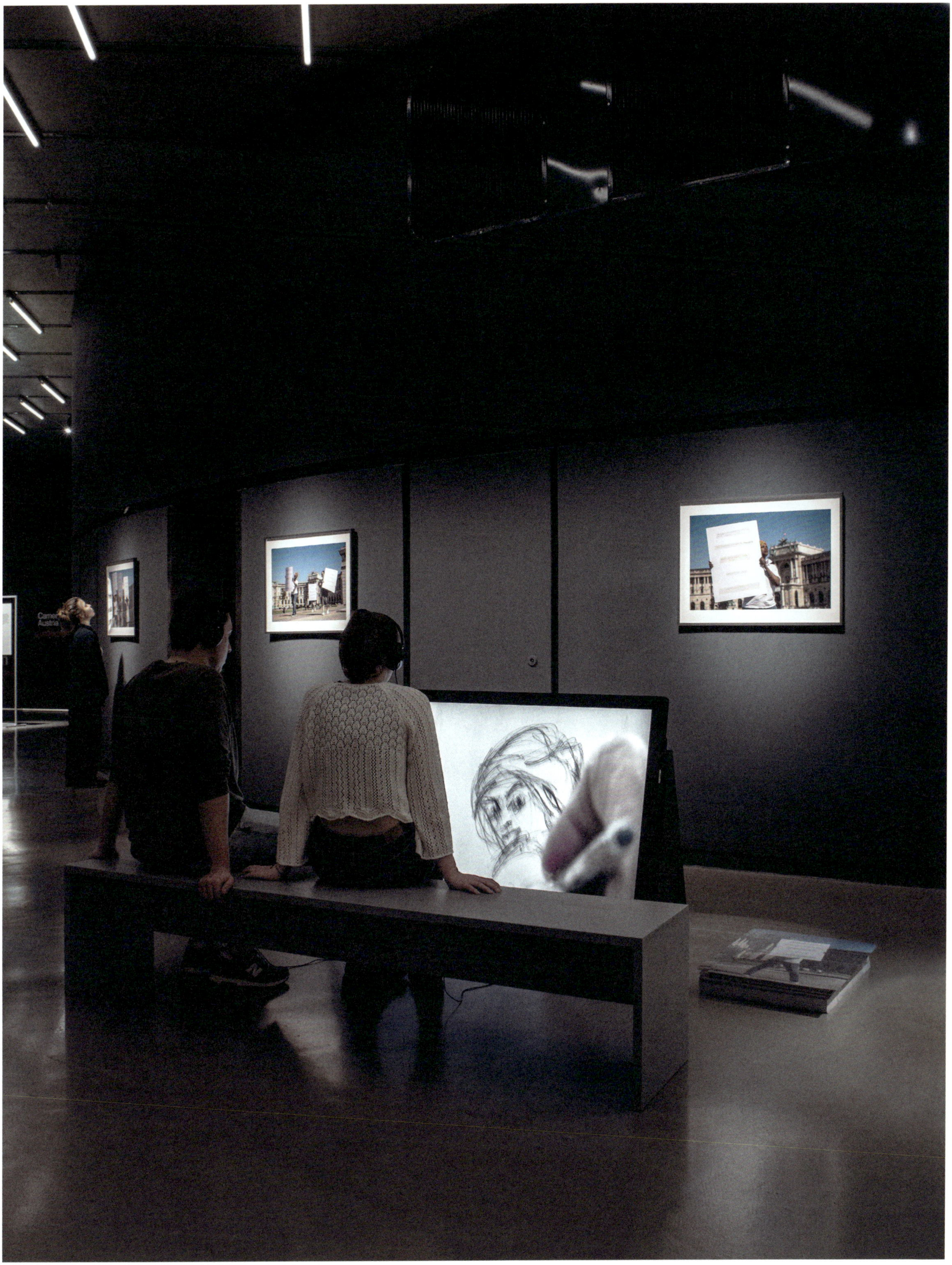

Biografien
Biographies

Andrea Amort
studierte klassischen und modernen Tanz sowie Theaterwissenschaft. Sie ist Tanzkritikerin, Dramaturgin und Kuratorin und befasst sich u. a. mit den Themen Tanz und Exil und Tanzerbe. Sie hat Festivals geleitet, u. a. *Beyond the Waltz* in Washington (2006), *Berührungen: Tanz vor 1938 – Tanz von heute* im Odeon in Wien (2008), Tanzprojekte kreiert wie *Hanna Berger: Retouchings* und 2019–2020 zwei Ausstellungen im Theatermuseum Wien kuratiert: *Alles tanzt. Kosmos Wiener Tanzmoderne* (Hatje Cantz) und *Die Spitze tanzt. 150 Jahre Ballett an der Wiener Staatsoper*. Zudem hat sie zahlreiche Publikationen veröffentlicht. 2021 war das Programm *Kosmos Wiener Tanzmoderne* beim Festival ImPulsTanz zu sehen.

Andrea Amort studied classical and modern dance as well as theatre studies. She is a dance critic, dramaturge and curator, working on topics including dance and exile and dance heritage. She has directed festivals including *Beyond the Waltz* in Washington (2006), *Berührungen: Tanz vor 1938 – Tanz von heute* at the Odeon in in Vienna in 2008, and created dance projects such as *Hanna Berger: Retouchings*, and curated two exhibitions at the Theatermuseum Wien in 2019-2020: *Alles tanzt. Kosmos Wiener Tanzmoderne* (Hatje Cantz) and *Die Spitze tanzt. 150 Jahre Ballett an der Wiener Staatsoper*. She has also published widely. In 2021 the programme *Kosmos Wiener Tanzmoderne* was shown at the festival *ImPulsTanz*.

Doris Berger
ist Vizepräsidentin und leitende Kuratorin am Academy Museum of Motion Pictures in Los Angeles, davor war sie Kuratorin am Skirball Cultural Center sowie Direktorin des Kunstvereins Wolfsburg, Deutschland. Sie kuratierte die Wanderausstellung *Light & Noir: Exiles and Émigrés in Hollywood, 1933–1950* am Skirball (2014–17), co-kuratierte die Eröffnungsausstellungen *Stories of Cinema* und *Backdrop: An Invisible Art* (2021) sowie die Wanderausstellung *Regeneration: Black Cinema, 1898–1971* (2022–2024) am Academy Museum. Sie ist Mitherausgeberin des Kataloges *Regeneration* (DelMonico, 2022), schrieb *Light & Noir* (2015) sowie das Buch *Projizierte Kunstgeschichte: Mythen und Images in den Filmbiografien über Jackson Pollock und Jean-Michel Basquiat* (transcript, 2009). Sie publizierte Aufsätze auf Deutsch und Englisch im Bereich zwischen Kunst und Film, Genderstudien und Exilkultur.

Doris Berger is Vice President of Curatorial Affairs at the Academy Museum of Motion Pictures in Los Angeles. She was previously curator at the Skirball Cultural Center and director of the Kunstverein Wolfsburg, Germany. Berger curated the touring exhibition *Light & Noir: Exiles and Émigrés in Hollywood, 1933–1950* at the Skirball (2014–15), co-curated the inaugural exhibitions *Stories of Cinema* and *Backdrop: An Invisible Art* (2021) as well as the touring exhibition *Regeneration: Black Cinema, 1898–1971* (2022-23) at the Academy Museum. She co-edited the catalogue *Regeneration* (DelMonico, 2022), authored *Light & Noir* (2015) and the book *Projected Art History: Biopics, Celebrity Culture, and the Popularizing of American Art* (Bloomsbury, 2014). She has published numerous essays in German and English on art and film, gender and exile studies.

Regina Bittner
ist Leiterin der Akademie der Stiftung Bauhaus Dessau und zuständig für die Konzeption und Lehre der postgradualen Programme für Design-, Bauhaus- und Architekturforschung. Sie kuratierte zahlreiche Ausstellungen zum Bauhaus und zur Kulturgeschichte der Moderne. Zu ihren Arbeitsschwerpunkten gehören: internationale Architektur- und Stadtforschung, Moderne und Migration, Kulturgeschichte der Moderne und Heritage Studies. Die Ergebnisse ihrer Forschung und Lehre sind in zahlreichen Publikationen veröffentlicht. Sie studierte Kulturwissenschaften und Kunstgeschichte an der Universität Leipzig und promovierte am Institut für Europäische Ethnologie der Humboldt-Universität zu Berlin. Seit 2019 ist sie Honorarprofessorin am Institut für Kunstgeschichte und Archäologien Europas an der Martin-Luther-Universität Halle-Wittenberg.

Regina Bittner is the director of the Academy of the Bauhaus Dessau Foundation and responsible for the conception and teaching of the postgraduate programmes for design, Bauhaus and architecture research. She has curated numerous exhibitions on the Bauhaus and the cultural history of modernism. Her research interests include: international architectural and urban studies, modernism and migration, the cultural history of modernism, and heritage studies. The results of her research and teaching have been published in numerous publications. She studied Cultural Studies and Art History at the University of Leipzig and received her PhD from the Institute of European Ethnology at the Humboldt University in Berlin. Since 2019, she has been an honorary professor at the Institute for European Art History and Archaeologies at Martin Luther University Halle-Wittenberg.

Torsten Blume
ist Kunstwissenschaftler und Bühnengestalter sowie wissenschaftlicher und künstlerischer Mitarbeiter und Kurator an der Stiftung Bauhaus Dessau. Seit 2006 bildet die Reflexion und Aktualisierung von Bühnenexperimenten der Avantgarden des frühen 20. Jahrhunderts und am historischen Bauhaus das Zentrum seiner Arbeit. Dazu entwickelt er Publikationen und Ausstellungen sowie experimentelle und pädagogische Projekte.

Torsten Blume is an art scholar and stage designer as well as a research and artistic assistant and curator at the Bauhaus Dessau Foundation. Since 2006, his work has centred on the reflection and updating of stage experiments of the avant-gardes of the early 20th century and at the historical Bauhaus. With this aim, he develops publications and exhibitions as well as experimental and educational projects.

Sabeth Buchmann
(Berlin/Wien) ist Kunsthistorikerin und -kritikerin, Professorin für Kunstgeschichte der Moderne und Postmoderne an der Akademie der bildenden Künste, Wien. Sie ist Mitherausgeberin von *PoLyPen* – einer Reihe zu Kunstkritik und politischer Theorie (b_books, Berlin) – sowie Beiratsmitglied von *Texte zur Kunst* und der European Kunsthalle. Veröffentlichungen u. a: *Kunst als Infrastruktur* (2023), Mitherausgeberin von *Broken Relations: Infrastructure, Aesthetic, and Critique* (2022), Mitherausgeberin von *Putting Rehearsals to the Test. Practices of Rehearsal in Fine Arts, Film. Theater, Theory, and Politics* (2016).

Sabeth Buchmann (Berlin/Vienna) is an art historian and critic, and Professor of the History of Modern and Postmodern Art at the Academy of Fine Arts, Vienna. She is co-editor of *PoLyPen* – a series on art criticism and political theory (b_books, Berlin) – and board member of *Texte zur Kunst* and of the European Kunsthalle. Publications include: *Kunst als Infrastruktur* (2023), co-editor of *Broken Relations: Infrastructure, Aesthetic, and Critique* (2022), co-editor of *Putting Rehearsals to the Test. Practices of Rehearsal in Fine Arts, Film. Theater, Theory, and Politics* (2016).

Margaret Carter
hat in 34 Ländern auf der ganzen Welt gelebt, gearbeitet und/oder studiert und graduierte zuletzt mit einem Master in International Business an der Webster University, Wien, wohin sie vor 30 Jahren – als ehemalige Offizierin der US-Luftwaffe und der NATO – zog. Sie arbeitete in den Bereichen IT, Geschäftsentwicklung sowie Kommunikation und Öffentlichkeitsarbeit für internationale Unternehmen und verwaltete EU-Projekte in den Bereichen Verkehr und erneuerbare Energie. Derzeit ist sie als muttersprachliche AHS-Lehrerin für die Bildungsdirektion Wien tätig. Sie tritt international als Jazzmusikerin auf und organisiert und kuratiert seit 2014 Benefiz-Kunstausstellungen, u. a. 2022 die Schau *Worldwide Women: Life by Numbers* in der VinziRast im Wiener 9. Bezirk, die sich mit Frauenarmut in Österreich auf struktureller Ebene beschäftigte.

Margaret Carter has lived, worked and/or studied in 34 countries around the world, most recently graduating with a Masters in International Business from Webster University, Vienna, where she moved 30 years ago – as a former US Air Force and NATO officer. She has worked in IT, business development, and communications and public relations for international companies, and managed EU projects in transportation and renewable energy. She is currently a native-speaking AHS teacher for the Vienna Directorate of Education. She performs internationally as a jazz musician and has organised and curated benefit art exhibitions since 2014, including the 2022 show *Worldwide Women: Life by Numbers* at VinziRast in Vienna's 9th district, which addressed women's poverty in Austria on a structural level.

Ruth Eshel
ist Wissenschaftlerin, Choreografin, Tanzkritikerin, Herausgeberin und Autorin. Sie promovierte in Philosophie an der Universität Tel Aviv mit ihrer Dissertation *Theater Movement in Israel 1976–1991*. Von 1977 bis 1986 choreografierte und tanzte sie in Israel und im Ausland und führte ihre eigenen Werke auf. Sie ist Autorin des Buches *Dancing with the Dream – The Development of Artistic Dance in Israel, 1920–1964*, Tanzkritikerin für die Tageszeitung *Ha'aretz* und Gründungsredakteurin der Tanzzeitschrift *Dance Today* [Mahol Akhshav]. Zwischen 1991 und 2005 lehrte sie Tanzgeschichte und Bewegungskomposition an der Universität Haifa. Von 1991 bis 1993 forschte sie für die Dance Library of Israel über den Tanz der Äthiopien-Israelis. 1995 gründete Eshel das Eskesta Dance Theater an der Universität Haifa und später die Beta Dance Troupe im Neve Yosef Community Center in Haifa.

Ruth Eshel is a scholar, choreographer, dance critic, editor and author. She was awarded a PhD in philosophy from Tel Aviv University for her thesis *Theater Movement in Israel 1976–1991*. From 1977 to 1986, she choreographed and danced in recitals in Israel and abroad, performing her own works. She is the author of the book *Dancing with the Dream – The Development of Artistic Dance in Israel, 1920–1964*, dance critic for the daily *Ha'aretz* and founder editor of the dance journal *Dance Today* [Mahol Akhshav]. Between 1991 and 2005, she taught dance history and movement composition at the University of Haifa. From 1991 to 1993, she conducted research on the dance of the Ethiopian-Israelis for the Dance Library of Israel. In 1995, Eshel founded the Eskesta Dance Theater at the University of Haifa and later Beta Dance Troupe in the Neve Yosef community centre in Haifa.

Kurt Jooss
(Wasseralfingen 1901–1979 Heilbronn) war ein deutscher Tänzer, Choreograf und Tanzpädagoge. Er begann seine Karriere in den 1920er-Jahren, studierte und tanzte Hauptrollen in den Choreografien von Rudolf von Laban, dessen Arbeit und Notationssystem er danach weiterentwickelte. Jooss beeinflusste das deutsche Tanztheater maßgeblich, war u. a. Gründer mehrerer Tanzkompanien, etwa des experimentellen Folkwang Tanzstudios in Essen, das in den 1930er-Jahren als „Wiege des deutschen Ausdruckstanzes" galt. Weltbekannt wurde Jooss als Choreograf von *Der grüne Tisch* (1932), einer expressionistischen, sozialkritisch tänzerischen Darstellung von Verhandlungen über Krieg und Tod. 1933 emigrierte er nach England, da er sich weigerte, ohne seine jüdischen Mitarbeiter*innen in Deutschland weiterzuarbeiten, wie z. B. den Komponisten Fritz Cohen, der mit Jooss an vielen seiner berühmten Stücke arbeitete. Er arbeitete u. a. 1947 als Gastlehrer und Choreograf des Chilenischen Staatsballetts in Santiago de Chile.

Kurt Jooss (Wasseralfingen 1901–1979 Heilbronn) was a famous German ballet dancer, choreographer and dance educator. He began his career in the 1920s, studied under and danced lead roles in the choreography of Rudolf von Laban, then further developing the work of Laban and his system of notation. Jooss is also widely regarded as the founder of Tanztheater. He established several dance companies including most notably the Folkwang Tanztheater in Essen, which was considered the 'cradle of German expressive dance' in the 1930s. Jooss became world famous as the choreographer of *The Green Table* (1932), an expressionist, socially critical dance depiction of negotiations about war and death. In 1933 he emigrated to England because he refused to continue working in Germany without his Jewish colleagues, such as the Jewish composer Fritz Cohen, who worked with Jooss on many of his famous pieces. Among other things, he worked as a guest teacher and choreographer for the Chilean State Ballet in Santiago de Chile in 1947.

Stella Kadmon
(Wien 1902–1989 ebda.) war eine österreichische Schauspielerin, Kabarettistin und Pionierin der Wiener Theaterszene der Zwischen- und Nachkriegszeit. 1931 gründete sie im Souterrain des Café Prückel die erste politische Kleinkunstbühne Wiens: Der liebe Augustin. 1938 musste sie als Jüdin emigrieren. In Tel Aviv gründete sie 1941 das Kabarett Papillion, ging mit Chansons auf Tournee und veranstaltete am Dachgarten ihres Hauses Lesungen deutschsprachiger Kabarettprogramme. 1947 schon kehrte sie nach Wien zurück und wandelte 1948 den Lieben Augustin in die dezidiert antifaschistische Schauspielbühne Theater der Courage um.

Stella Kadmon (Vienna 1902–1989 ibid.) was an Austrian actress, cabaret artist and pioneer of the Viennese theatre scene of the interwar and post-war period. In 1931 she founded Vienna's first political cabaret stage, Der liebe Augustin, in the basement of the Café Prückel. In 1938, as a Jew, she was forced to emigrate. In Tel Aviv she founded the cabaret Papillion in 1941, went on tour with chansons and organised readings of German-language cabaret programmes on the roof garden of her house. As early as 1947, she returned to Vienna and transformed Der liebe Augustin into the decidedly anti-fascist theatre stage Theater der Courage.

Gina Kaus
(Wien 1893–1985 Los Angeles) war eine österreichische Schriftstellerin, Publizistin, Übersetzerin und Drehbuchautorin. Sie verkehrte emanzipiert in der Wiener Intellektuellen- und Literatenszene rund um das Café Herrenhof und Franz Blei, Hermann Broch oder Robert Musil. Kaus war eine gefragte, gut bezahlte Schriftstellerin. 1924 gründete sie die erste Zeitschrift für Mütter (*Mutter*). Mit ihrem historischen Roman über Katharina die Große (1937) wurde sie besonders im nicht-deutschsprachigen Raum bekannt. 1933 wurden auch Gina Kaus' Schriften in Berlin öffentlich verbrannt, was sie in ihren Memoiren mit dem Satz „Nie zuvor war ich in besserer Gesellschaft gewesen"[1] kommentierte. 1938 musste sie nach Los Angeles emigrieren und sich dort als Übersetzerin und Drehbuchautorin neu erfinden.

Gina Kaus (Vienna 1893–1985 Los Angeles) was an Austrian writer, publicist, translator and screenwriter. She was – emancipated – part of the Viennese intellectual and literary scene around the Café Herrenhof and figures such as Franz Blei, Hermann Broch and Robert Musil. Kaus was a well-known and well-paid writer. In 1924 she founded the first magazine for mothers (*Mutter*). As a result of her historical novel about Catherine the Great (1937) she became known especially in non-German-speaking countries. In 1933, Gina Kaus's writings were also publicly burned in Berlin, which she commented on in her memoirs with the words: 'Never before had I been in better company.'[1] In 1938 she had to emigrate to Los Angeles, where she reinvented herself as a translator and screenwriter.

1 Gina Kaus, *Von Wien nach Hollywood. Erinnerungen*, Frankfurt am Main 1990.

Kurt Kladler
studierte Psychologie und Philosophie und ist leitender Angestellter der Charim Galerie Wien. Er veröffentlichte diverse Texte zu Kunst und kunstwissenschaftlichen Studien, übt eine Beratungstätigkeit für den Bundesverband Deutscher Galerien und die Art Cologne sowie eine Lehrtätigkeit an der Kunstuniversität Linz und an der Fachhochschule in Kufstein aus.

Kurt Kladler studied psychology and philosophy and is director of the Charim Gallery Vienna. He has published various texts on art and sociological studies in the field of art and arts administration. He acts as a consultant for the Federal Association of German Galleries and Art Cologne and teaches at the University of Arts Linz and at the Fachhochschule Kufstein.

Elke Krasny
ist Professorin für Kunst und Bildung an der Akademie der bildenden Künste, Wien. Sie forscht zu ökologischer und sozialer Gerechtigkeit in der globalen Gegenwart, mit Schwerpunkt auf der Politik der Interdependenzen und der Entstehung eines Care-Feminismus im 21. Jahrhundert. Ihr jüngstes Buch ist *Living with an Infected Planet. Covid-19, Feminism, and the Global Frontline of Care* (transcript, 2023).

Elke Krasny is Professor of Art and Education at the Academy of Fine Arts Vienna. Her scholarship addresses ecological and social justice in the global present with a focus on the politics of interdependencies and the emergence of a twenty-first century care feminism. Her most recent book is *Living with an Infected Planet. Covid-19, Feminism, and the Global Frontline of Care* (transcript, 2023).

Gertrud Kraus
(Wien 1901–1977 Tel Aviv) war eine in Wien geborene expressionistische und moderne Tänzerin, Choreografin und Tanzpädagogin. Sie leitete, zunächst in Wien und später – nach ihrer Flucht vor dem NS-Regime im Jahr 1935 – in Tel Aviv sowohl eine Tanzkompanie als auch eine Schule. 1950 gründete sie das Israel Ballett Theatre, mit dem sie einen modernen amerikanischen Tanzstil einführte, und war ab 1962 die erste Leiterin der Abteilung Tanz der Rubin Academy of Music in Jerusalem (heute Jerusalem Academy of Music and Dance). Sie zählt neben Grete Wiesenthal und Gertrud Bodenwieser zu den Reformer*innen des freien Tanzes in Wien der 1920er-und 30er-Jahre und gehörte später zu den Mitbegründerinnen der modernen israelischen Tanzkultur.

Gertrud Kraus (Vienna 1901–1977 Tel Aviv) was a Viennese-born expressionist and modern dancer, choreographer and dance educator. She directed both a dance company and a school, first in Vienna and later – after fleeing the Nazi regime in 1935 – in Tel Aviv. In 1950 she founded the Israel Ballet Theatre, with which she introduced a modern American style of dance, and from 1962 she was the first director of the dance department of the Rubin Academy of Music in Jerusalem (today the Jerusalem Academy of Music and Dance). Along with Grete Wiesenthal and Gertrud Bodenwieser, she was one of the reformers of free dance in Vienna in the 1920s and 1930s and was later one of the co-founders of modern Israeli dance culture.

Manda von Kreibig
(München 1901–1989) war eine avantgardistische Tänzerin, Choreografin und u. a. Ballettmeisterin in Darmstadt. Von 1928 bis 1929 war sie in der Bühnenwerkstatt am Bauhaus Dessau tätig und entwickelte zusammen mit Oskar Schlemmer den Stäbetanz.

Manda von Kreibig (Munich 1901–1989) was an avant-garde dancer, choreographer and, among other things, ballet master in Darmstadt. From 1928 to 1929 she worked in the Bühnenwerkstatt at the Bauhaus Dessau and developed the Stäbetanz (Stick Dance) together with Oskar Schlemmer.

Lu Märten
(Charlottenburg 1879–1970 Berlin) war eine deutsche Publizistin, Schriftstellerin, Kunstkritikerin, Marxistin und Frauenrechtlerin. Märten setzte sich für die vollständige Gleichberechtigung von Frauen und Männern ein und ermutigte schon ab 1914 Frauen, sich den gesellschaftlichen Hemmnissen ihres künstlerischen Tuns bewusst zu sein und selbstbestimmt zu agieren – 1919 veröffentlicht in *Die Künstlerin*. Gleichzeitig kritisierte sie, dass in der hochkapitalistischen Gesellschaft nie eine Neustrukturierung des Privaten im Sinne einer Arbeitsteilung stattgefunden habe, Frauen noch immer selbstverständlich für „Haus- und Pflegearbeit" zuständig seien. Im Oktober 1928 war sie für einen Vortrag am Bauhaus Dessau eingeladen. Auch Lu Märtens sozialkritische Texte wurden 1933 u. a. in Berlin öffentlich verbrannt.

Lu Märten (Charlottenburg 1879–1970 Berlin) was a German publicist, writer, art critic, Marxist and women's rights activist. Märten campaigned for full equality between women and men and, as early as 1914, encouraged women to be aware of the social obstacles to their artistic activity and to act in a self-determined manner – published in *Die Künstlerin* in 1919. At the same time, she criticised the fact that there had never been a restructuring of the private sphere and a division of labour even in high-capitalist society: women were still naturally responsible for 'housework and care work'. In October 1928, she was invited to give a lecture at the Bauhaus Dessau. Lu Märten's socially critical texts were also publicly burned in Berlin and elsewhere in 1933.

Celia Millan
Die deutsch-argentinische Tänzerin und Choreographin Celia Millán absolvierte ihre Ausbildung an der Kunsthochschule für Ballett am Teatro Colón in Buenos Aires. Ein Stipendium führte sie zunächst an die Oper von Bordeaux, wo sie ihre Karriere als Tänzerin begann. Es folgten Engagements als Solistin und Primaballerina am Anhaltischen Theater oder der Oper Magdeburg. Dort bekam sie 2005 den Preis als beste Nachwuchstänzerin. Seit 2010 widmet sie sich verstärkt choreografischen Projekten. Celia Millán lebt und arbeitet in Deutschland und Argentinien. Derzeit arbeitet sie an einem choreografischen Projekt für die Stiftung Bauhaus Dessau.

The German-Argentinean dancer and choreographer Celia Millán graduated from the School of Ballet at the Teatro Colón in Buenos Aires. A scholarship took her to the Bordeaux Opera where she began her career as a dancer. This was followed by engagements as a soloist and prima ballerina at the Anhalt Theater or the Magdeburg Opera. There she was awarded the prize for best young dancer in 2005. Since 2010 she has been devoting herself increasingly to choreographic projects. Celia Millán lives and works in Germany and Argentina. She is currently working on a choreographic project for the Bauhaus Dessau Foundation.

Loulou Omer,
geboren in Tel Aviv, ist Tänzerin, Choreografin, Komponistin, Sängerin und Autorin. Sie studierte in Tel Aviv modernen und zeitgenössischen Tanz, setzte ihre Ausbildung dann u. a. in Paris und Brüssel fort. Sie lebt und arbeitet heute in Wien. Ihre polyartistisch-performative Arbeit kreist um Themen wie das Andere, das Double, Identität und das Ich.

Loulou Omer, born in Tel Aviv, is a dancer, choreographer, composer, singer and author. She studied modern and contemporary dance in Tel Aviv, then continued her training in Paris and Brussels, among other places. Today she lives and works in Vienna. Her polyartistic-performative work revolves around themes such as the other, the double, identity and the self.

Amanda Piña,
geboren in Santiago de Chile, ist eine mexikanisch-chilenisch-österreichische Choreografin, Tänzerin und Kulturarbeiterin. Sie lebt in Wien und Mexiko-Stadt. In ihrer vielseitigen Arbeit beschäftigt sie sich mit der Entkolonialisierung von Kunst, wobei sie sich auf die politische und soziale Kraft der Bewegung konzentriert – etwa über choreografische und tänzerische Forschungen, der Schaffung und Kuratierung pädagogischer Strukturen bis hin zu Publikationen. Ihre Arbeiten wurden in zahlreichen Ausstellungshäusern und bei Festivals gezeigt, z. B. Tanz Quartier Wien, Kunsthalle Wien, mumok Wien, Fondation Cartier pour l'Art Contemporain Paris, Kunsten Festival des Arts Brussels, Royal festival Hall London und Festival Santiago a Mil, Chile. Seit 2008 leitet sie den Galerieraum nadaLokal in Wien, den sie gemeinsam mit dem Schweizer Visual Artist Daniel Zimmermann eröffnete, mit dem sie auch nadaproductions gründete.

Amanda Piña, born in Santiago de Chile, is a Chilean-Mexican-Austrian-based artist living between Vienna and Mexico City. Her work is concerned with the decolonisation of the arts embodying the political and social power of movement. She is a plurifaceted artist working through choreographic and dance research, creating and curating educational frameworks, writing and editing publications around what she refers as endangered human movement practices. Piña's work was shown in various theatres, festivals and museums such as Tanz Quartier Wien, Kunsthalle Wien and mumok Vienna, Fondation Cartier pour l'Art Contemporain Paris, Kunsten Festival des Arts Brussels, Royal Festival Hall London and Festival Santiago a Mil, Chile. Since 2008 she has led nadaLokal, a gallery space specialised in expanded choreography and performance in Vienna.

Isa Rosenberger
ist Künstlerin und lebt und arbeitet in Wien. Sie studierte an der Universität für angewandte Kunst in Wien sowie an der Jan van Eyck Akademie in Maastricht und lehrt als Senior Lecturer an der Akademie der bildenden Künste in Wien. Sie hat ihre künstlerischen Arbeiten international in zahlreichen Gruppen- und Einzelausstellungen gezeigt. Einzelausstellungen waren u. a. in der Camera Austria in Graz, im Skirball Cultural Center in Los Angeles, im Edith-Russ-Haus für Medienkunst in Oldenburg, im Grazer Kunstverein und in der Secession Wien zu sehen. Sie erhielt verschiedene Auszeichnungen und Preise, darunter den Otto-Mauer-Preis (2008) und einen Outstanding Artist Award for Video and Media Art (2012). In ihren Videos, Installationen und Fotoarbeiten thematisiert Rosenberger häufig vergessene oder verdrängte (Frauen-)Geschichte(n) sowie gesellschaftspolitische Veränderungen und deren soziale und wirtschaftliche Folgen.

Isa Rosenberger is an artist who lives and works in Vienna. She studied at the University of Applied Arts in Vienna and at the Jan van Eyck Academy in Maastricht, and teaches as Senior Lecturer at the Academy of Fine Arts in Vienna. She has shown her artistic work internationally in numerous group and solo exhibitions; solo exhibitions have included Camera Austria in Graz, the Skirball Cultural Center in Los Angeles, the Edith Russ House for Media Art in Oldenburg, the Grazer Kunstverein and the Secession Vienna. She has received various awards and prizes, including the Otto Mauer Prize (2008) and an Outstanding Artist Award for Video and Media Art (2012). In her videos, installations and photographic works, Rosenberger often addresses forgotten or repressed (women's) history(s) as well as socio-political changes and their social and economic consequences.

Barbara Steiner
ist Kuratorin, Autorin und Herausgeberin. Von Juli 2016 bis Dezember 2021 leitete sie das Kunsthaus Graz, seit September 2021 ist sie Vorständin und Direktorin der Stiftung Bauhaus Dessau. In ihrer theoretischen und praktischen Arbeit befasst sich Steiner mit strukturellen und institutionellen Fragen sowie mit den Rahmenbedingungen kultureller Produktion. Sie studierte Kunstgeschichte und Politikwissenschaften an der Universität Wien. Ihre Doktorarbeit schrieb sie zur *Ideologie des weißen Ausstellungsraumes*.

Barbara Steiner is a curator, author and editor. From July 2016 to December 2021, she was director of the Kunsthaus Graz; since September 2021, she has been a board member and director of the Bauhaus Dessau Foundation. In her theoretical and practical work, she deals with structural and institutional questions as well as with the framework and conditions of cultural production. Steiner studied art history and political science at the University of Vienna. She wrote her doctoral thesis on the ideology of the white exhibition space.

Tini Trampler
absolvierte eine Schauspiel- und Clownausbildung in der School of Physical Theatre bei Ron East in Toronto/Kanada, konzipierte und gründete den Kulturverein madm's factory und das Festival *ParisVienne*. Sie besitzt ein breites künstlerisches Spektrum: Trampler ist u. a. Sängerin, Komponistin, Autorin, Theatermacherin, Moderatorin, Performance-Künstlerin und Schauspielerin. Sie schreibt, singt und performt zudem mit ihren beiden Bands Tini Trampler & Das Dreckige Orchestra und Tini Trampler & Playbackdolls. Tini Trampler lebt und arbeitet in Wien.

Tini Trampler trained as an actor and clown at the School of Physical Theatre with Ron East in Toronto/Canada, then conceived and founded the cultural association madm's factory and the Festival *ParisVienne*. She has a broad artistic spectrum: Trampler is, among other things, a singer, composer, author, theatre maker, presenter, performance artist and actress. She also writes, sings and performs with her two bands Tini Trampler & Das Dreckige Orchestra and Tini Trampler & Playbackdolls. Tini Trampler lives and works in Vienna.

Alexandra Trost
studierte Angewandte Kulturwissenschaft/Kulturmanagement und ist seit 2017 Teil des kuratorischen Teams im Kunsthaus Graz. Sie widmet sich verstärkt den inhaltlichen Schnittstellen in der Ausstellungs- und Katalogproduktion mit einem Fokus auf internationale Kooperationen. Sie hat an u. a. den Ausstellungen *Congo Stars* (2018/19), KUNST ⇆ HANDWERK. *Zwischen Tradition, Diskurs und Technologien* (2019/20) und *Amazons of Pop! Künstlerinnen, Superheldinnen, Ikonen 1961–1973* (2022) mitgewirkt, war Co-Kuratorin von *Faking the Real* (2022) und zusammen mit Barbara Steiner Kuratorin von *Isa Rosenberger. Schatten, Lücken, Leerstellen* (2023).

Alexandra Trost studied Applied Cultural Studies/Cultural Management and since 2017 has been a member of the curatorial team at the Kunsthaus Graz. Her work centres on coordinating the interfaces between content and organisational concerns in exhibition and catalogue production, with a focus on international cooperation. She contributed to the exhibitions *Congo Stars* (2018/19), ARTS ⇆ CRAFTS *Between tradition, discourse and technologies* (2019/20) and *Amazons of Pop! Women artists, superheroines, icons 1961–1973* (2022). She was co-curator of *Faking the Real* (2022) and together with Barbara Steiner curator of *Isa Rosenberger. Shadows, Gaps, Voids* (2023).

Emmy Werner
ist eine österreichische Schauspielerin, Regisseurin und Theaterdirektorin. Ab 1973 leitete sie gemeinsam mit Stella Kadmon das Theater der Courage, in welchem sie gleichzeitig als Dramaturgin, Spielplangestalterin und Produktionsleiterin tätig war. Von 1988 bis 2005 war Emmy Werner, als erste Frau, (künstlerische) Direktorin des Wiener Volkstheaters, dessen Betrieb sie auf Repertoiretheater umstellte und das sie – neben der Pflege der österreichischen „Klassiker" – als Bühne für zeitgenössische Dramatik etablierte. Emmy Werner ist es damals – als es noch weniger Frauen in Führungspositionen gab als heute – gelungen, die Wiener Theaterszene zu erneuern.

Emmy Werner is an Austrian actress, director and theatre director. From 1973, she ran the Theater der Courage together with Stella Kadmon, where she simultaneously worked as a dramaturge, programme designer and production manager. From 1988 to 2005, she was the first female (artistic) director of the Vienna Volkstheater, whose operation she converted to repertory theatre and which she established – in addition to cultivating the Austrian 'classics' – as a stage for contemporary drama. Emmy Werner succeeded in renewing the Viennese theatre scene at a time when women were even less likely to be found in management positions than they are today.

Martha-Wilhelmine Vollnhofer
ist Künstlerin und lebt und arbeitet in Wien. Sie studierte Malerei an der Kunstakademie in Odessa und präsentierte ihre künstlerischen Arbeiten in zahlreichen Ausstellungen im In- und Ausland.

Martha-Wilhelmine Vollnhofer is an artist who lives and works in Vienna. She studied painting at the Academy of Arts in Odessa and has presented her artistic works in numerous exhibitions at home and abroad.

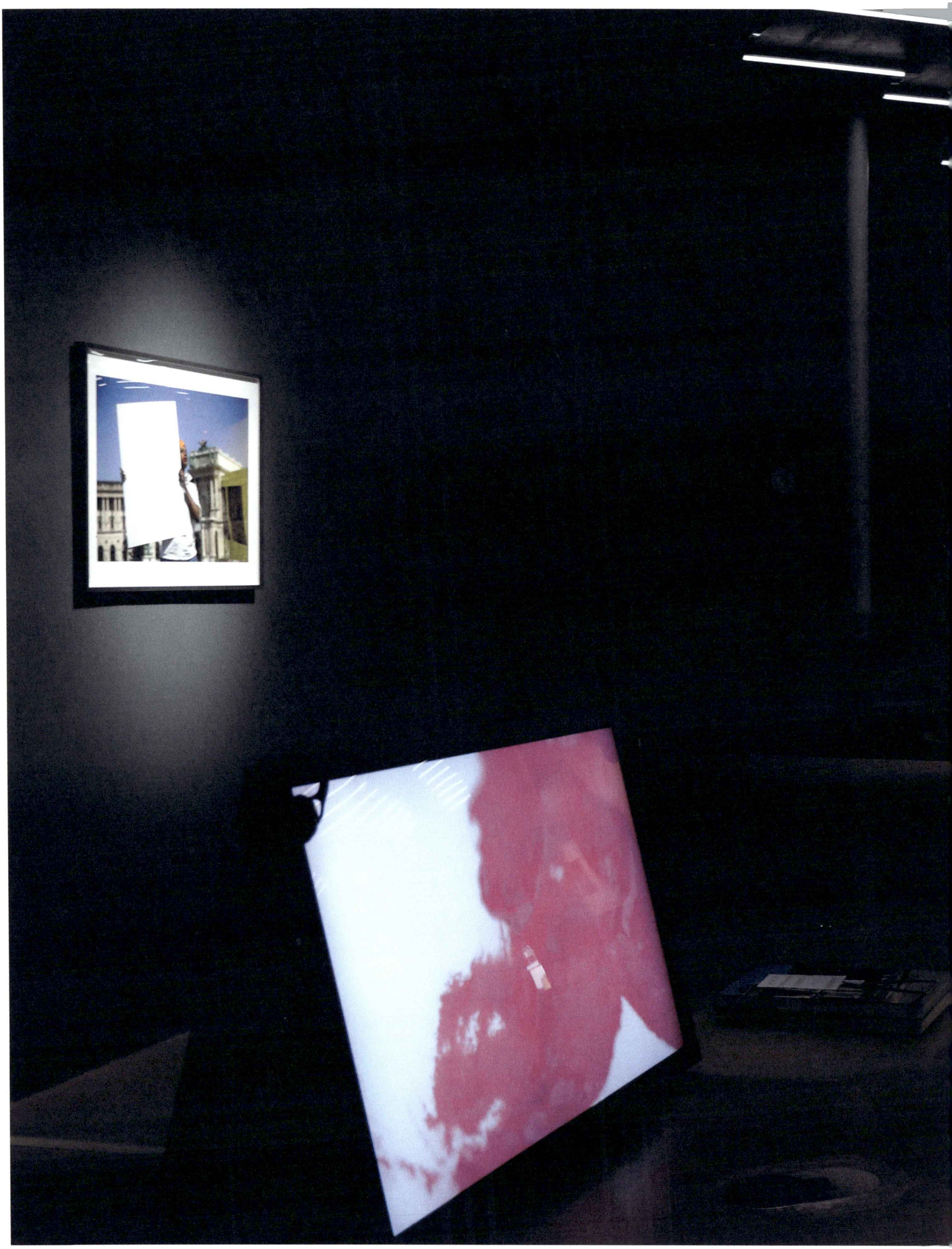

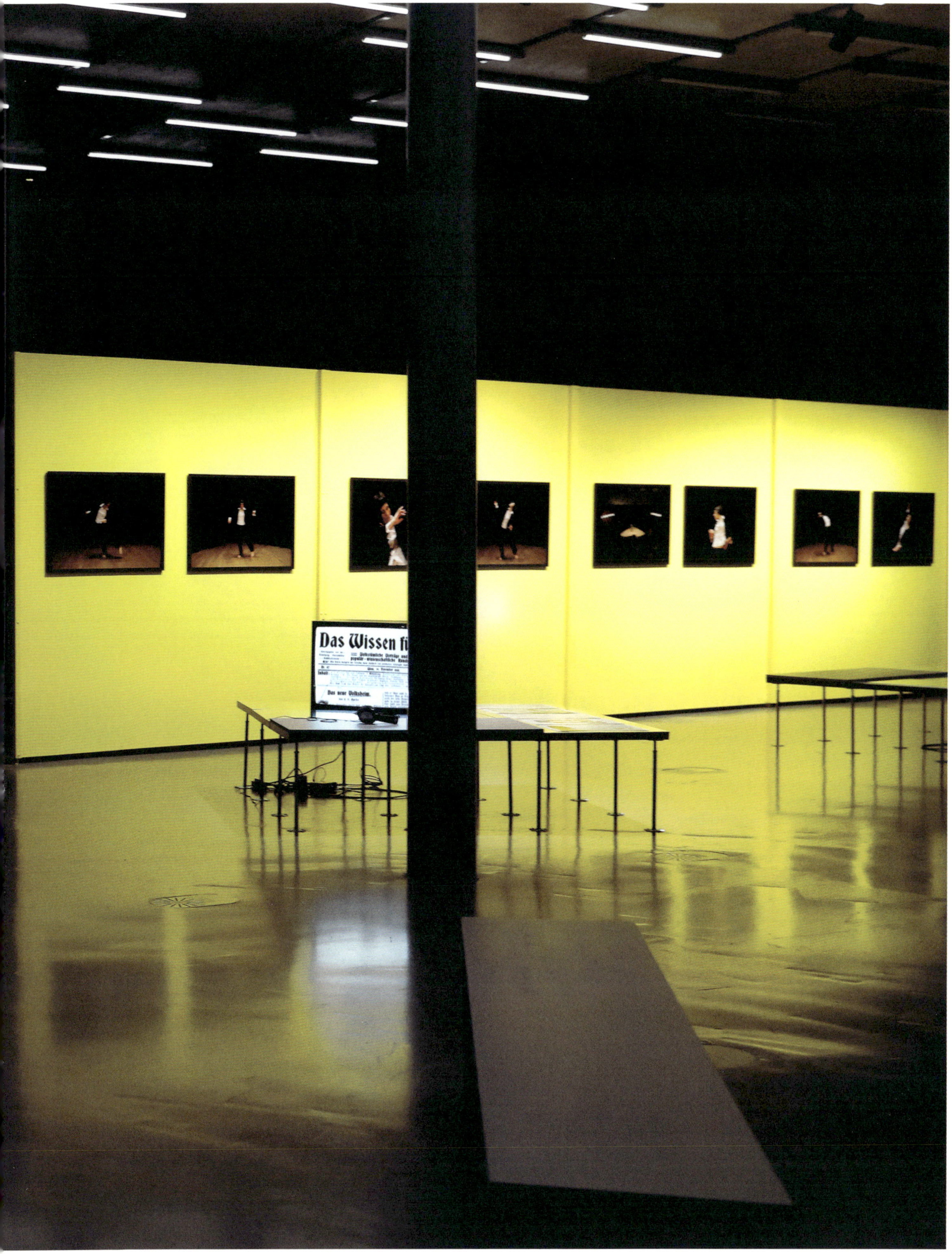
Das Wissen
Das neue Volksheim.

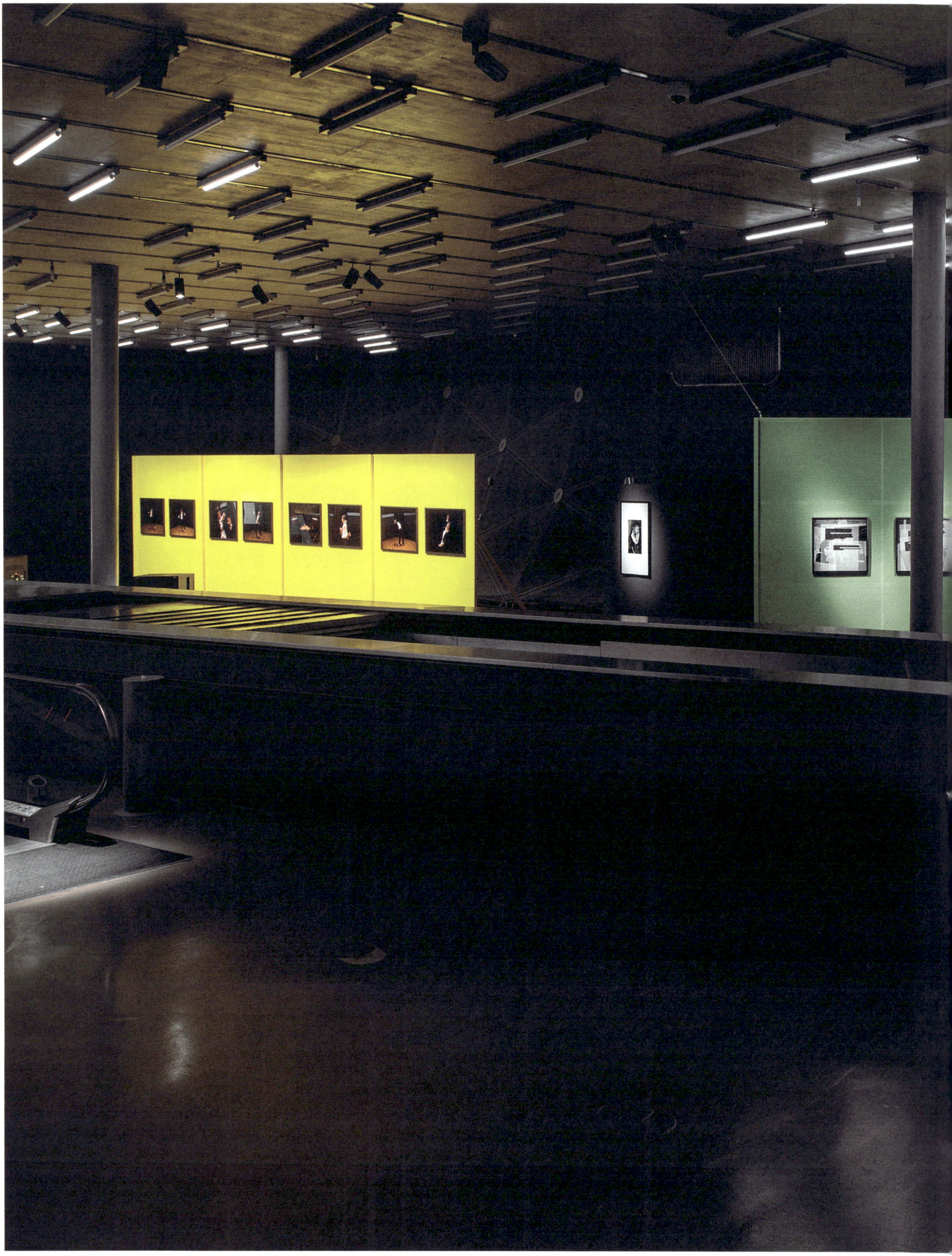

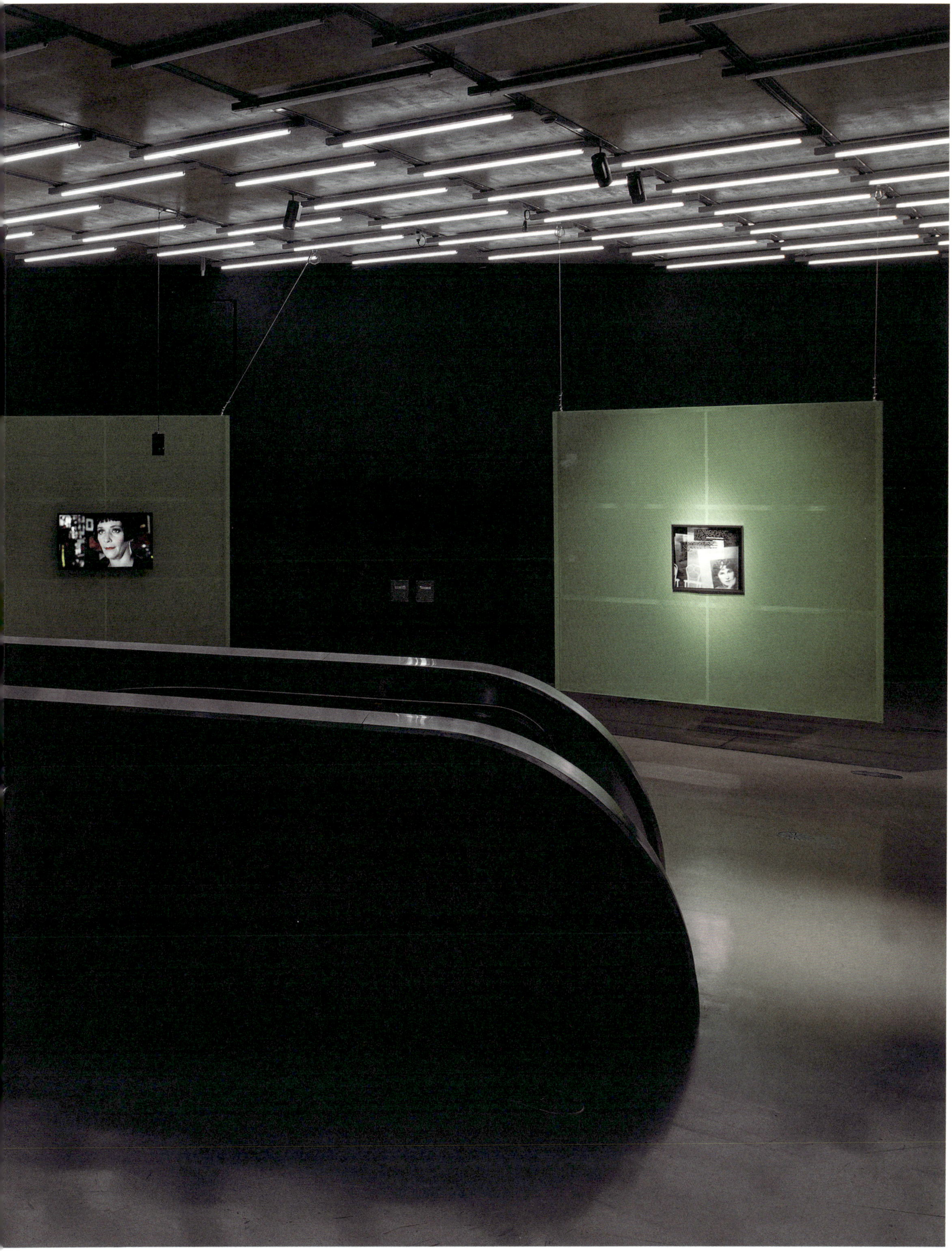

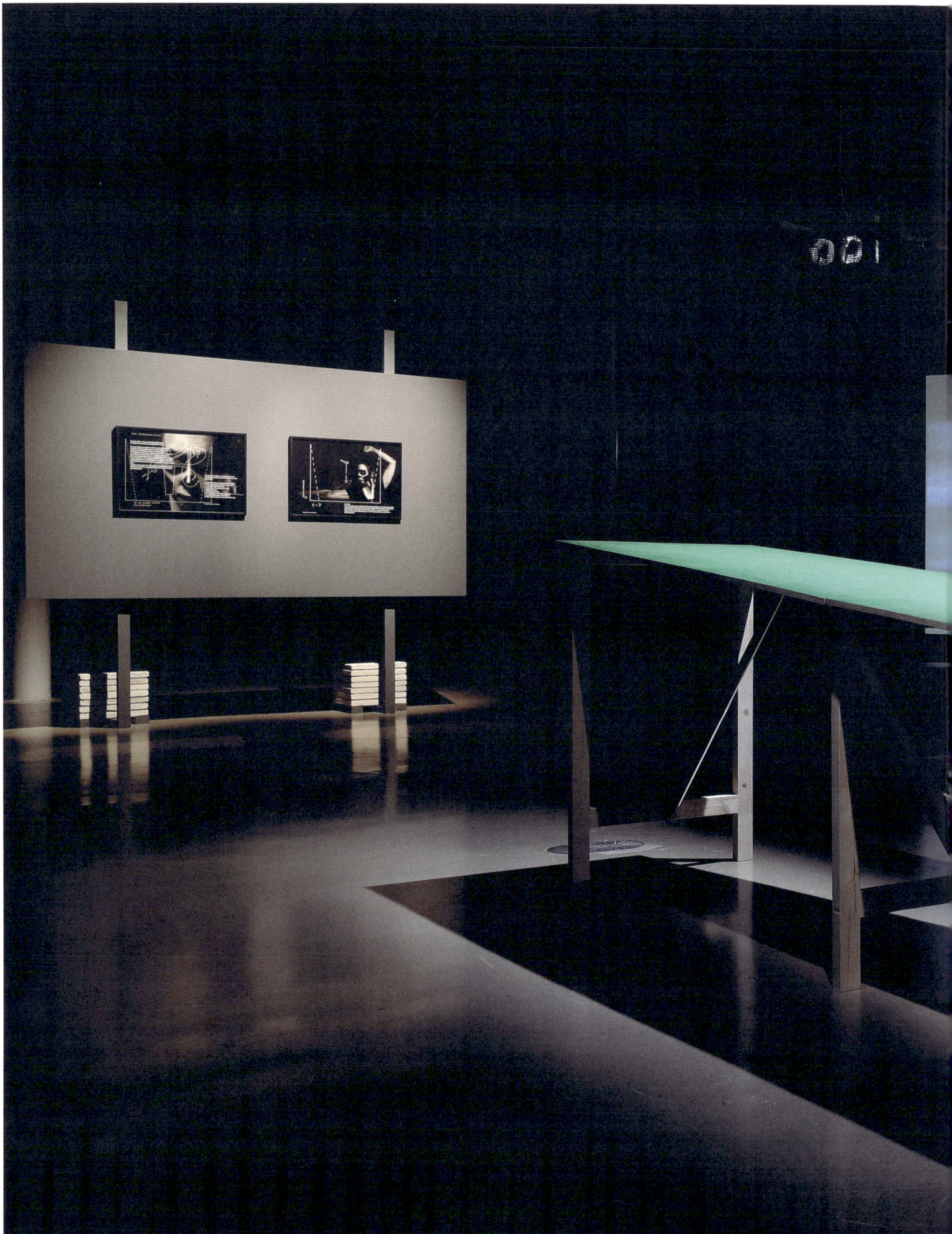

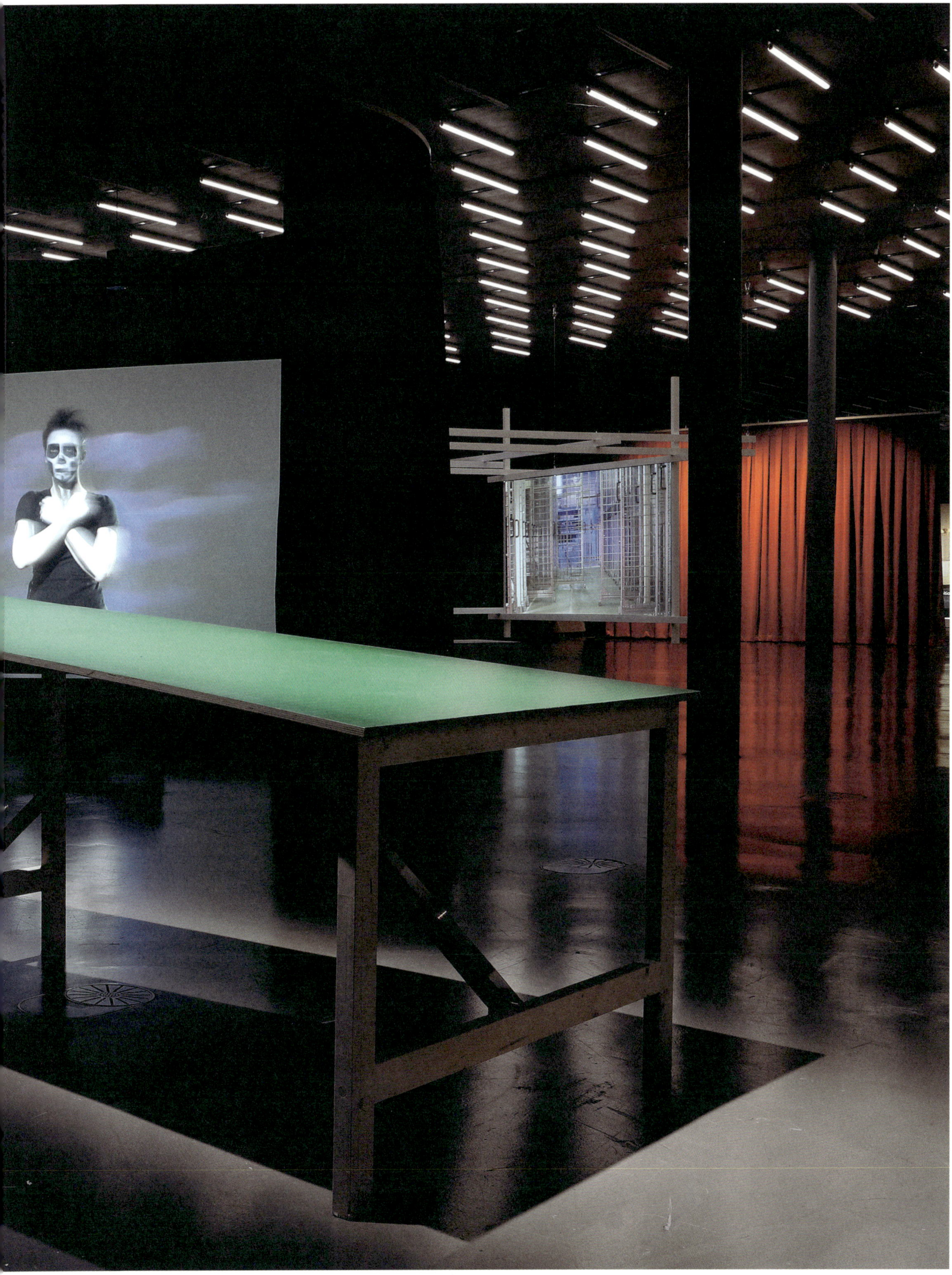

Diese Publikation erscheint anlässlich der Ausstellung
This catalogue was published for the exhibition

Isa Rosenberger
Schatten, Lücken, Leerstellen

Isa Rosenberger
Shadows, Gaps, Voids

Kunsthaus Graz
10. 02.–01. 05. 2023

In Kooperation mit der Stiftung Bauhaus Dessau.
In cooperation with Bauhaus Dessau Foundation.

Bauhaus
Dessau

Kunsthaus Graz, Direktorin Director
Andreja Hribernik

Die Kunsthaus Graz GmbH steht je zur Hälfte im Eigentum der Stadt Graz und der Universalmuseum Joanneum GmbH, einer Gesellschaft des Landes Steiermark.
Kunsthaus Graz GmbH is equally owned by the City of Graz and the Universalmuseum Joanneum GmbH, a company of the Province of Styria.

Kunsthaus Graz
Lendkai 1
8020 Graz, Austria
T +43 316 8017 9200
info@kunsthausgraz.at
www.kunsthausgraz.at

Kunsthaus
Graz

Mit freundlicher Unterstützung von
Kindly supported by

Ausstellung Exhibition

Kuratorinnen Curators
Barbara Steiner, Alexandra Trost

Registratur Registry
Magdalena Muner

Ausstellungsarchitektur Exhibition architecture
Rainer Stadlbauer, studio itzo

Ausstellungsgrafik Exhibition design
Karin Buol-Wischenau

Grafik Introplakat Design of the intro poster
Susi Klocker

Konservierung, Restaurierung Conservation, restoration
Elnara Andrianova, Tanja Gasser, Barbara Molnár-Lang

Ausstellungsaufbau Construction team
Aminullah Ahmadzay, Robert Bodlos, David Bosin, Klaus Fuchs, Sebastian Ganster, Armen Giloyan, Irmgard Knechtl, Peter Koren, Oleg Mahdych, Markus Malisniak, Fabian Müller, Klaus Riegler, Ali Reza Sardori, Peter Semlitsch, Georg Sperl, Erich Waisch

Technischer Aufbau, IT Technical construction, IT
Georg Pachler

Licht Light
Peter Rumpf

Kunst- und Architekturvermittlung Educational team
Marta Binder, Anna Döcker, Jasmin Edegger, Gabriele Gmeiner, Monika Holzer-Kernbichler, Jana Pilz, Pia Razenberger, Antonia Veitschegger, Markus Raffael Waitschacher

Besucher*innen-Management Visitor-Management
Eva Ofner, Anke Leitner & Team

Ansprechperson für Barrierefreiheit Contact for barrier-free
Eva Ofner

Veranstaltungsmanagement Event management
Franz Adlassnig, Gabriela Filzwieser, Magdalena Kermann, Nicolas Noriller, Isabella Schmidsberger

Katalog Catalogue

Herausgeberinnen Editors-in-chief
Andreja Hribernik, Barbara Steiner, Alexandra Trost

Katalogredaktion Editor
Alexandra Trost

Bildredaktion Picture editors
Isa Rosenberger, Martha Stutteregger

Autor*innen Authors
Doris Berger, Torsten Blume, Sabeth Buchmann, Kurt Kladler, Elke Krasny, Isa Rosenberger, Barbara Steiner, Alexandra Trost

Lektorat deutsch German proofreading
Jörg Eipper-Kaiser

Übersetzung (Deutsch-Englisch) und Lektorat Englisch
Translations (German-English) und English proofreading
Kate Howlett Jones

Übersetzung Englisch-Deutsch S. 77 (Text Berger)
Translation English–German p. 77 (Text Berger)
Thomas Raab

Grafische Gestaltung Graphic design
Martha Stutteregger

Bildbearbeitung Image editing
Pixelstorm Litho & Digital Imaging, Wien Vienna

Druck Print
Print Alliance HAV Produktions GmbH, 2540 Bad Vöslau

Papier Paper
Sirio Color perla, 290 g/m²
Munken Polar, 130 g/m²

Erschienen im Published by
VfmK Verlag für moderne Kunst GmbH
Schwedenplatz 2/24, A-1010 Wien Vienna
hello@vfmk.org
www.vfmk.org

ISBN 978-3-903439-97-9

Vertrieb Distribution
Europa Europe: LKG, www.lkg-va.de
UK: Cornerhouse Publications, www.cornerhousepublications.org
USA: D.A.P., www.artbook.com

Bibliografische Information der Deutschen Nationalbibliothek
Die Deutsche Nationalbibliothek verzeichnet diese Publikation in der Deutschen Nationalbibliografie; detaillierte bibliografische Daten sind im Internet über dnb.de abrufbar.

Dank Acknowledgements

Der Dank von Isa Rosenberger gilt Isa Rosenberger would like to thank Barbara Steiner, Alexandra Trost, Andreja Hribernik, den Autor*innen the authors, Martha Stutteregger, Andrea Amort, Martina Berisha, Margaret Carter, Ruth Eshel, Reinhard Mayr, Celia Millan, Loulou Omer, Amanda Piña, Stephan Sperlich, Tini Trampler, Martha-Wilhelmine Vollnhofer, Emmy Werner sowie as well as Reinhard Braun, Sabine Breitwieser, Denis Cardinaux, Sören Grammel, Michael Hieslmair, Anna Holtz, Werner Kaligofsky, Anton Lederer, Angelika Maierhofer, Margarethe Makovec, Anna Meyer, Magdalena Muner, Lisl Ponger, Brigitte Rosenberger, Hans-Peter Rosenberger, Başak Şenova, Rainer Stadlbauer / studio itzo, Nora Sternfeld, Johanna Schwanberg, Michael Zinganel, Kunsthaus Graz, Stiftung Bauhaus Dessau, Charim Galerie, Wien, Camera Austria Graz, Grazer Kunstverein, < rotor > Zentrum für zeitgenössische Kunst und allen weiteren Obengenannten and all others above-mentioned.

Fotonachweis Photo credits

Cover: MANDA, 2023
Tänzerin: Celia Millan, Setfoto: Reinhard Mayr
Bild im Hintergrund: Stäbetanz, Inszenierung: Oskar Schlemmer, Tanz: Manda von Kreibig. Foto: Estate of T Lux Feininger, 1928
MANDA, 2023
Dancer: Celia Millan, Set photo: Reinhard Mayr
Background image: Stäbetanz (Stick dance), production: Oskar Schlemmer, dance: Manda von Kreibig, 1928
Photo: Estate of T Lux Feininger, 1928

Ausstellungsansichten: Isa Rosenberger. *Schatten, Lücken, Leerstellen,* Kunsthaus Graz, 2023
Exhibition views: Isa Rosenberger. *Shadows, Gaps, Voids,* Kunsthaus Graz, 2023

© Werner Kaligofsky, Bildrecht, Wien 2023: 8–9, 36, 37, 41, 67, 92–93, 94, 110, 155, 167, 174–175
© Kunsthaus Graz/J.J. Kucek: 2, 4–5, 6–7, 32, 38, 62–63, 68, 100, 105, 106–107, 112–113, 119, 172–173, 176–177

© Benoit Bollon: 109
© Estate of T Lux Feininger, 1928: 43
Fotograf unbekannt Photographer unknown, 1928: 44
© Johanna Glösl: 120, 121
© Lena Deinhardstein: 157
© Ute König, Domenik Pasemann, Marcus Wozny: 42
© Markus Krottendorfer: 71, 72, 74
© Reinhard Mayr: 35, 39, 40, 61, 64–65, 66, 69, 70, 95, 96, 99, 103, 104, 108, 117, 118, 122, 156, 158
© Michael Michlmayr: 97
© Isa Rosenberger: 73, 75, 98, 114